华 章 图 书

一本打开的书，一扇开启的门，

通向科学殿堂的阶梯，托起一流人才的基石。

数据分析与决策
技术丛书

Advertising Data Mining and Analysis with Python

Python广告数据挖掘与分析实战

杨游云 周健 ◎著

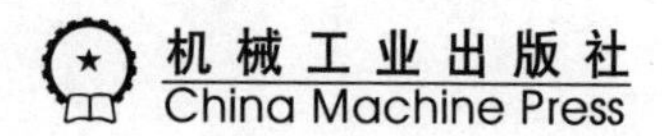

图书在版编目（CIP）数据

Python 广告数据挖掘与分析实战 / 杨游云，周健著 .-- 北京：机械工业出版社，2021.3
（数据分析与决策技术丛书）
ISBN 978-7-111-67762-8

I. ① P… II. ①杨… ②周… III. ①软件工具 – 程序设计 – 应用 – 广告 – 分析 IV. ① F713.8-39

中国版本图书馆 CIP 数据核字（2021）第 046820 号

Python 广告数据挖掘与分析实战

出版发行：机械工业出版社（北京市西城区百万庄大街 22 号 邮政编码：100037）
责任编辑：杨绣国 李 艺
责任校对：殷 虹
印 刷：三河市宏图印务有限公司
版 次：2021 年 3 月第 1 版第 1 次印刷
开 本：186mm×240mm 1/16
印 张：14
书 号：ISBN 978-7-111-67762-8
定 价：89.00 元

客服电话：（010）88361066 88379833 68326294
投稿热线：（010）88379604
华章网站：www.hzbook.com
读者信箱：hzit@hzbook.com

Preface 前 言

为何写作本书

近几年来大数据、云计算、人工智能等概念越来越深入人心，相关技术也越来越成熟。技术的进步必然会带来社会的发展，进而推动整个人类社会不断进步。机器学习、深度学习、强化学习等均属于人工智能的细分领域，数据分析又是机器学习的基础，近几年在现实中的应用场景非常多，作用越发明显，因而越来越受到重视。随着5G时代的到来，数据分析、AI方面的人才将更加紧缺，可以说未来很长一段时间数据分析人才都会是招聘市场上的高端人才，备受企业青睐。本书旨在帮助读者快速了解移动广告相关业务知识及具体应用，掌握数据分析相关理论和实践技能。

本书主要特点

本书将深入剖析广告营销行业的常见数据分析案例，并结合当前热门的机器学习和AI算法在广告营销场景的具体应用进行介绍，帮助读者更好地理解广告行业相关业务与技术应用，快速掌握广告营销数据分析所需要的基本知识和技能。书中采用Python作为项目实战编程语言，可帮助读者学习用Python进行数据分析和解决现实问题。

本书读者对象

本书是一本广告营销行业数据分析入门指导书，适合的读者对象主要分为下面几类：

- 广告营销专业的在校学生；
- 对广告营销数据分析感兴趣的其他行业从业者；
- 想转行做广告数据分析的职场白领、开发人员、其他技术人员等。

如何阅读本书

本书共10章，从逻辑上可分为技术理论知识和具体业务应用两部分。其中，第1 ~ 2章主要介绍Python的安装和环境配置，带领读者认识广告数据，理解广告数据分析的意义。第3 ~ 6章主要介绍Python常用工具包以及模型常用评价指标，并利用Python建立广告分类模型。第7 ~ 8章主要介绍广告数据分析典型案例及常用分析方法，教读者如何做一份满意的数据分析报告。第9章主要介绍如何运用数据分析挖掘方法解决广告业务中的实际问题。第10章主要介绍常用的数据预处理及特征选择方法。

总之，前6章以及第10章主要介绍广告数据分析挖掘技术理论和应用，第7 ~ 9章则主要介绍广告业务中的具体问题及相应的解决方法，读者可以有选择性地阅读相应内容，有兴趣的话也可以通读全书。

勘误

尽管作者已经尽了自己最大的努力，但书中仍有不尽如人意的地方。若读者发现本书有错误之处，或者针对本书内容有更好的写作建议及意见，可以在微信公众号“数据挖掘与AI算法”上进行反馈。

致谢

动手写作本书时，我已有孕在身，所以一直顾虑颇多，很担心无法按时交稿。如今书稿付梓在即，心中感慨万千。首先要感谢本书的另一位作者周健的努力和配合，其次要感谢我的家人对我的理解和支持，没有他们，本书是无法顺利完成的。还要特别感谢机械工业出版社华章公司的两位编辑杨福川和李艺，他们的大力支持和辛勤付出才让本书得以顺利出版。

杨游云

Contents 目 录

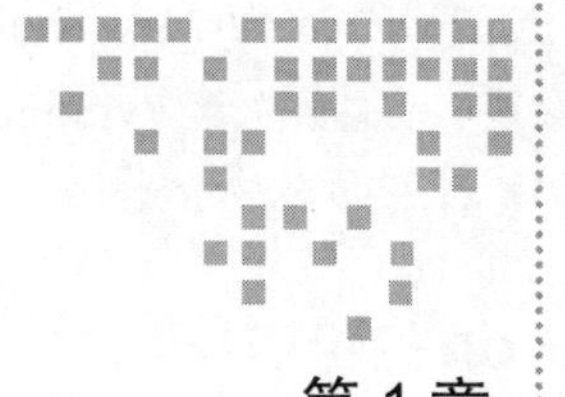

第 1 章 Chapter 1

Python 安装方法

俗话说“工欲善其事，必先利其器”，在进行数据分析和数学建模前，首先需要了解我们要使用的软件工具。目前可以用于数据分析和建模的常用软件工具包括 Python、R、SPSS 等，这些软件各有各的优点和特色。本书选择 Python 作为数据分析和建模的工具，因为 Python 开源，简单易学，可扩展性强，而且在 TIOBE 编程语言排行榜中名列前茅，目前比较流行。

本章主要介绍 Python 的由来及特点、Python 环境配置、Anaconda 的安装以及常用的 Python IDE（PyCharm）的安装和使用方法，最后简要说明为什么建议学习 Python 这门编程语言。本章是全书的基础，旨在帮助不熟悉 Python 的读者快速入门，方便后续内容的学习。

1.1 Python 介绍

在安装 Python 之前，我们先简单介绍一下 Python 的由来以及 Python 的特点。

1.1.1 Python 的由来

1989 年，Guido van Rossum 在参加设计 ABC（一种教学语言）后，萌生了开发一种新语言的想法。ABC 是为非专业程序员设计的非常强大的计算机语言，后来因为种种原因最终没有被推广成功。Guido van Rossum 综合了 ABC 语言的优点，并且结合了 UNIX shell 和 C 语言的习惯，创造了一种新的语言——Python。

Python 的命名来自于 Guido van Rossum 最喜欢的一部英国喜剧：《蒙提 · 派森的飞行

马戏团》(*Monty Python's Flying Circus*)。从 Python 的命名就可以看出 Guido van Rossum 对这门语言的珍爱。自 1989 年 Python 诞生以来，Python 之父 Guido van Rossum 倾尽心血不断完善它，这才有了如今的 Python。

1.1.2 Python 的特点

Python 是一种面向对象的解释型计算机程序设计语言，具有丰富和强大的工具库。目前 Python 已经成为继 Java、C++ 之后的第三大语言，其突出特点是简单易学、免费开源、可移植性强、面向对象、可扩展、可嵌入、库丰富、代码规范等。总之，无论是对于已有一定编程基础的开发人员来说，还是对于零编程基础的初学者来说，Python 都是一门相对容易掌握和入门的编程语言。本书会尽量从数据分析和建模的角度选择 Python 中常用的工具包进行重点讲解，读者按照本书内容顺序阅读即可。还是那句话：人生苦短，我选 Python。

1.2 Anaconda 安装

在安装 Python 之前建议读者先安装 Anaconda，因为 Anaconda 中已经集成了包括 Conda、Python 等 180 多个工具包及其依赖项。Anaconda 具有跨平台、包管理、环境管理的特点，支持 Linux、Mac、Windows 系统。下面以 Windows 系统为例，介绍其具体的安装方法。

首先，我们需要检查一下本地环境是否安装了 Anaconda。在任务栏的“开始”处右击选择“运行”，然后在对应输入框中输入“cmd”，进入 cmd 命令行，接着输入命令“conda --version”，如果出现如图 1-1 所示报错信息，说明本地环境未安装 Anaconda。

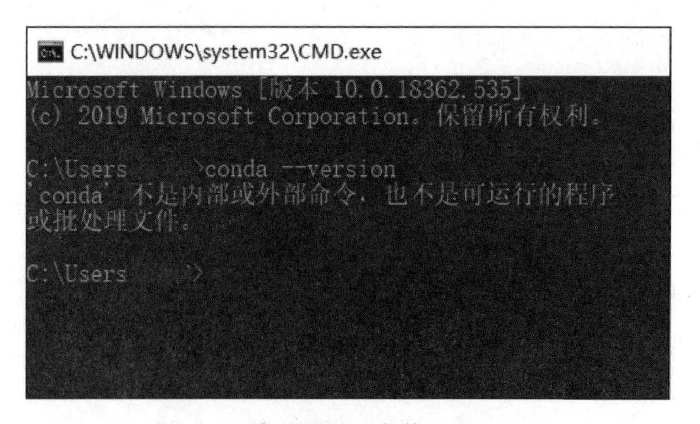

图 1-1 检查是否已安装 Anaconda

确认未安装 Anaconda 后，可以进入 Anaconda 官网下载对应版本的 Anaconda，如图 1-2 所示，下载地址为 https://www.anaconda.com/download/。

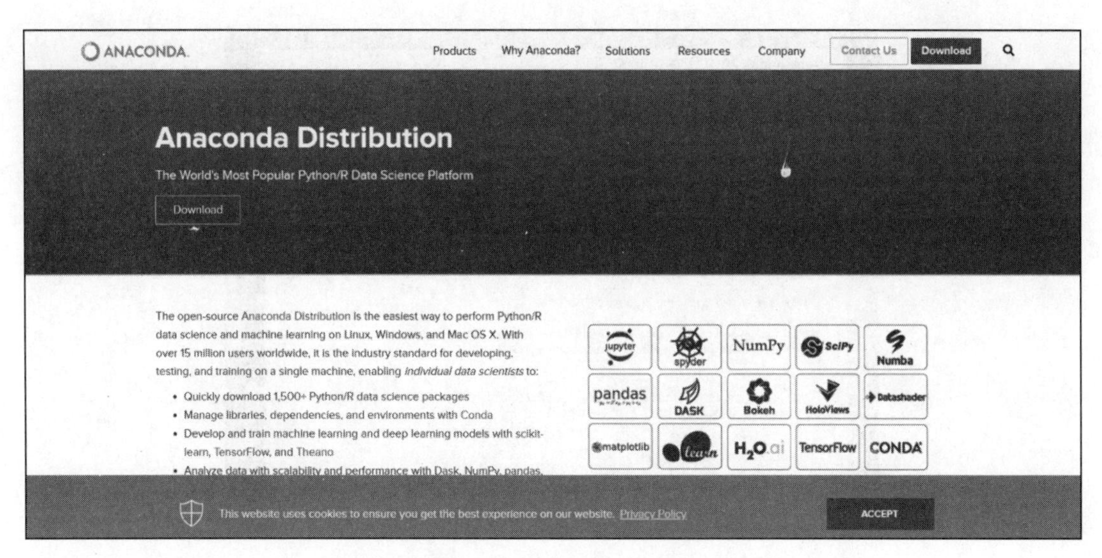

图 1-2　Anaconda 官网

点击“Download”，进入下载界面，建议选择左边“Python 3.7 version”下载安装，如图 1-3 所示，因为从 2020 年 1 月 1 日开始，官方将不再维护 Python 2.7 版本。需要注意的是，要根据本地系统选择是安装 64 位还是 32 位。这里我们安装 64 位，点击相应版本下载即可。

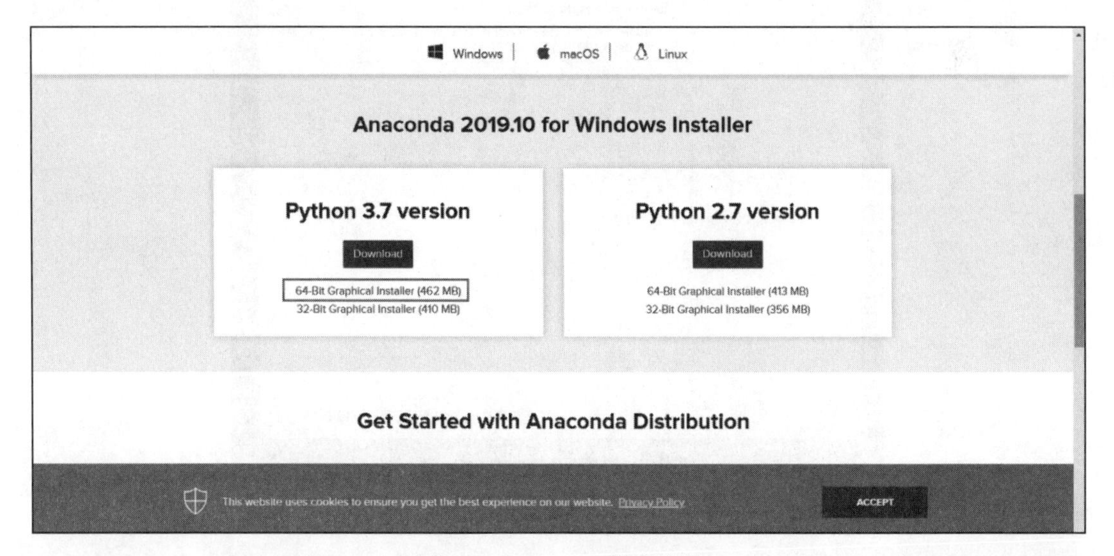

图 1-3　Anaconda 版本选择

下载完毕后，找到文件下载位置，双击文件即可安装。然后就可以看到即将要安装的 Anaconda 版本，点击“Next”进入下一步。在许可协议页面点击“I Agree”，如图 1-4 所示。

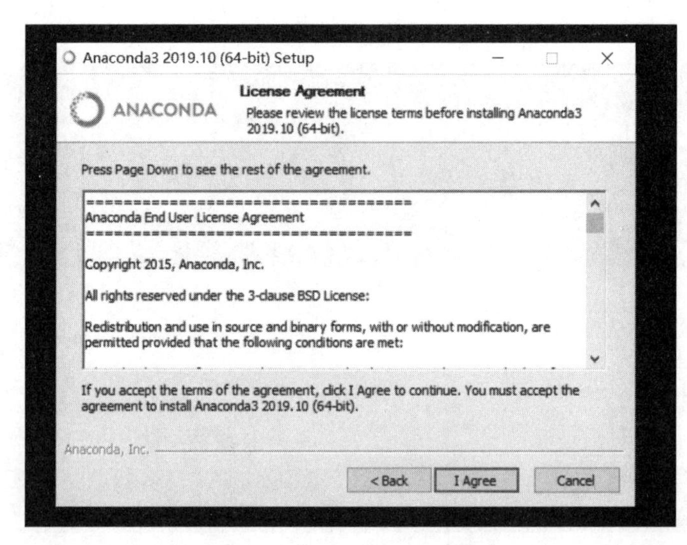

图 1-4 Anaconda 许可协议

接下来是根据自身情况选择安装类型，如果只是个人使用，选择默认设置，点击“Next”进入下一步即可。如果是多人使用，可以选择“All Users”，如图 1-5 所示。

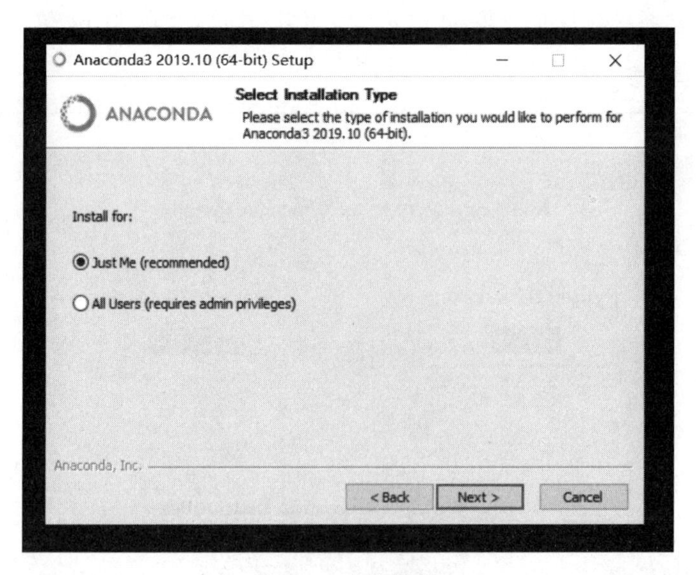

图 1-5 安装类型

接下来选择安装地址，注意这里跟文件下载地址不一样，建议读者在安装之前先在本地硬盘上提前创建一个对应的空文件夹，然后点击右边的“Browse...”按钮，将其修改到你想安装的地址目录下，以便后续管理和查找。当然，直接按默认地址安装也没问题。这里笔者在安装前已经在本地 C 盘中创建了一个名为 Anaconda3 的文件夹。设置好安装路径后点击“Next”，如图 1-6 所示。

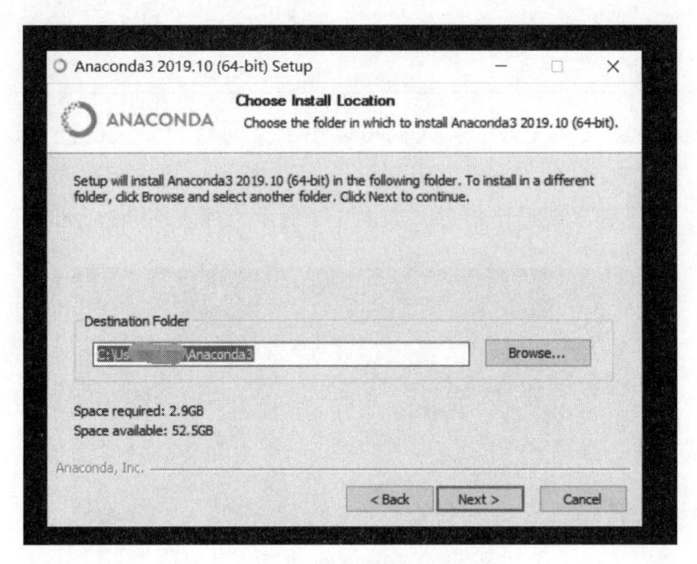

图 1-6　选择安装路径

进入预安装选项页面后，第一个选项会提示是否配置 Anaconda 环境变量。建议配置，不然安装后还是要自己配置环境变量，打勾表示选择自动配置，如图 1-7 所示。

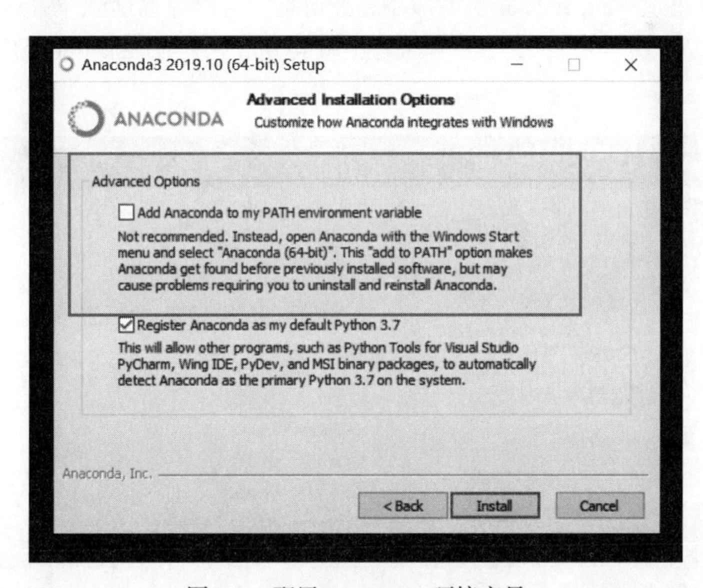

图 1-7　配置 Anaconda 环境变量

选择后即可点击“Install”开始安装进程，直接一路点击“Next”，直到提示安装完成。

注意 按默认方式安装，在安装完成后会直接打开两个 Anaconda 相关的页面，如果不想在安装完后自动打开这两个页面，可以在最后点击“Finish”之前取消勾选页面中的两个“Learn ...”。

至此，Anaconda 就安装完成了！我们可以用上文同样的方法检查 Anaconda 是否已经安装成功，不过在检查之前建议关闭打开的 cmd 命令行窗口再重新打开，同样输入“conda --version”回车，如没有出现报错信息，如图 1-8 所示，即表明 Anaconda 已经安装成功。

图 1-8 检查 Anaconda 是否安装成功

到这里有读者可能会问，在后续使用时，如何快速找到并进入 Anaconda 环境编辑器中呢？其实很简单，可以通过右击任务栏“开始”选择“搜索”，然后在对应的搜索框中输入“anaconda”，即出现 Anaconda 相关的应用，此时可以将鼠标移动到“Anaconda”应用图标上右键选择“固定到任务栏”，然后任务栏上就会显示对应的 Anaconda 图标了，如图 1-9 所示。

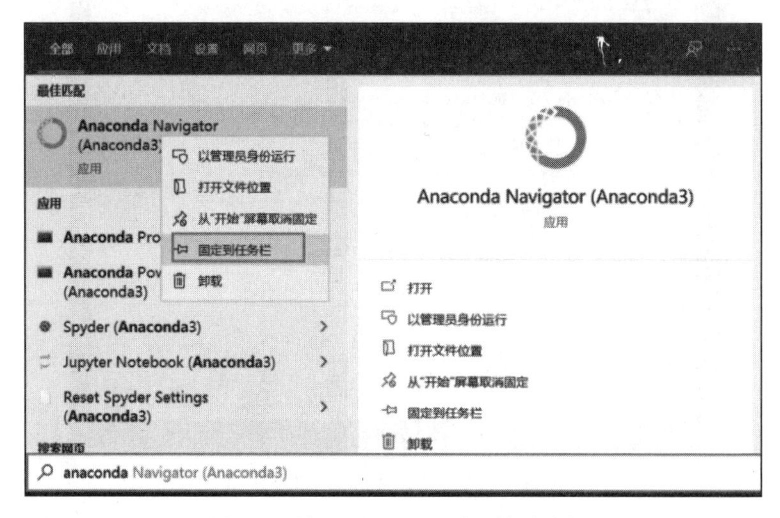

图 1-9 将 Anaconda 固定到任务栏

以后只需在任务栏上找到并点击图标即可启动 Anaconda 环境编辑器。Anaconda 启动后的首页如图 1-10 所示。

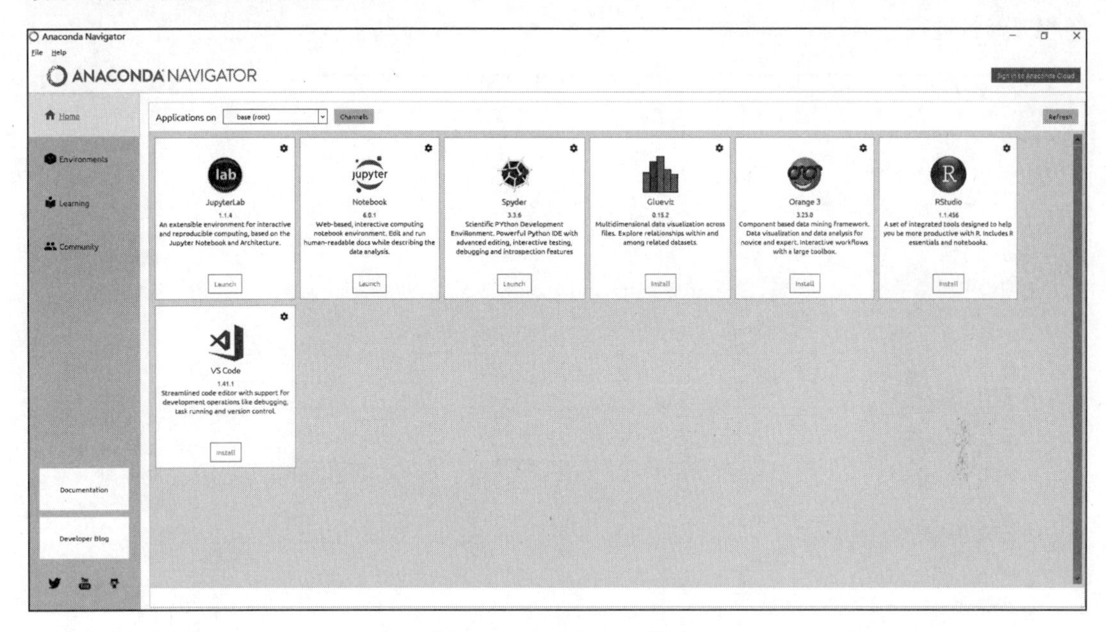

图 1-10　Anaconda 首页

可以看到 Anaconda 中自带了很多 IDE，读者可以根据个人喜好和习惯自行选择。建议初学者选择 Jupyter Notebook 编辑器，因为它是基于 Web 的交互式计算环境，可编辑易于人们阅读的文档，也可用于展示数据分析的过程，如图 1-11 所示。

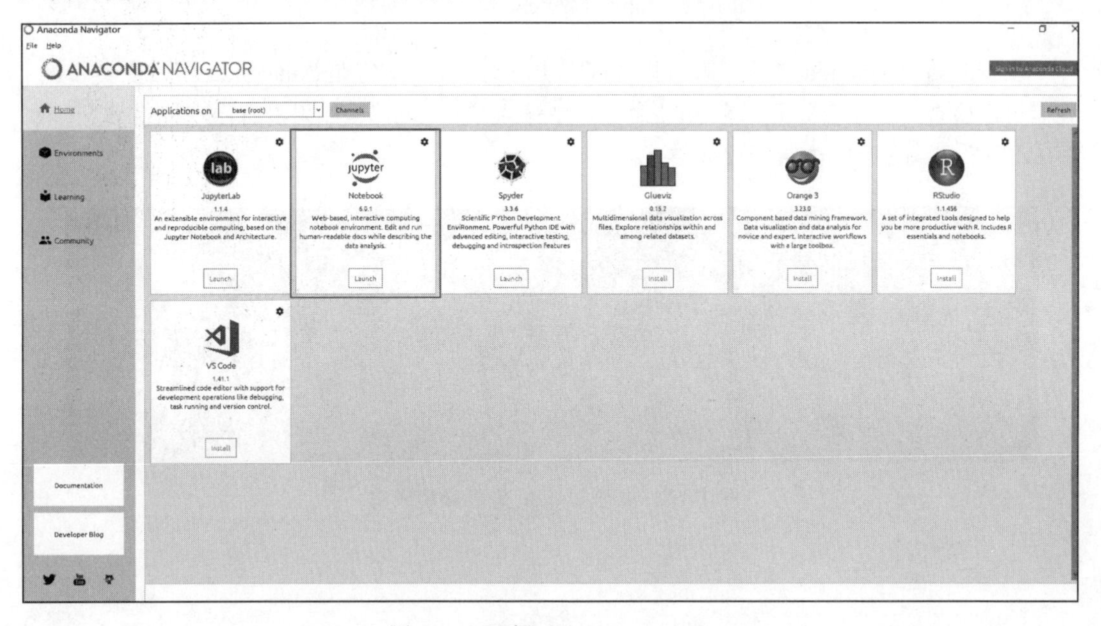

图 1-11　选择 Jupyter Notebook

Jupyter Notebook 的工作页面如图 1-12 所示，至于其具体使用方法，读者可以自行查阅相关资料进行了解。

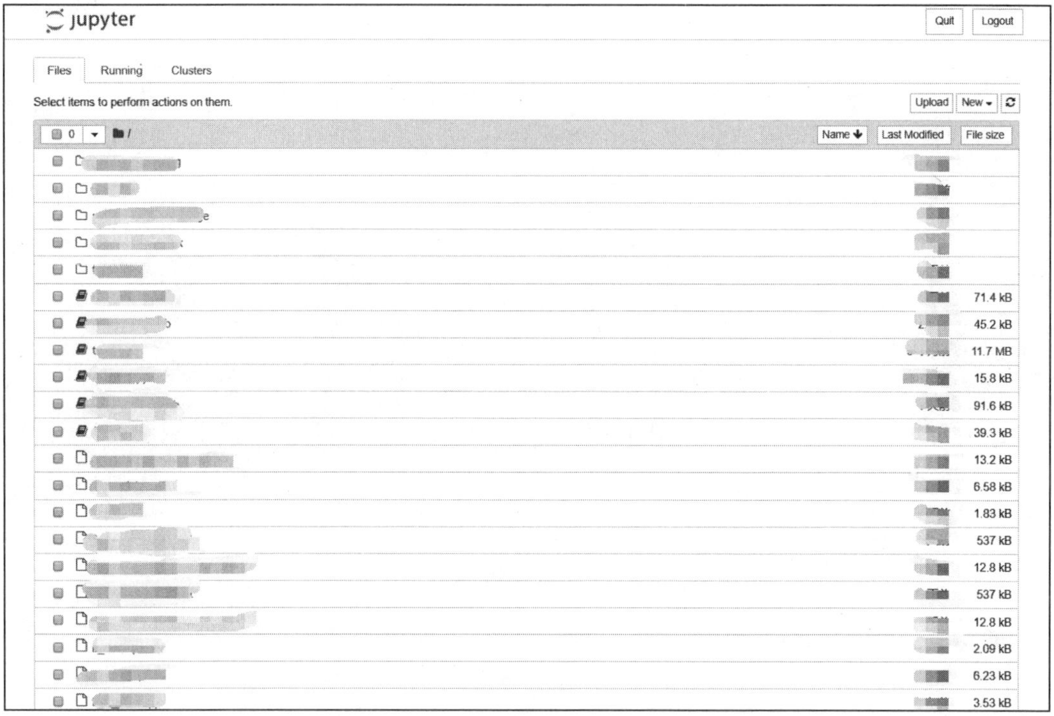

图 1-12 Jupyter Notebook 的工作页面

在安装好 Anaconda 之后，就可以正常使用 Python 了，它是 Anaconda 环境中自带的。我们可以检查一下是否如此，在 cmd 命令行中输入“python”，如果没有出现报错信息，如图 1-13 所示，说明 Python 已经安装成功。

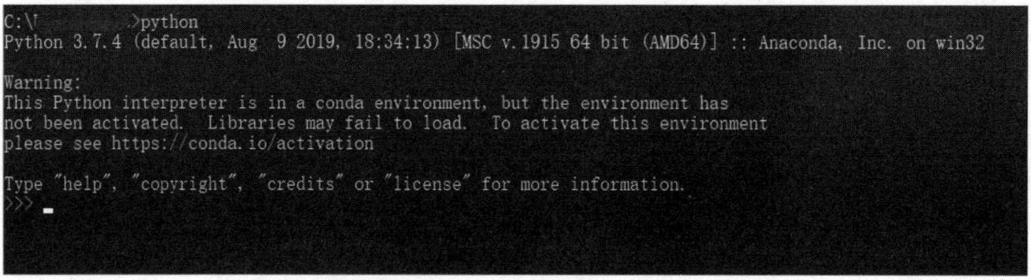

```
C:\          >python
Python 3.7.4 (default, Aug  9 2019, 18:34:13) [MSC v.1915 64 bit (AMD64)] :: Anaconda, Inc. on win32

Warning:
This Python interpreter is in a conda environment, but the environment has
not been activated.  Libraries may fail to load.  To activate this environment
please see https://conda.io/activation

Type "help", "copyright", "credits" or "license" for more information.
>>>
```

图 1-13 检查 Python 是否安装成功

1.3　PyCharm 安装及环境配置

如果不想用 Anaconda 中自带的 Python IDE，可以根据需要自行安装其他 Python IDE，例如 PyCharm、Eclipse + PyDev、Visual Studio + PTVS 等。我们以 PyCharm 为例，介绍其具体安装过程及环境配置方法。

1.3.1　PyCharm 安装

PyCharm 是 JetBrains 打造的一款非常好用的 Python IDE，它不仅可以提升开发效率，而且提供了大量插件和工具，可以帮助开发者节省很多时间。另外它还能够管理代码，完成大量的其他任务，例如智能代码和 Debug 等。本节将介绍 Windows 环境下 PyCharm 的安装及环境配置方法。

1. PyCharm 下载

首先进入 PyCharm 官网（https://www.jetbrains.com/pycharm/），在官网首页点击 Download 按钮进行下载。

可以看到 PyCharm 包括两个版本，Professional（专业版）和 Community（社区版），如图 1-14 所示。其中专业版功能更丰富，但是是收费的，只可以免费试用 30 天。社区版可以理解为功能不全的专业版，它包含的功能基本可供正常使用并且是免费的，所以如果没有特殊要求，选择社区版就可以了。两者的功能对比可以在 PyCharm 产品主页查看。

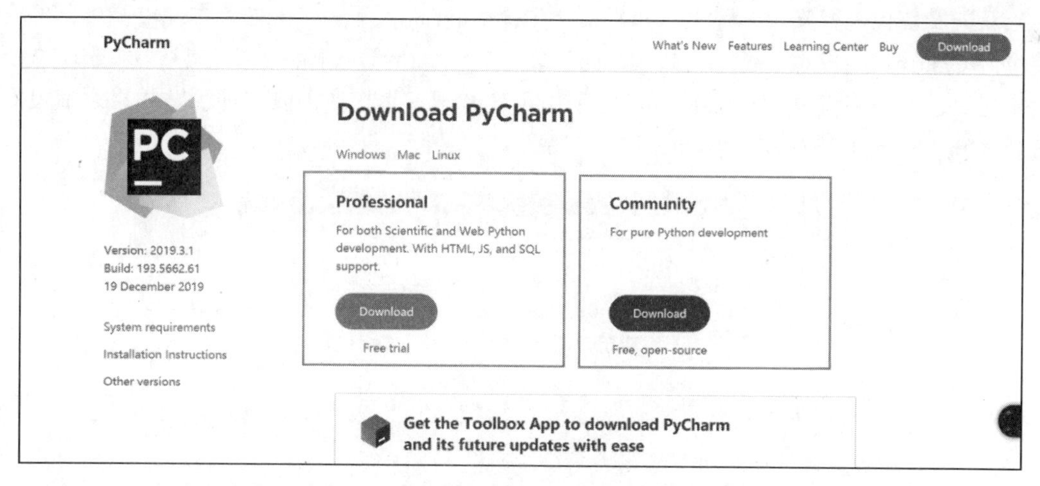

图 1-14　PyCharm 版本

接下来以 PyCharm 社区版为例介绍其安装方法，当然有条件的读者也可以购买专业版进行体验。同样地，需要注意根据自身电脑的操作系统进行选择，这里我们选择 Windows 系统 PyCharm 社区版，将其下载到本地，如图 1-15 所示。

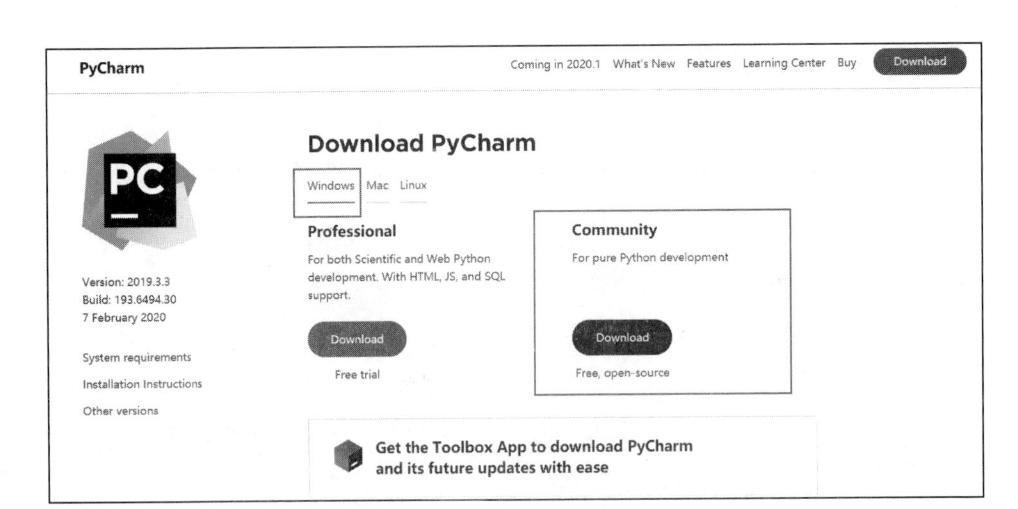

图 1-15 下载 Windows 系统下 PyCharm 社区版

2. PyCharm 安装

在本地对应的下载路径下，找到前面下载好的 PyCharm 安装包，如图 1-16 所示。

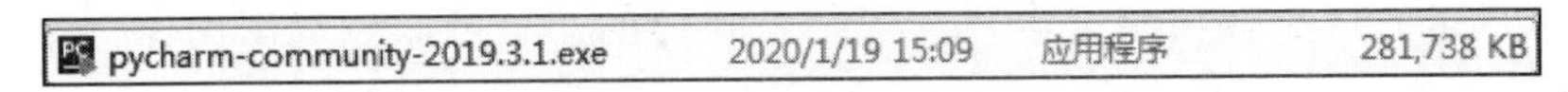

图 1-16 PyCharm 安装包

双击安装包进行安装，弹出安装界面，选择 Next 进入下一步。如果本地电脑中已经安装过 PyCharm，会提示是否需要卸载之前安装的 PyCharm 以及删除配置信息，如图 1-17 所示。建议已经安装过 PyCharm 的读者就不用再安装了，直接取消安装即可。如果之前没有安装过 PyCharm 则直接点击 Next，进入下一步。

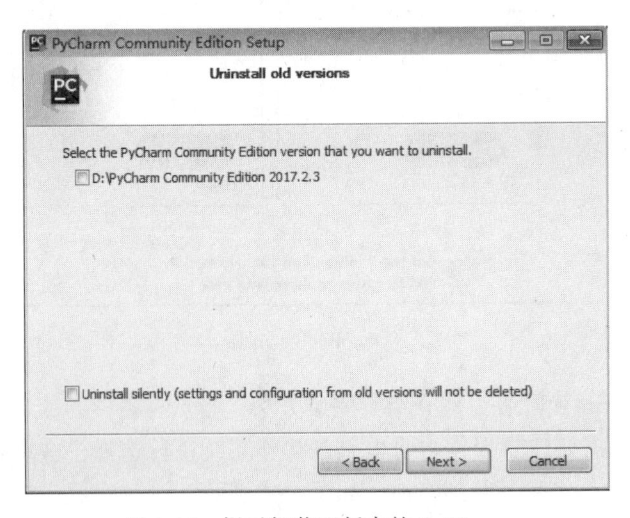

图 1-17 提示卸载旧版本的 PyCharm

选择安装目录，与之前 Anaconda 的安装类似，可以自定义安装目录，也可以按默认路径安装，如图 1-18 所示。

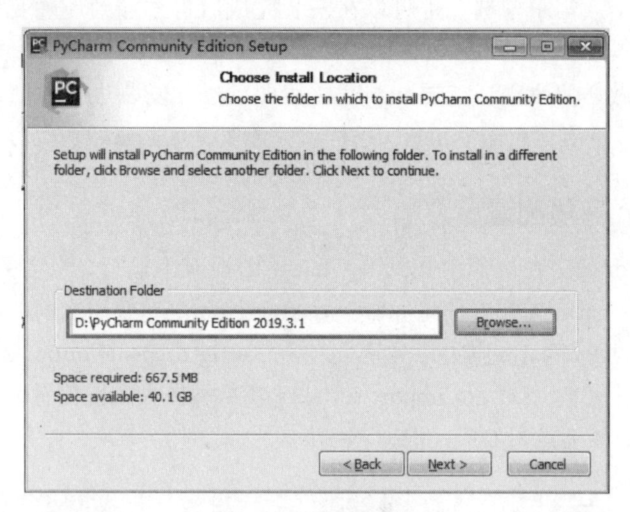

图 1-18　选择安装目录

选择好安装目录后点击 Next，进入如图 1-19 所示界面。其中，Create Desktop Shortcut 表示创建桌面快捷方式，如果对应位置下方出现两个选项（32-bit launcher 和 64-bit launcher）时，读者可以先在本地电脑找到"我的电脑"→"属性"确认个人电脑系统是 32 位还是 64 位之后再进行勾选。对于 Update context menu（更新上下文菜单）下的 Add"Open Folder as Project"（添加打开文件夹作为项目），读者可以根据个人需求勾选，也可以在安装完成后再进行设置。Create Associations 表示是否关联文件，勾选之后再打开 .py

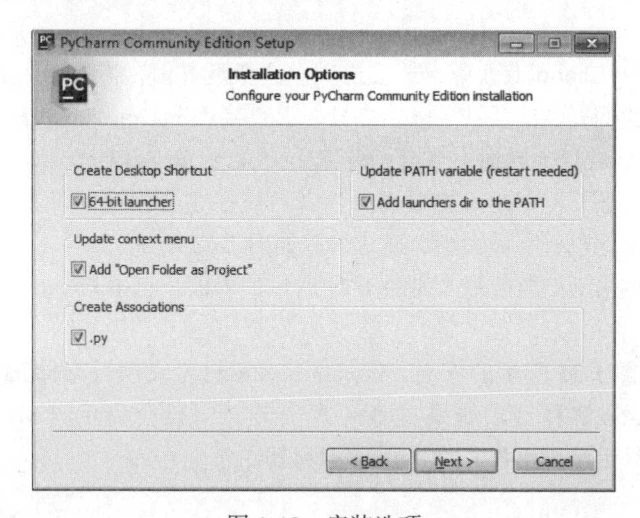

图 1-19　安装选项

文件时就会默认以 PyCharm 方式打开。Update PATH variable（restart needed）表示更新路径变量（需要重新启动），对于 Add launchers dir to the PATH（将启动器目录添加到路径中），读者同样可以根据个人需求勾选，也可以在安装完成后再添加到环境变量中。勾选后点击 Next，进入下一步。

接下来不需要做任何改动，点击 Install 按钮即可进入安装进度界面开始安装。安装完成后会默认选择稍后重启，点击 Finish，这样就完成了 PyCharm 的安装。

1.3.2 PyCharm 环境配置

安装好 PyCharm 后，在桌面上找到 PyCharm 图标双击运行，会看到如图 1-20 所示的界面，选择导入 PyCharm 的配置信息。Previous version 表示使用之前的配置，如果本地电脑中之前已经安装过 PyCharm 则可以勾选此项。Config or installation folder 表示使用从其他地方复制来的配置信息。Do not import settings 表示不导入配置信息，一般第一次安装都是默认勾选此选项。然后点击 OK，进入下一步。

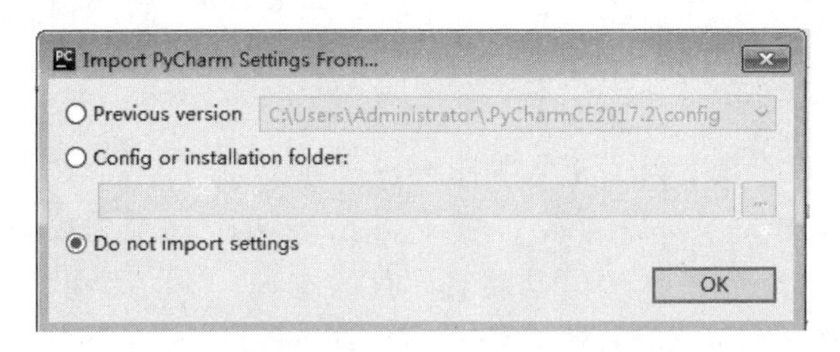

图 1-20　导入 PyCharm 的配置信息

勾选 I confirm that I have read and accept the terms of this User Agreement，点击 Continue，如图 1-21 所示。

如果下载的是 PyCharm 专业版，还会出现一个激活界面，需要输入对应的激活码才能进入下一步。这里我们安装的是社区版，在页面上直接点击 Don’t send 进入下一步即可。

如图 1-22 所示，在以下界面中点击 Skip Remaining and Set Defaults，继续进入下一步。

点击 Configure 进入 PyCharm 主页面。读者可以在主页面中的设置模块中选择自己喜欢的风格，例如背景颜色、字体大小、格式等，如图 1-23 所示。

设置完毕之后点击 OK 即可进入如图 1-24 所示的界面。点击 Create New Project 创建一个新的项目。

然后会出现如图 1-25 所示的界面，Location 表示自定义项目存储路径及项目的名称，需要选择关联 Python 解释器。如果是第一次安装，一般会提示“No Python interpreter selected”，我们可以手动选择合适的 Python 解释器。

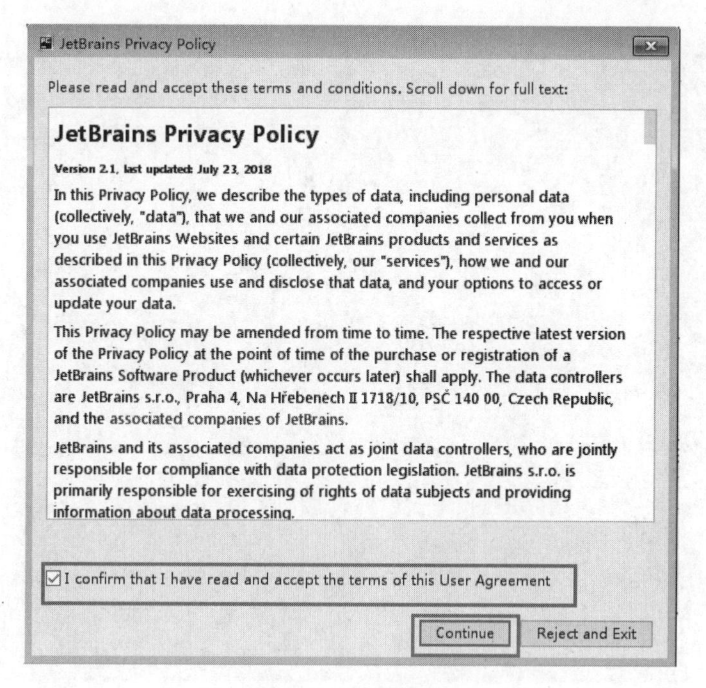

图 1-21　许可协议

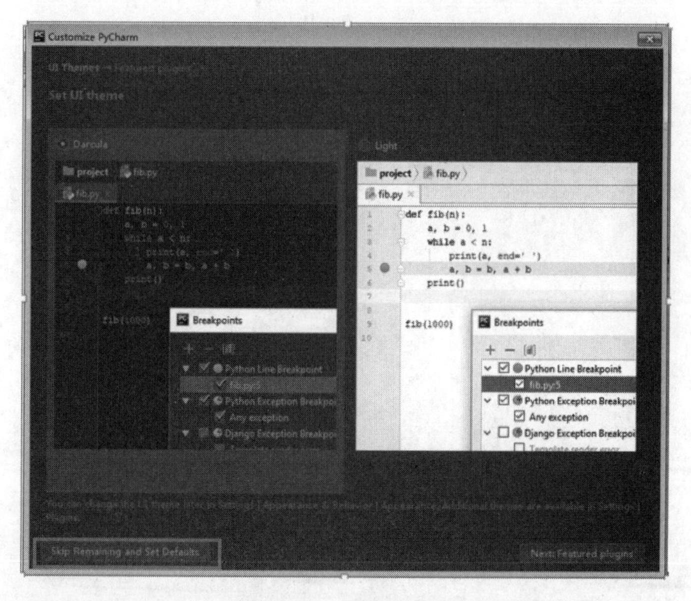

图 1-22　个性化设置

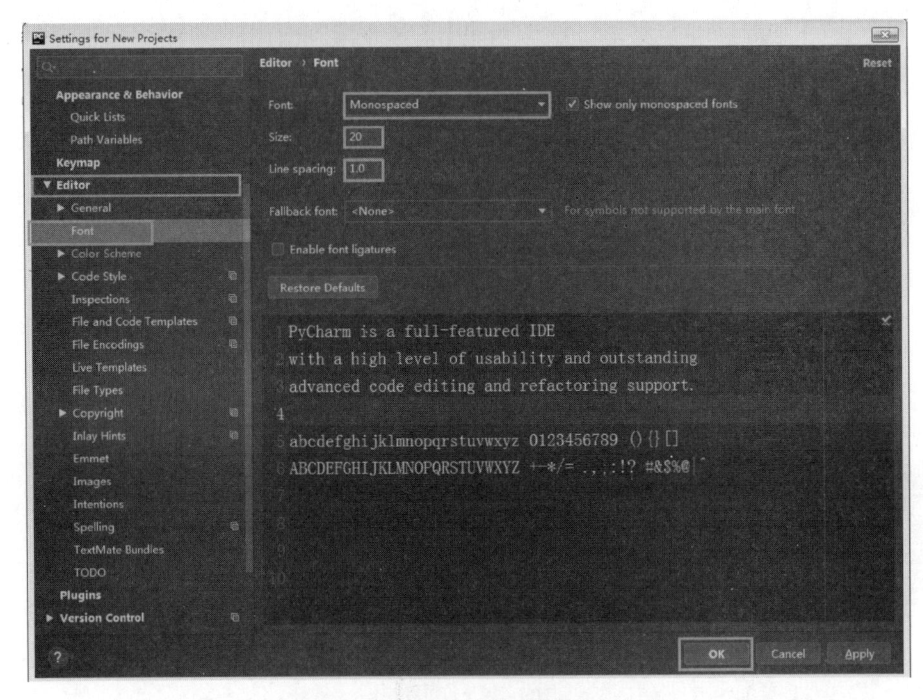

图 1-23 设置背景颜色和字体大小等

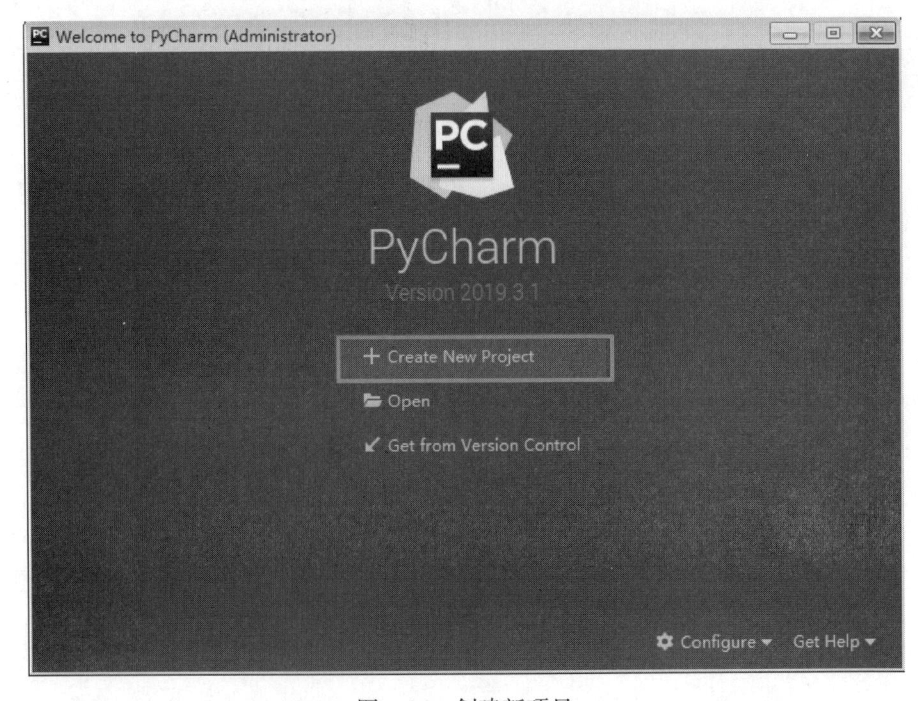

图 1-24 创建新项目

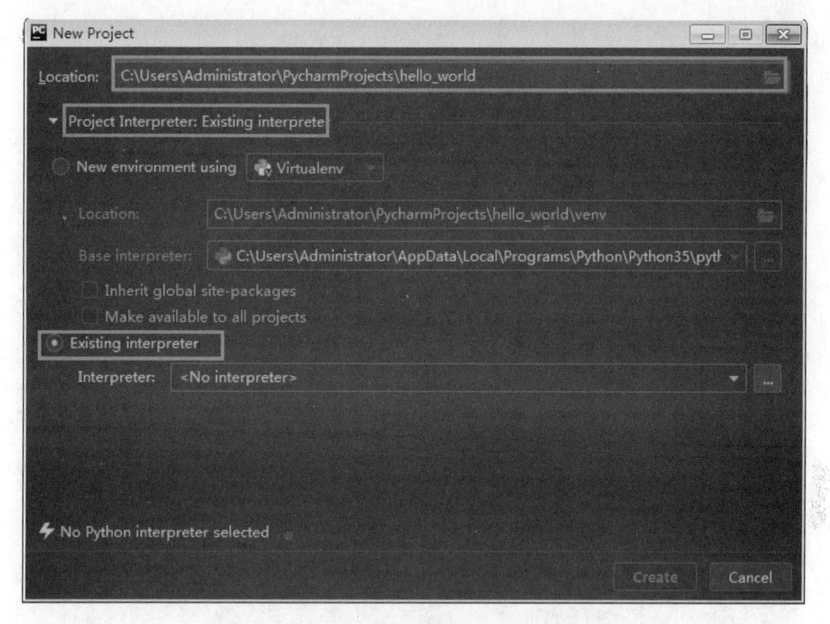

图 1-25　选择合适的 Python 解释器

点击 Existing interpreter 下方右侧的省略号，会出现如图 1-26 所示的界面，在这里可以选择不同 Python 环境进行配置。因为我们在前面已经安装过 Anaconda，所以这里直接选择 Conda Environment，在 Interpreter 中找到 Anaconda 安装路径下的 python.exe 并选择即可。如果没有找到 python.exe，也可以选择 System Interpreter，在 Interpreter 中输入已经安装好的 Python 路径，点击 OK 返回上一个界面。

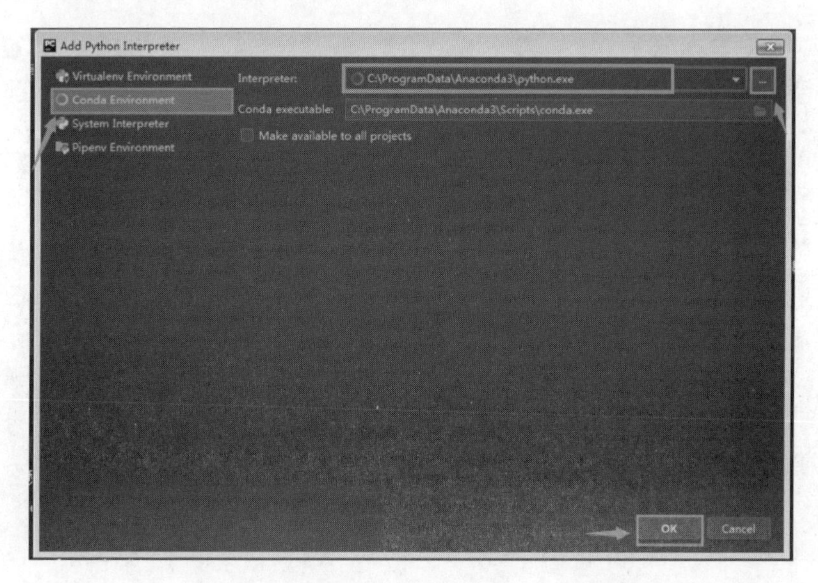

图 1-26　选择 Anaconda 中的 Python 解释器

这时我们发现 Interpreter 对应位置下已经有了 Python 解释器的版本和安装路径。点击 Create，进入下一个界面，如图 1-27 所示。

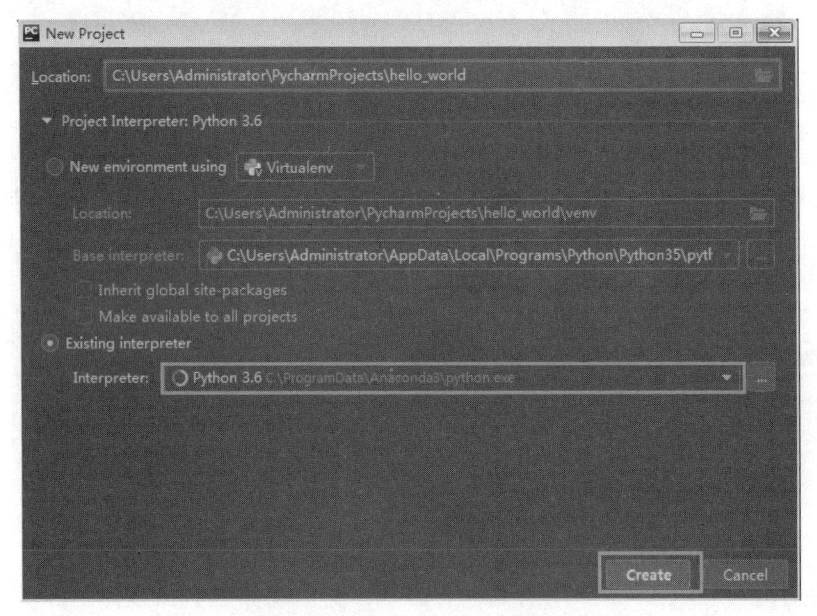

图 1-27 点击 Create 进入下一步

此时会出现 PyCharm IDE 提供的提示信息，直接点击 Close 进入下一步即可，当显示出如图 1-28 所示的界面后，就表示 PyCharm 的安装及环境配置已经顺利完成了。

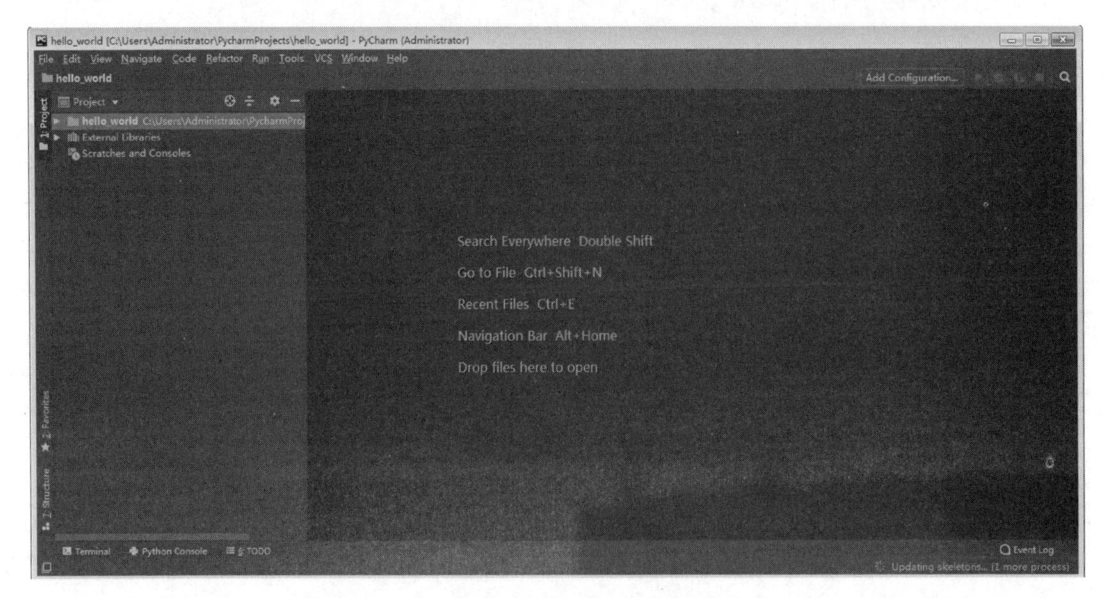

图 1-28 PyCharm 开发界面

如果后期开发需要修改环境配置等，可以通过 File → Settings → Project: XXXX → Project Interpreter 进行修改，具体如图 1-29 所示。

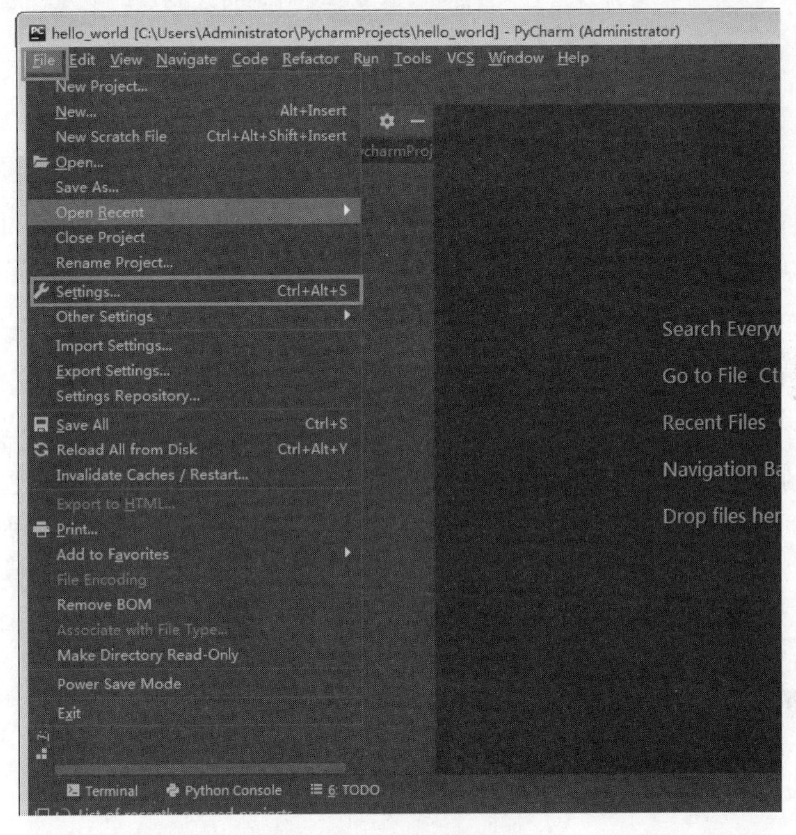

图 1-29 修改环境配置

1.4 为什么建议使用 Python

在众多的编程语言中，我们为什么建议使用 Python 呢？主要有以下三方面原因。

1. Python 的现状

现阶段 Python 地位很高，并且随着人工智能的普及越来越受重视，Python 由于其自身众多突出的特点，得到了社会的广泛关注。Python 开发人员在互联网企业中也有大量需求。Python 近几年的流行指数与用户数也在不断上升，大有追上开发语言“一哥”Java 的潜力。

2. AI 结合 Python

首先，人工智能涉及大量的数据计算，而 Python 一直是科学计算及数据分析的重要工具之一。相比其他开发语言，Python 更简单易学，具有非常丰富和强大的工具库，是许多人工智能科学家的重要工具。其次，Python 代码简洁高效，可以兼容多种底层架构语言，如 Java、C/C++ 等，在提升开发速度的同时也可以弥补运行速度慢的缺点，近年来受到了数据科学研究者与机器学习爱好者的广泛青睐。

3. Python 的优势

前面我们说过 Python 相比其他开发语言具有诸多优势。综合来看，首先，Python 是一种解释型语言，程序代码简洁高效，能让初学者快速上手。其次，Python 的开发生态成熟，具有非常优秀的工具库和社区。最后，Python 兼容性较好，具有多种语言接口，可轻松实现各种复杂的开发需求。

1.5 本章小结

本章首先介绍了 Python 的由来与特点。然后以 Windows 系统为例，重点介绍了 Anaconda 的安装方法与 PyCharm 的安装及环境配置方法。最后分析了建议使用 Python 的原因。总而言之，希望读者在阅读完本章后可以对 Python 这门语言有一个大致的了解，并通过学习 Python 安装及环境配置的方法，快速搭建起自己的 Python 语言环境，方便后续使用。

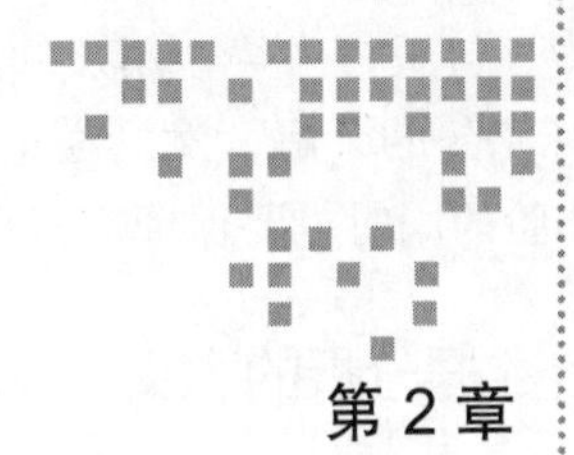

第 2 章 Chapter 2

认识广告数据分析

本章将重点介绍广告数据的基础知识，包括广告数据的特点以及广告数据分析的意义，让读者对广告数据有一定的了解。同时也会向读者介绍统计学中数据分布、异常值诊断、变量之间相关性分析、显著性分析等方面的知识，为后续学习数据分析和建模做好相应准备。

2.1　广告数据概述

广告，根据其存在的形态和载体的不同，可以简单分为在线广告与线下广告、PC 广告与移动广告等多种类型。近几年随着智能手机的不断普及，移动互联网广告快速超越传统线下广告和 PC 广告，成为当今主流的广告形式。本章将主要围绕移动互联网广告展开讨论。

2.1.1　广告数据的特点

移动互联网广告数据是大数据的典型代表，它充分体现了大数据的 4V 特征，即 Volume（体量大）、Variety（多样性）、Velocity（速度快）、Valueless（价值密度低）。首先，数据量巨大，移动互联网广告系统的背后有千万甚至上亿的用户，涵盖了各类用户行为数据及其他数据；其次，数据多样化，它包括第一方广告主数据、第二方广告平台数据以及不直接参与广告交易的其他第三方数据；第三，变化速度快，广告系统在很短的时间内可能要面对成千上万次的用户请求，且必须在 100 毫秒内处理完每一个发来的用户请求，所以低延时、快速响应是移动互联网广告系统的基本要求；最后，价值密度低，这是广告数据的固有特点，因为并不是每一次广告曝光都能换来有效的用户转化行为，例如点击行为、应用下载行为、付费行为等，用户的转化行为往往是极其稀疏和低密度的，这就要求我们对广告数据有充分的了解，然后通过数据分析和挖掘手段实现精准营销，避免无效曝光，在提升用户体验的同时也要保证广告交易中各方的利益。

2.1.2 广告数据分析的意义

前文说过广告投放的主要目的是精准营销，避免资源浪费、影响用户体验。而广告数据分析的意义也正是帮助广告投放实现精准营销。简单来说，广告精准营销就是指在对的时间、对的地点将对的产品以对的方式展示给对的人。

首先，我们需要通过数据分析确定哪些是对的人，这是精准营销的基础。确定的方法有很多，最常用的就是通过用户画像数据分析和用户行为数据分析来确定，例如通过用户的 RFM 模型，即用户最近一次访问时间、用户访问频率以及用户贡献度来分析。其次，需要确定什么是对的时间、对的地点、对的产品和对的方式，这是精准营销的关键。这不是拍脑袋或者简单讨论就能够确定的，需要根据大量的用户历史行为数据及实际数据对比分析后才能得到可靠的结论。最后，需要通过数据分析给出有效的流量预测、反作弊预警及异常监测等建议，这是精准营销的保障。

2.2 广告数据分布

说到广告数据分布，首先需要介绍日常生活中几种常见的数据分布形式。数据分布有时候也称为概率分布，常见的概率分布形式主要有六种，分别是伯努利分布、均匀分布、二项分布、正态分布、泊松分布和指数分布。

2.2.1 伯努利分布

伯努利分布是指随机变量 X 只有两种可能的结果，比如成功（1）或失败（0），成功可以用概率 p 来表示，失败用 q 或 $1-p$ 来表示。需要注意的是，成功与失败的概率不一定相等。例如，成功的概率 = 0.15，失败的概率 = 0.85。分布的期望值就是分布的平均值，伯努利分布的随机变量 x 的期望值为：

$$E(x) = 1*p + 0*(1-p) = p$$

随机变量 x 的方差为：

$$Var(x) = E(x^2) - [E(x)]^2 = p - p^2 = p(1-p)$$

服从伯努利分布的例子有很多，比如明天是否会下雨、掷硬币得到的是正面还是反面。

2.2.2 均匀分布

对于投骰子来说，每次投掷的结果只会是 1 到 6 其中的一种，且得到任何一种结果的概率是相等的，这就是均匀分布。与伯努利分布不同，均匀分布的所有可能结果的 n 个数也是相等的。

假设变量 x 在 $[a, b]$ 上服从均匀分布，则其密度函数可以表示为：

$$f(x)=\begin{cases}0, & x<a \text{ 或 } x>b \\ \dfrac{1}{b-a}, & a \leqslant x \leqslant b\end{cases}$$

均匀分布的曲线如图 2-1 所示。

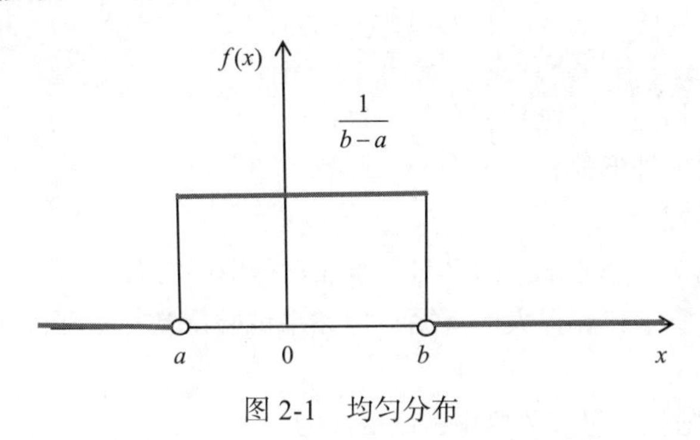

图 2-1　均匀分布

可以看到，均匀分布曲线的形状是一个矩形，这也是为什么均匀分布又称为矩形分布的原因。其中，a 和 b 是参数。

假设书店每天销售的工具书的数量是服从均匀分布的，最多为 40 本，最少为 10 本。下面我们来计算一下日销售量在 15 本到 30 本之间的概率。

日销售量在 15 本到 30 本之间的概率为 $(30-15) \times (1/(40-10)) = 0.5$

其中服从均匀分布的 x 的平均值和方差分别如下。

- 均值：$E(x) = (a+b)/2$
- 方差：$Var(x) = (b-a)^2/12$

当 $a = 0$ 并且 $b = 1$ 时，均匀分布称为标准均匀分布。

2.2.3　二项分布

二项分布的参数是 n 和 p，其中 n 是试验的总数，p 是每次试验成功的概率。当 n=1 时，二项分布就是伯努利分布。

二项分布的均值和方差分别如下。

- 均值：$E(x) = np$
- 方差：$Var(x) = npq$

在上述说明的基础上，二项分布有以下几个特点：

- 每次试验都是独立的；

- 在试验中只有两种可能的结果，即成功或失败；
- 总共进行 n 次相同的试验；
- 所有试验成功和失败的概率是相同的（试验是一样的）。

2.2.4 正态分布

正态分布（Normal Distribution）又名高斯分布（Gaussian Distribution），是一种非常常见的连续概率分布。正态分布可以表示现实生活中的大部分情况，大量的随机变量被证明是服从正态分布的。

正态分布的特征主要有以下几点：

- 正态分布的平均值、中位数和众数一致；
- 正态分布曲线是钟形的，且关于 $x=\mu$ 对称；
- 曲线下的总面积为 1；
- 有一半的值在对称中心的左边，另一半在对称中心的右边。

正态分布与二项分布有着很大的不同，但如果试验次数接近于无穷大，则它们的形状会变得十分相似。

服从正态分布的随机变量 x 的概率密度函数为：

$$f(x)=\frac{1}{\sqrt{2\pi\sigma}}\exp\left(-\frac{(x-\mu)^2}{2\sigma^2}\right)$$

服从正态分布的随机变量 x 的均值和方差分别如下。

- 均值：$E(x)=\mu$
- 方差：$Var(x)=\sigma^2$

其中，μ 和 σ 是参数，分别表示均值和标准偏差。

当 $\mu=0$，$\sigma=1$ 时，正态分布就称为标准正态分布，标准正态分布的概率密度函数为：

$$f(x)=\frac{1}{\sqrt{2\pi}}\mathrm{e}^{\left(-\frac{x^2}{2}\right)}$$

随机变量 $x \sim n(0,1)$ 的曲线图如图 2-2 所示。

2.2.5 泊松分布

泊松分布适用于事件在随机时间和空间上发生的情况，其中，我们只关注事件发生的次数。假设电影院里有一台爆米花机和一台饮料机，x 代表爆米花机每周发生故障的次数，y 代表饮料机每周发生故障的次数，则称 x 和 y 为泊松随机变量，x 和 y 均服从泊松分布。

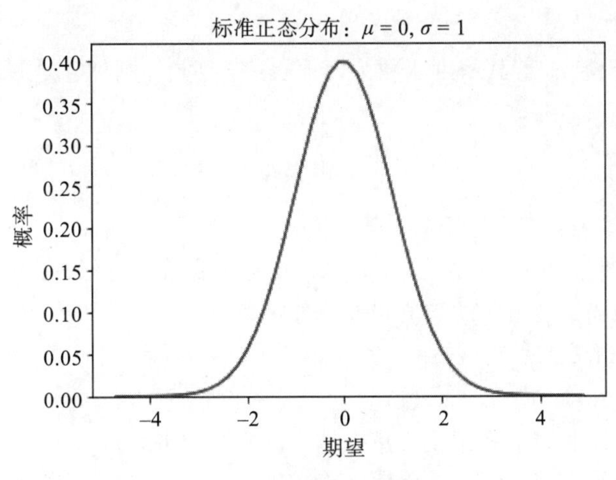

图 2-2　标准正态分布

在现实生活中还有一些服从泊松分布的例子。例如医院在一天内接到的紧急电话的数量、某个地区在一天内报告失窃的数量、在一小时内抵达销售现场的客户人数、书中每一页打印错误的数量。

当以下假设成立时，则称数据服从泊松分布：

- 任何两个事件发生与否互不影响，两者互相独立；
- 每次事件发生的概率保持相等；
- 当时间间隔变小时，在给定的间隔时间内成功的概率趋向于零。

泊松分布中常用到的符号如下所示：

- λ 是事件发生的速率；
- t 是时间间隔的长度；
- x 是该时间间隔内的事件数。

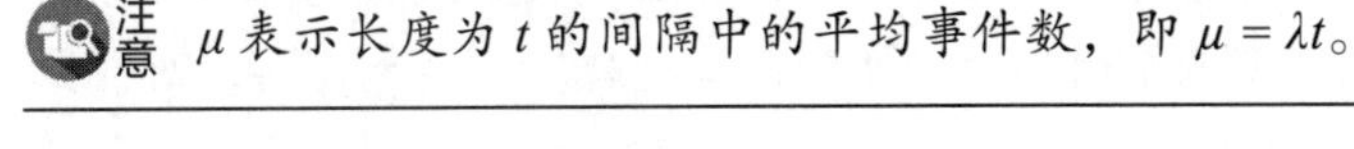

注意　μ 表示长度为 t 的间隔中的平均事件数，即 $\mu = \lambda t$。

泊松分布中 x 的均值和方差分别如下。

- 均值：$E(x) = \mu$
- 方差：$Var(x) = \mu$

2.2.6　指数分布

目前指数分布被广泛用于生存分析中，从机器的预期寿命到人类的预期寿命，指数分布都能较成功地提供结果。假设你现在在呼叫中心工作，可以使用指数分布模拟呼叫中心每次呼叫之间的时间间隔。其他类似的例子还有地铁到达的时间间隔、到达加油站的时间间隔、空调的寿命等。

对于任意随机变量 x，若其密度函数为以下表达式 $f(x)$，则称它是服从指数分布的：

$$f(x)=\begin{cases}\lambda e^{-\lambda x}, x>0\\0, 其他\end{cases}$$

其中，参数 $\lambda>0$，λ 也称为速率。

对于生存分析，假定它已经存活到 t 时刻，则称 λ 为任何时刻 t 设备的故障率。

服从指数分布的随机变量 x 的均值和方差分别如下。

- 均值：$E(x) = 1/\lambda$
- 方差：$Var(x) = (1/\lambda)^2$

此外，速率越大，曲线下降越快，速率越小，曲线越平坦。

前面我们分别介绍了几种常见的数据分布形式，但很难说广告数据到底服从哪一种分布，因为广告交易的场景非常多，需要根据具体情况具体分析。例如要研究按 CPC 计费的广告点击量与广告费用的关系，结果可能是一条线性的曲线，表示广告费用会随着广告点击量的增加而增加；但研究单个用户广告曝光次数与点击概率的关系时，结果可能就是一条类长尾的非线性曲线，也就是说，随着曝光次数的增加，用户的点击概率总体呈下降的衰退趋势。这其实也很好理解，如果相同的广告重复曝光给同一个用户很多次，当超过一定次数之后就会引起用户的排斥和反感，进而影响其对广告的响应率。再比如我们想研究某媒体平台一天当中的用户广告请求量，你可能会发现凌晨的用户请求数比白天少，这是因为凌晨绝大部分用户都在睡觉，所以研究结果是一条根据时间实时变化的非线性曲线。

2.3 异常值诊断

异常值诊断是数据分析和建模中一个非常重要的步骤，异常值的出现会影响数据分析人员对整体数据分布的判断，甚至会导致分析结果与实际情况相差较大或者完全与实际相悖的情况。同时，异常值也会影响模型的结果参数，使得模型泛化能力变差，所以对数据中异常值的诊断至关重要。本节将介绍两种常见的异常值诊断方法。

2.3.1 三倍标准差法

前面我们介绍过，正态分布的函数图像关于平均值 $x = \mu$ 对称，且平均值与它的众数及中位数是同一个数，如图 2-3 所示。

如图 2-3 所示，正态分布函数曲线有以下几个特点：

- 68.2% 的面积在平均数左右一个标准差（1σ）范围内；
- 95.4% 的面积在平均数左右两个标准差（2σ）的范围内；
- 99.7% 的面积在平均数左右三个标准差（3σ）的范围内。

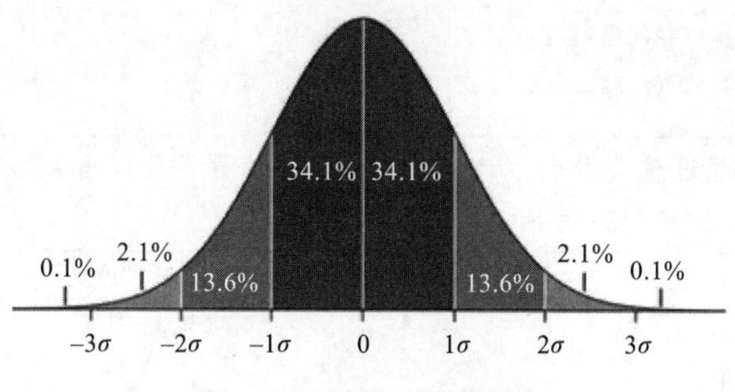

图 2-3　正态分布函数图像

如果数据服从正态分布，那么当样本数据绝对值大于 3 倍标准差时，可以基本认定该样本为一个异常数据，这也是我们在判断广告数据异常值中应用的有效手段之一。

2.3.2　箱形图分析法

图 2-4 所示为一个普通的箱形图，当样本数据绝对值距离上（Q3）下（Q1）边界大于 1.5 或 3 倍四分位距（IQR）时，可以认为该样本为一个异常数据。

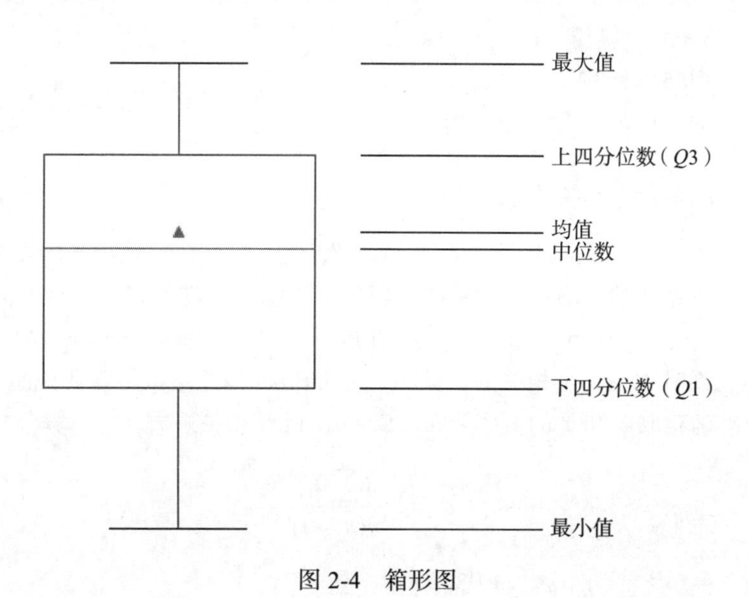

图 2-4　箱形图

最小估计值：Q1 +/–k(Q3–Q1)

最大估计值：Q3 +/–k(Q3–Q1)

注意 k 为 1.5 时，超过最大最小估计值的可以认定为异常值；当 k 为 3 时，超过最大最小估计值的可以认定为极端异常值。

2.4 数据相关性

数据相关性是指数据之间存在某种内在关系。在广告数据建模中，经常需要对变量进行相关性分析，进而快速找到变量之间的内在联系。在二元变量的相关性分析中，有两种常用的相关系数：Pearson 相关系数和 Spearman 秩相关系数。

2.4.1 Pearson 相关系数

Pearson 相关系数是研究数值变量之间线性相关性的。若两个数值变量之间是非线性关系，则要求两变量数据的间距相同或来自同一个正态分布中，所以并不是所有的数值型变量都可以用 Pearson 相关系数来表示两个变量之间的相关关系。

一般来说，变量之间的线性相关性分为三种：正相关、负相关、不相关。正相关是指若一个变量往一个方向变化，则与之相关的变量也会沿着同一个方向变化。负相关是指若一个变量往一个方向变化，则与之相关的变量会沿着相反的方向变化。不相关是指无论其中一个变量如何变化，均与另一个变量无关。

相关性强弱一般用符号 r 来表示，正负号表示变量之间相关性的正负关系，其中：

- $0 \leqslant |r| < 0.3$ 表示弱相关；
- $0.3 \leqslant |r| < 0.5$ 表示中等相关；
- $0.5 \leqslant |r| \leqslant 1.0$ 表示强相关。

2.4.2 Spearman 秩相关系数

Spearman 秩相关系数的适用范围比 Pearson 相关系数广，它是用来衡量秩序的相关性的。Spearman 相关系数的突出特点是单调性相关，也就是只要 X 和 Y 具有单调的函数关系，那么 X 和 Y 就是完全 Spearman 相关的。这与 Pearson 相关不同，Pearson 相关只有在变量之间具有线性关系时才是完全相关的，其次，Spearman 相关系数不需要先验知识，只要知道参数就可以准确获取 X 和 Y 的概率分布。Spearman 秩相关系数 ρ 的计算公式如下：

$$\rho = 1 - \frac{6\sum d_i^2}{n(n^2 - 1)}$$

其中，d_i 为两个秩序之间的距离，n 代表样本个数。

在正态分布的假设下，Pearson 相关系数和 Spearman 秩相关系数在效率上是等价的，而对于连续型测量数据，更适合用 Pearson 相关系数来进行分析。在实际应用中，上述两种相关系数都需要对其进行假设检验，可以使用 t 检验方法检验其显著性水平以及确定其相关程度。

2.5 显著性检验

显著性检验就是事先对总体（随机变量）的参数或总体分布做出一个假设，然后利用样本信息来判断这个假设（备择假设）是否合理，即判断总体的真实情况与原假设是否有显著性差异。换句话说，显著性检验要判断样本与我们对总体所做的假设之间的差异是随机性差异，还是由我们所做的假设与总体真实情况之间不一致所引起的。它是针对我们对总体的假设的检验，其原理就是用“小概率事件实际不可能发生”来接受或否定假设。

综上所述，显著性检验是用于检验实验组与对照组或两种不同处理的效应之间是否有差异，以及这种差异是否显著的方法，有时也叫假设检验。常用的显著性检验方法有 Z 检验、t 检验、卡方检验、F 检验等。

我们常把一个要检验的假设记作 H0，称为原假设（或零假设），把与 H0 对立的假设记作 H1，称为备择假设。

- 在原假设为真时，决定放弃原假设，称为第一类错误，其出现的概率通常记作 α；
- 在原假设不为真时，决定坚持原假设，称为第二类错误，其出现的概率通常记作 β；
- $\alpha+\beta$ 不一定等于 1。

通常只限定犯第一类错误的最大概率 α，而不考虑犯第二类错误的概率 β。这样的假设检验又称为显著性检验，概率 α 称为显著性水平。最常用的 α 值为 0.01、0.05、0.1 等。一般情况下，根据研究的问题，如果放弃真假设损失大，为减少这类错误，α 取值可以设定小一些，反之，α 取值可以设定大一些。

假设检验的一般步骤：

- 确定要检验的假设；
- 选择检验统计量；
- 确定用于做决策的拒绝域；
- 求出检验统计量的 p 值；
- 查看样本结果是否位于拒绝域内；
- 做出决策。

2.6 本章小结

本章首先介绍了广告数据的特点及广告数据分析的意义，然后分别介绍了六种常见的数据分布，包括伯努利分布、均匀分布、二项分布、正态分布、泊松分布、指数分布以及它们各自的特点。本章还介绍了两种常用的异常值诊断方法，即三倍标准差法和箱形图分析法，通过异常值诊断方法可以快速发现数据中的异常值。考虑到在广告数据分析中经常要对变量的相关性进行分析，本章介绍了两种常用的二元变量相关系数：Pearson 相关系数和 Spearman 秩相关系数。通过相关性分析可以快速找到变量之间的内在联系。最后还介绍了数据显著性检验的一般方法和步骤。总体来说，本章重点是向读者介绍广告数据的特点、分布以及数据分析中常用的观察指标，为后续学习其他章节做铺垫。

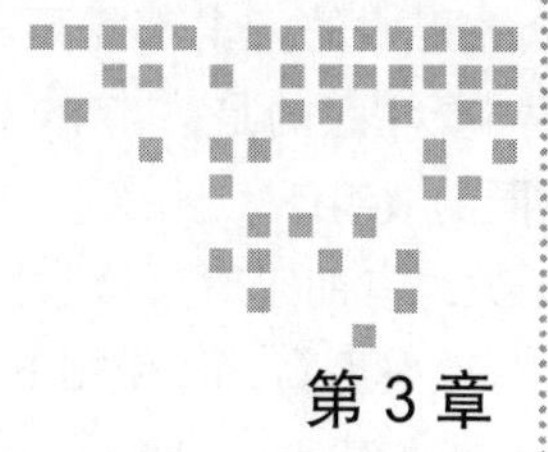

第3章 Chapter 3

Python 广告数据分析常用工具包

本章我们将重点介绍 Python 中三个常用的数据分析工具包：NumPy、Pandas、Matplotlib。其中，NumPy 和 Pandas 主要用于数据预处理和数据分析，Matplotlib 则主要用于可视化图表的绘制。在介绍 NumPy 时，我们会重点介绍 Python 中常见的数据结构、索引和切片操作、多维数组 ndarray 及其常用操作。在介绍 Pandas 时，我们会重点介绍 DataFrame 数据框的特点及其常用操作方法，因为 DataFrame 是数据分析中最常用的数据结构。在介绍 Matplotlib 时，我们会介绍如何绘制常用的可视化图表及相关参数的使用方法。总体来说，这三个工具包提供了大量可以快速处理数据的函数。要想快速理解和掌握这三个工具包，建议读者按照本章相关代码示例进行练习。书中会统一使用以下方式引用三个工具包：

```
import numpy as np
import pandas as pd
import matplotlib.pyplot as plt
```

3.1 数据基础运算工具：NumPy

NumPy 是 Python 中用于科学计算的基础软件包，包含多维数组对象、多种派生对象（如矩阵）以及用于快速操作数组的函数的 API。除此之外，它还提供线性代数运算、随机数生成以及傅里叶变换等功能。NumPy 的核心是 ndarray 对象，它封装了 Python 原生的同数据类型的 *N* 维数组，为了保证其优良性能，其中许多操作都是在本地编译后执行的。

NumPy 数组和标准 Python Array（数组）之间有几个重要的区别。

- NumPy 数组在创建时具有固定的大小，与 Python 的原生数组对象（可以动态增长）不同，更改 ndarray 的大小将创建一个新数组并删除原来的数组。

- NumPy 数组中的元素都需要具有相同的数据类型，因此各元素在内存中的大小相同。但需要注意的是，当 Python 原生数组里包含了 NumPy 对象时，可以存在元素大小不同的数组。
- NumPy 数组有助于对大量数据进行高级数学和其他类型的操作。一般来说，这些操作的执行效率更高，比使用 Python 原生数组所需的代码更少。

目前，越来越多基于 Python 的科学软件包使用了 NumPy 数组，虽然这些工具通常都支持将 Python 的原生数组作为参数，但它们在处理之前还是会将输入的数组转换为 NumPy 数组，而且输出通常也是 NumPy 数组。换句话说，为了更高效地使用基于 Python 的科学计算工具，只知道如何使用 Python 的原生数组类型是不够的，还需要知道如何使用 NumPy 数组。

在广告数据分析挖掘中，使用 NumPy 工具包进行数据运算的场景非常多。下面我们先简单认识一下 Python 中常见的数据结构。

3.1.1 常见数据结构

Python 中常见的数据结构有列表（list）、元组（tuple）、集合（set）、字典（dict）等，这些数据结构表示了自身在 Python 中的存在形式，在 Python 中可以输入 type（对象）查看数据类型。

1. 列表

（1）创建列表

列表是 Python 内置的一种数据类型，它是一种有序的数据集合，是用于存储一连串元素的容器。列表用 [] 来表示，列表中的每个元素可以相同也可以不相同。

```
In [1]: list1 = ['wellcom','to','the','sjwjyaisf1688']

In [2]: list1
Out[2]: ['wellcom', 'to', 'the', 'sjwjyaisf1688']

In [3]: list2 = ['wellcom','to','the','sjwjyaisf1688',6,6,6]

In [4]: list2
Out[4]: ['wellcom', 'to', 'the', 'sjwjyaisf1688', 6, 6, 6]
```

除了可以使用“[]”创建列表外，还可以使用 list() 函数创建列表：

```
In [5]: list(['xiao','xiao','wa','jue','ji',666]
Out[5]: ['xiao', 'xiao', 'wa', 'jue', 'ji', 666]

In [6]: list('666')
Out[6]: ['6', '6', '6']
```

列表支持加法操作，即将两个或多个列表合并为一个列表，具体操作如下：

```
In [7]: ['wellcom','to','te']+['xiao','xiao','ji','666']
Out[7]: ['wellcom', 'to', 'te', 'xiao', 'xiao', 'ji', '666']
```

（2）列表的方法

Python中的列表对象本身内置了一些方法，这里主要介绍常用的append方法和extend方法。append方法表示在现有列表的最后添加一个元素，一般在Python的循环控制语句中使用较多，具体示例如下：

```
In [8]: list2 = ['a','b','c']

In [9]: list2.append('d')

In [10]: list2
Out[10]: ['a', 'b', 'c', 'd']

In [11]: list3 = ['e','f']

In [12]: list2+list3
Out[12]: ['a', 'b', 'c', 'd', 'e', 'f']
```

append方法每次只能在当前列表的最后添加一个元素，而extend方法可以同时在当前列表的最后添加多个元素，类似于列表的加法（“+”）操作，表示将两个列表合并为一个列表。

```
In [11]: list2 = [0,1,2]

In [12]: list2.extend([3,4,5])

In [13]: list2
Out[13]: [0, 1, 2, 3, 4, 5]
```

2. 元组

元组与列表类似，区别在于列表中的元素可以修改，而元组中的元素只能读取，不可更改。

（1）创建元组

创建元组的代码示例如下：

```
In [14]: tuple1=1,2,3

In [15]: tuple2="sjwjyaisf1688","xiaoxiaowajueji666"

In [16]: tuple3=(1,2,3,4)

In [17]: tuple4=()

In [18]: tuple5=(1,)

In [19]: print(tuple1,tuple2,tuple3,tuple4,tuple5)
```

```
(1, 2, 3) ('sjwjyaisf1688', 'xiaoxiaowajueji666') (1, 2, 3, 4) () (1,)
```

从上面的结果我们可以简单地总结出创建元组的几个要点：

- 逗号分隔元组中的值，元组自动创建完成；
- 元组大多数时候是被括号包围起来的；
- 可以创建一个空元组，空元组外层只有一对括号；
- 只含一个值的元组，必须在元组中加个逗号（,）。

与列表类似，元组也支持加法操作，即将两个或多个元组合并为一个元组。

```
In [20]: (1,2,3)+(4,5,6)
Out[20]: (1, 2, 3, 4, 5, 6)
```

（2）元组赋值

需要注意的是，列表可以进行赋值操作，而元组则不可进行赋值操作。具体示例如下：

```
In [21]: list2[1]='a'

In [22]: list2
Out[22]: [0, 'a', 2, 3, 4, 5]

In [23]: tuple1[1] = 'a'
---------------------------------------------------------------------------
TypeError                                 Traceback (most recent call last)
<ipython-input-23-8b1c599ad6fe> in <module>()
----> 1 tuple1[1] = 'a'

TypeError: 'tuple' object does not support item assignment
```

可以看到，对列表进行赋值操作可以顺利完成，但试图对元组进行赋值操作则会报错，这也体现了元组中的元素不可更改的特点。

3. 集合

在 Python 中，集合是一种特殊的数据结构，集合中的元素不能重复。可以通过列表、字典或字符串等数据结构来创建集合，也可以通过“{}”符号进行创建。在实际应用中，集合主要有两个功能，一是进行集合操作，二是消除重复元素。

```
In [24]: drink = {'water','milk','lemonade','beer','sprite'}

In [25]: drink
Out[25]: {'beer', 'lemonade', 'milk', 'sprite', 'water'}

In[26]:drink = set(['water','milk','lemonade','beer','sprite','milk'])

In [27]: drink
Out[27]: {'beer', 'lemonade', 'milk', 'sprite', 'water'}
```

另外，Python 支持数学上的集合运算，包括差集、交集、并集等，假设有两个集合 A、B：

```
In [28]: A = {1,2,3,4,5,6}

In [29]: B = {3,4,5}
```

下面分别举例说明。

1）求集合 A 与集合 B 的差集，即集合 A 的元素去除集合 A、B 共有部分的元素：

```
In [30]: A-B
Out[30]: {1, 2, 6}
```

2）求集合 A 与集合 B 的并集，即集合 A 与集合 B 的全部唯一元素（这里其实就是集合 A 中的所有元素）：

```
In [31]: A | B
Out[31]: {1, 2, 3, 4, 5, 6}
```

3）求集合 A 与集合 B 的交集，即集合 A 与集合 B 的共有元素：

```
In [32]: A & B
Out[32]: {3, 4, 5}
```

4. 字典

字典与前面介绍的几种数据结构都不太相同，它是使用键 – 值（key-value）对的方式来进行存储的，具有方便快速查找的优点。与集合类似，字典也是使用符号“{}”括起来的，但其中的每个键 – 值对之间用冒号“:”进行对应。

```
In[33]:dict1 = {'xiaoming':24,'xiaofang':28,'zhangsan':21,'wangwu':27}

In [34]: dict1
Out[34]: {'wangwu': 27, 'xiaofang': 28, 'xiaoming': 24, 'zhangsan': 21}
```

字典本身是无序的，但可以分别通过 keys 和 values 方法获取字典中的键和值。

```
In [35]: dict1.keys()
Out[35]: dict_keys(['xiaoming', 'xiaofang', 'zhangsan', 'wangwu'])

In [36]: dict1.values()
Out[36]: dict_values([24, 28, 21, 27])
```

另外，字典还支持通过键来访问其对应的值：

```
In [37]: dict1['xiaoming']
Out[37]: 24
```

需要注意的是，在定义字典时，键不能重复，否则重复的键值会默认替换原来的键值。

```
In[38]:dict2={'xiaoming':24,'xiaofang':28,'zhangsan':21,'wangwu':27,'xiaoming':25}

In [39]: dict2
Out[39]: {'wangwu': 27, 'xiaofang': 28, 'xiaoming': 25, 'zhangsan': 21}
```

3.1.2 索引与切片

在 Python 中，索引与切片是我们常用的功能，可用于获取序列中我们所需要的元素。但不同的是，索引一般是指特定元素所在的位置，为了获取序列中某个位置的元素，Python 中的索引默认都是从 0 开始的；而切片则是为了获取序列中的某个片段的元素，一般是根据索引来进行获取的。

例如要获取列表 list1 中的第一个元素，直接通过 list1[0] 即可获取。

```
In [40]: list1 = ['wellcom','to','the','sjwjyaisf1688',6,6,6]

In [41]: list1[0]
Out[41]: 'wellcom'
```

如果想通过切片操作获取列表 list1 中的第 3 ~ 5 个元素，可以尝试如下操作：

```
In [42]: list1[2:4]
Out[42]: ['the', 'sjwjyaisf1688']
```

可以看到，结果只输出了 list1 中的第 3 个和第 4 个元素，因为切片操作通常只包含第一个元素而不包含最后一个元素，也就是说 list1[2:4] 这个切片操作只能获取到索引为 2 和 3 的两个元素，即只能获取到 list1 列表中的第 3 个和第 4 个元素，而不能获取到第 5 个元素，这点是需要重点注意的。

另外，假如我们想获取 list1 中的最后一个元素，可以通过 list1[-1] 来实现：

```
In [43]: list1[-1]
Out[43]: 6
```

如果我们想要获取 list1 的最后 3 个元素，可以通过 list1[-3:] 来实现：

```
In [44]: list1[-3:]
Out[44]: [6, 6, 6]
```

从上文可以看到，索引从前往后是从 0 开始计算的，而从后往前则是从 –1 开始计算的，如果切片操作中不指明开始位置或结束位置，则在进行切片操作时默认获取字符串的最前或最后位置的字符子串。

以上是列表的切片操作的示例，下面我们来看一下元组的切片操作。

```
In [44]: tuple3 = (1,2,3,4)
In [45]: tuple3[0]
Out[45]: 1

In [46]: tuple3[1:2]
Out[46]: (2,)

In [47]: tuple3[-3:]
Out[47]: (2, 3, 4)
```

可以看到，元组的切片操作与列表类似，也就是说我们可以根据前面介绍的切片和索引规则获取任意我们想要的字符子串。

注意　虽然前面讲过元组中的元素不可更改且不可赋值，但它仍然可以进行相应的切片操作。

3.1.3　数组运算

前面提到，NumPy的核心是多维数组ndarray。我们可以对数组ndarray进行多种变换和科学计算，并且可以在Python中通过将其他形式的数据转换成数组以达到快速计算的目的，因为NumPy数组具有很多非常适合科学运算的特性，能大大提升计算的效率。

1. 创建数组

创建数组最简单的方法是使用array函数。它接收一切序列型的对象（包括其他数组），然后产生一个新的含有传入数据的NumPy数组。下面以一个列表的转换为例：

```
In [54]: data1 = [5.5,6.0,7,2,4.5]

In [55]: array1 = np.array(data1)

In [56]: array1
Out[56]: array([5.5, 6. , 7. , 2. , 4.5])
```

如果列表中又含有两个或多个等长列表，也就是嵌套序列，那么转换成数组后就会得到一个二维或多维数组。

```
In [57]: data2 =[[1,2,3],[4,5,6]]

In [58]: array2 = np.array(data2)

In [59]: array2
Out[59]:
array([[1, 2, 3],
       [4, 5, 6]])

In [62]: data3 = [[[1,2,3],[4,5,6],[7,8,9]]]

In [63]: array3 = np.array(data3)

In [64]: array3
Out[64]:
array([[[1, 2, 3],
        [4, 5, 6],
        [7, 8, 9]]])
```

可以通过数组本身的属性ndim（维度）和shape（形状）两种方法来判断数组的维度。

```
In [65]: array2.ndim
Out[65]: 2
```

```
In [66]: array2.shape
Out[66]: (2, 3)

In [67]: array3.ndim
Out[67]: 3

In [68]: array3.shape
Out[68]: (1, 3, 3)
```

由此可以看出，数组的维度是由构成它的列表来决定的，也就是说 NumPy 数组 array2 和 array3 的维度 shape 分别由 data2 和 data3 决定。常用的数组维度是 1 维（1 行 n 列）、2 维（n 行 n 列）、3 维（n 块 n 行 n 列）。

除前面介绍的 ndim 和 shape 属性外，我们常用的还有 dtype 属性，用于判断数组数据的类型。

```
In [69]: array1.dtype
Out[69]: dtype('float64')

In [70]: array2.dtype
Out[70]: dtype('int32')
```

可以看到，array1 是 float64（浮点数），array2 是 int32（整数）。如果没有特别指定，数据类型基本都是 float64（浮点数）。

前面我们是通过 np.array 来创建数组，除 np.array 之外，还有一些函数可以新建数组。比如，zeros 和 ones 可以分别创建指定长度（形状）的全 0 和全 1 数组，empty 可以创建一个没有具体含义值的数组。在使用这些方法创建多维数组时，只需传入一个表示形状的元组即可：

```
In [71]: np.zeros(5)
Out[71]: array([0., 0., 0., 0., 0.])

In [72]: np.ones((3,6))
Out[72]:
array([[1., 1., 1., 1., 1., 1.],
       [1., 1., 1., 1., 1., 1.],
       [1., 1., 1., 1., 1., 1.]])

In [73]: np.empty((3,5,3))
Out[73]:
array([[[ 4.59257496e-316,  3.68273449e-316,  3.70849852e-306],
        [-1.48085204e+108,  8.24866594e+141,  3.21820533e-085],
        [ 2.21719207e-301, -4.16984184e+122,  3.88557708e-301],
        [ 2.43359151e-301,  2.29323831e-301,  1.57162294e-181],
        [ 3.88739986e-301,  2.43541431e-301,  2.29414970e-301]],

       [[ 3.88928413e-008,  3.88922264e-301,  2.43678142e-301],
        [ 3.71962406e-306, -1.71736520e+185,  3.89195681e-301],
```

```
        [ 2.43951563e-301,  2.29642818e-301,  2.66613464e-056],
        [-1.39297646e+214,  8.26652871e+141,  4.92090464e-037],
        [ 3.89560237e-301,  2.44270555e-301,  2.29825096e-301]],

       [[ 3.22677015e-032,  3.89742515e-301,  2.44407265e-301],
        [ 2.29916235e-301,  2.11587939e-027,  3.89924793e-301],
        [ 2.44543976e-301,  2.30007374e-301,  1.38743820e-022],
        [ 3.90107071e-301,  2.44680687e-301,  2.30098513e-301],
        [ 2.79137107e-109,  3.96177991e-297,  4.10074486e-322]]])
```

注意　np.empty 很多情况下返回的都是一些未初始化的值。所以，我们一般不建议使用 np.empty 函数来创建数组。

2. 常用运算

NumPy 可以对数组对象 ndarray 进行多种数学运算，其语法跟标量元素之间的运算一样。

```
In [74]: data = np.array([[0.9,0.35,0.14,0.46],[0.53,0.78,0.12,0.86]])

In [75]: data
Out[75]:
array([[0.9 , 0.35, 0.14, 0.46],
       [0.53, 0.78, 0.12, 0.86]])
```

数组的一个很重要的特点是，不需要编写大量的循环语句就可以对数据执行批量运算，并且在对大小相等的数组之间进行算术运算时都会将运算应用到元素级上，极大地提升了批量数据运算的效率。需要注意的是，ndarray 是一个通用的同构数据多维容器，也就是说，数组中的所有元素必须是相同数据类型的。

```
In [76]: data + data
Out[76]:
array([[1.8 , 0.7 , 0.28, 0.92],
       [1.06, 1.56, 0.24, 1.72]])

In [77]: data - data
Out[77]:
array([[0., 0., 0., 0.],
       [0., 0., 0., 0.]])

In [78]: data * data
Out[78]:
array([[0.81  , 0.1225, 0.0196, 0.2116],
       [0.2809, 0.6084, 0.0144, 0.7396]])

In [79]: data / data
Out[79]:
array([[1., 1., 1., 1.],
       [1., 1., 1., 1.]])
```

此外，数组与标量之间的算术运算也会将标量值传播到各个元素上。

```
In [80]: data * 2
Out[80]:
array([[1.8 , 0.7 , 0.28, 0.92],
       [1.06, 1.56, 0.24, 1.72]])

In [81]: data + 3*data
Out[81]:
array([[3.6 , 1.4 , 0.56, 1.84],
       [2.12, 3.12, 0.48, 3.44]])

In [82]: 3*data - data/2
Out[82]:
array([[2.25 , 0.875, 0.35 , 1.15 ],
       [1.325, 1.95 , 0.3  , 2.15 ]])
```

以上是对数组的基础运算的介绍，下面我们来看一下如何利用数组中的函数进行一些算术运算，其中常用的函数如表 3-1 所示。

表 3-1 常用函数及相关说明

函数	含义
Abs()	绝对值
Sqrt()	平方根
Square()	平方
Exp()	以自然常数 e 为底的指数函数
Log()	以自然数为底的对数，log10 是以 10 为底数的对数，log2 是以 2 为底数的对数

假设现在我们有一个新的数组 data1，对 data1 分别使用以上几种常用函数来计算结果，代码如下。

```
In [83]: data1 = np.array([[-0.9,0.35,0.14,-0.46],[0.53,-0.78,-0.12,-0.86]])

In [84]: data1
Out[84]:
array([[-0.9 ,  0.35,  0.14, -0.46],
       [ 0.53, -0.78, -0.12, -0.86]])

In [85]: np.abs(data1)
Out[85]:
array([[0.9 , 0.35, 0.14, 0.46],
       [0.53, 0.78, 0.12, 0.86]])

In [86]: np.sqrt(data1)
Out[86]:
array([[       nan, 0.59160798, 0.37416574,        nan],
       [0.72801099,        nan,        nan,        nan]])

In [87]: np.square(data1)
```

```
Out[87]:
array([[0.81  , 0.1225, 0.0196, 0.2116],
       [0.2809, 0.6084, 0.0144, 0.7396]])

In [88]: np.exp(data1)
Out[88]:
array([[0.40656966, 1.41906755, 1.1502738 , 0.63128365],
       [1.69893231, 0.45840601, 0.88692044, 0.42316208]])

In [89]: np.log2(data1)
Out[89]:
array([[        nan, -1.51457317, -2.83650127,         nan],
       [-0.91593574,         nan,         nan,         nan]])

In [90]: np.log10(data1)
Out[90]:
array([[        nan, -0.45593196, -0.85387196,         nan],
       [-0.27572413,         nan,         nan,         nan]])
```

注意　nan 表示空值，表明数组元素在函数定义域内无意义。为了返回结果的完整性，Python 会默认返回一个空值 nan。

3.1.4 矩阵运算

在机器学习中用到矩阵运算的情况非常多。值得庆幸的是，Python 的 NumPy 工具包中恰好也提供了矩阵运算的功能。

1. 创建矩阵

首先，我们来看如何通过前面的二维数组创建矩阵。二维数组和矩阵在外形上非常相似，但不同的是，数组可以有多维，而矩阵则只能是二维的，由行和列构成。相同数据构成的二维数组和矩阵在 Python 中主要通过 array（数组）和 matrix（矩阵）这些关键字来加以区分。

```
In [91]: data = np.array([[0.9,0.35,0.14,0.46],[0.53,0.78,0.12,0.86]])

In [92]: mat = np.mat(data)

In [93]: mat
Out[93]:
matrix([[0.9 , 0.35, 0.14, 0.46],
        [0.53, 0.78, 0.12, 0.86]])
```

可以通过 shape 属性来查看矩阵的形状：

```
In [94]: np.shape(mat)
Out[94]: (2, 4)

In [95]: data0 = np.matrix(np.zeros((4,4)))
```

```
In [96]: data0
Out[96]:
matrix([[0., 0., 0., 0.],
        [0., 0., 0., 0.],
        [0., 0., 0., 0.],
        [0., 0., 0., 0.]])

In [97]: data1 = np.matrix(np.ones((4,4)))

In [98]: data1
Out[98]:
matrix([[1., 1., 1., 1.],
        [1., 1., 1., 1.],
        [1., 1., 1., 1.],
            [1., 1., 1., 1.]])
```

这里矩阵 zeros/ones 函数的参数是一个 tuple 类型，并且默认是浮点型的数据，如果想要返回 int 类型的数据，可以使用 dtype=int 更改数据类型。

注意 这里 shape 属性中的元组分别表示矩阵的行数和列数，说明 mat 是一个 2 行 4 列的矩阵。np.zeros((4,4)) 表示创建 4×4 的全 0 矩阵，np.ones((4,4)) 表示创建 4×4 的全 1 矩阵。

我们有时还会创建一些随机数矩阵，特别是在进行数据初始化的时候。NumPy 中的 random 模块被广泛用于创建随机数，下面展示由 np.random.rand(2,2) 先创建一个二维数组，再将其转换成矩阵 matrix 并输出。

```
In [99]: data2 = np.matrix(np.random.rand(2,2))

In [100]: data2
Out[100]:
matrix([[0.7879823 , 0.4018926 ],
        [0.14737219, 0.85269316]])
```

用类似的方法，可以得到一个 3×3 的 0 ~ 10 之间的随机整数矩阵。

```
In [101]: data3=np.matrix(np.random.randint(10,size=(3,3)))

In [102]: data3

Out[102]:
matrix([[9, 7, 5],
        [5, 5, 4],
        [4, 4, 9]])
```

2. 常见的矩阵运算

常见的矩阵运算包括矩阵相乘、矩阵点乘和矩阵转置等。

（1）矩阵相乘

```
In [103]: a1 = np.matrix([1,2])

In [104]: a2 = np.matrix([[1],[2]])

In [105]: a3 = a1*a2

In [106]: a3
Out[106]: matrix([[5]])
```

可以看到，1×2 的矩阵 a1 乘以 2×1 的矩阵 a2，得到 1×1 的矩阵 a3。这里需要特别说明的是，两个矩阵相乘时，要求前一个矩阵的列数要与后一个矩阵的行数相等才可以，否则就不能进行矩阵相乘。例如 1×2 的矩阵与 3×1 的矩阵就不能相乘。

```
In [107]: a2 = np.matrix([[1],[2],[3]])

In [108]: a3 = a1*a2
---------------------------------------------------------------------------
ValueError                                Traceback (most recent call last)
<ipython-input-108-2baf151ace19> in <module>()
----> 1 a3 = a1*a2

C:\ProgramData\Anaconda3\lib\site-packages\NumPy\matrixlib\defmatrix.py in
__mul__(self, other)
    218         if isinstance(other, (N.ndarray, list, tuple)) :
    219         # This promotes 1-D vectors to row vectors
    220         return N.dot(self, asmatrix(other))
    221         if isscalar(other) or not hasattr(other, '__rmul__') :
    222         return N.dot(self, other)

ValueError: shapes (1,2) and (3,1) not aligned: 2 (dim 1) != 3 (dim 0)
```

（2）矩阵点乘

矩阵点乘是指两个矩阵的对应元素相乘。np.multiply 是 NumPy 中自带的乘法（点乘）函数。

```
In [113]: a1 = np.matrix([2,2])

In [114]: a2 = np.matrix([3,3])

In [115]: a3 = np.multiply(a1,a2)

In [116]: a3
Out[116]: matrix([[6, 6]])
```

另外，如果一个矩阵与标量相乘，也是表示矩阵点乘的意思。

```
In [117]: a2 = a1*3

In [118]: a2
```

```
Out[118]: matrix([[6, 6]])
```

可以看到，上述两种写法的矩阵点乘结果一致，在实际应用中我们可以根据个人习惯来选择。

（3）矩阵转置

矩阵转置也是我们在数据分析挖掘中常用的功能。矩阵转置是将原矩阵的行转为列，列转为行，常用符号“T”来表示矩阵转置。

```
In [119]: a1 = np.matrix([[1,1],[0,0]])

In [120]: a1.T
Out[120]:
matrix([[1, 0], [1, 0]])
```

矩阵转置的情况非常多，有时候我们不得不通过矩阵转置的方式来得到我们想要的矩阵形式，从而进行后续的计算。

3.1.5 广播

前面我们在介绍两个矩阵相乘时，要求前一个矩阵的列数与后一个矩阵的行数相等。但事实上，如果两个矩阵不满足此要求，还可以通过广播（broadcasting）来对它们进行乘法运算。Python 的广播机制应用也非常广泛，它最主要的一个优点是，在进行按位运算时可以极大地减少代码量，提升运算速度。简单来说，广播可以这样理解：假设现在有一个 $m \times n$ 的矩阵 $\boldsymbol{a}$，让它加减乘除一个 $1 \times n$ 的矩阵 $\boldsymbol{b}$，那么矩阵 $\boldsymbol{b}$ 会先被复制 m 次，最终得到一个与 $\boldsymbol{a}$ 相同大小的 $m \times n$ 的矩阵 $\boldsymbol{c}$，然后再将矩阵 $\boldsymbol{a}$ 与矩阵 $\boldsymbol{c}$ 按逐个元素进行加减乘除操作得到最终结果。同样，这种操作对 $m \times 1$ 的矩阵也成立。广播的具体运算机制如图 3-1 所示。

矩阵 $\boldsymbol{a}$	运算	矩阵 $\boldsymbol{b}$	
(m, n)	+	$(1, n)$	自动补全为 (m, n)
	-		
	*		
	/	$(m, 1)$	自动补全为 (m, n)

图 3-1　广播的具体运算机制示意图

注：以上运算均为两个矩阵之间的按位运算。

简单的代码示例如下所示：

```
In [121]: a = np.matrix([1,2,3])
```

```
In [122]: result = a + 100

In [123]: result
Out[123]: matrix([[101, 102, 103]])
```

正常可能是 a + [100, 100, 100] 才能得到以上结果，但现在有了广播机制就不需要那么麻烦了。

```
In [124]: b = np.matrix([[1,2,3],[4,5,6]])

In [125]: result1 = b + [100, 200, 300]

In [126]: result1
Out[126]:
matrix([[101, 202, 303],
        [104, 205, 306]])
```

这样看来，Python 中的 NumPy 广播机制确实非常好用，特别是在进行批量矩阵运算时，能极大地提升运算的效率。

3.1.6　其他常用操作

除上述常用操作外，还有一些其他操作，这里简单列举几种。

1. 数组排序

尽管 Python 中内置了 sort 和 sorted 函数对列表进行排序，但 NumPy 的 np.sort 函数实际上效率更高。默认情况下，np.sort 的排序算法是快速排序，其算法复杂度为 $N\log N$，另外，也可以选择归并排序和堆排序。对于大多数应用场景，默认的快速排序已经足够高效了。如果想在不修改原始输入数组的基础上返回一个排好序的数组，可以使用 np.sort 函数。

```
In [127]: array1 = np.random.randn(8)

In [128]: array1
Out[128]:
array([ 2.32922766e-03, -4.65499947e-01, -1.05467673e+00, -4.87072122e-01,
       1.13967269e+00, -2.67169310e+00, -1.17234641e+00, -1.21430879e-01])

In [129]: np.sort(array1)
Out[129]:
array([-2.67169310e+00, -1.17234641e+00, -1.05467673e+00, -4.87072122e-01,
   -4.65499947e-01, -1.21430879e-01,  2.32922766e-03,  1.13967269e+00])
```

可以看到，如果不指定，np.sort 函数默认是按升序排列的。另外，还可以通过设置 axis 参数对多维数组的行或列进行排序。参数 axis=0、axis=1 分别表示按行、按列进行排序。

```
In [130]: array2 = np.random.randint(0,10,size=(3,3))
```

```
In [131]: array2
Out[131]:
array([[7, 9, 3],
       [0, 7, 6],
       [5, 0, 4]])

In [132]: np.sort(array2,axis=0)
Out[132]:
array([[0, 0, 3],
       [5, 7, 4],
       [7, 9, 6]])


In [133]: np.sort(array2,axis=1)
Out[133]:
array([[3, 7, 9],
       [0, 6, 7],
       [0, 4, 5]])
```

2. 数组统计

前面介绍了部分常用的数组函数，其实数组中的数学统计方法在实际应用中也经常用到，它们表示对整个数组或某个轴进行数据统计计算，如表 3-2 所示。

表 3-2 常用的数组函数

方法	说明
sum	对数组中全部或某个轴的元素求和
mean	算术平均数
std、var	分别为标准差和方差
min、max	最小值和最大值
cumsum	所有元素的累积和

与排序类似，mean 和 sum 这些函数同样可以接收一个 axis 参数，用于对某个轴进行统计，若不加以指明，则默认对整个数组进行统计。

```
In [134]: array3 = np.array([[1,2,3],[4,5,6],[7,8,9]])

In [135]: array3
Out[135]:
array([[1, 2, 3],
       [4, 5, 6],
       [7, 8, 9]])

In [136]: array3.sum()
Out[136]: 45

In [137]: array3.sum(axis=0)
Out[137]: array([12, 15, 18])
```

```
In [138]: array3.mean()
Out[138]: 5.0

In [139]: array3.mean(axis=1)
Out[139]: array([2., 5., 8.])

In [140]: array3.min()
Out[140]: 1

In [141]: array3.max()
Out[141]: 9
```

3. 线性代数运算

NumPy中支持线性代数运算功能，可以轻松实现对数组或者矩阵的快速运算。dot函数就是常用于求数组或者矩阵乘法的典型函数，另外NumPy.linalg中也有一组标准的矩阵分解、矩阵求逆以及求行列式等函数。

```
In [142]: a = np.array([[1.5,2.5,3.5],[4.5,5.5,6.6]])

In [143]: b = np.array([[4.0,6.8],[-2.3,9.6],[5.2,6.1]])

In [144]: a.dot(b)
Out[144]:
array([[ 18.45,  55.55],
       [ 39.67, 123.66]])
```

注意　这里的dot函数表示矩阵乘法，与前面介绍的矩阵相乘规则相同，即 ***A*B***，但与矩阵点乘（multiply）不同，需要注意区分。

通过inv函数求矩阵（方阵）的逆：

```
In [146]: from NumPy.linalg import inv

In [147]: X = np.matrix(np.random.rand(3,3))

In [148]: X
Out[148]:
matrix([[0.24433453, 0.92087325, 0.7367185 ],
        [0.14273623, 0.29192359, 0.75203012],
        [0.77675993, 0.53315501, 0.51086317]])

In [149]: inv(X)
Out[149]:
matrix([[-0.84428363, -0.26036073,  1.60081706],
        [ 1.71403818, -1.50014299, -0.26349705],
        [-0.50511052,  1.96147735, -0.20155255]])
```

还有另外一种快速求矩阵的逆的方法，即通过.I实现。

```
In [150]: X.I
```

```
Out[150]:
matrix([[-0.84428363, -0.26036073,  1.60081706],
       [ 1.71403818, -1.50014299, -0.26349705],
           [-0.50511052,  1.96147735, -0.20155255]])
```

需要注意的是，只有在矩阵为方阵（行数和列数相等）的情况下，才可以求矩阵的逆。

4. 随机数生成

NumPy.random 模块对 Python 内置的 random 进行了补充，增加了一些用于快速生成多种概率分布的随机数的函数。例如，我们可以通过 normal 来得到一个服从标准正态分布的样本数组：

```
In [151]: samples = np.random.normal(size=(3,3))

In [152]: samples
Out[152]:
array([[ 0.42745142, 1.07576515, 0.77186596],
      [ 0.76190693, 0.31185696, -0.72752961],
          [ 0.06208286, -0.65498485, -0.15007811]])
```

可以通过 rand 生成服从均匀分布的样本数组：

```
In [153]: samples1 = np.random.rand(4,4)

In [154]: samples1
Out[154]:
array([[0.21082897, 0.0266671, 0.23973794, 0.5355538 ],
       [0.7134466, 0.3593146, 0.97527854, 0.14084089],
       [0.3238133, 0.87598642, 0.14541845, 0.62839632],
       [0.21154816, 0.30865245, 0.33729369, 0.54159844]])
```

我们还可以通过 randint 得到从给定的上下限范围内随机选取整数的样本数组等。

```
In [155]: samples3 = np.random.randint(0,10,size=(4,6))

In [156]: samples3
Out[156]:
array([[9, 5, 0, 5, 4, 8],
       [9, 0, 4, 3, 1, 8],
       [4, 3, 0, 1, 3, 1],
       [5, 2, 9, 5, 0, 8]])
```

3.2 数据预处理工具：Pandas

Pandas 是一个基于 NumPy 的开源 Python 数据分析库，在数据准备、数据清洗、数据分析工作中会经常用到。Pandas 提供了两个主要数据结构：序列（Series）和数据框（DataFrame）。其中，Series 类似于 NumPy 中的一维数组，DataFrame 类似于 NumPy 中的二维数组。我们可以通过 Pandas 方便地进行各类数据的读取，包括 Excel、csv、txt 文件，

MySQL、Oracle等数据库文件，还可以通过Pandas进行数据的增删改查、合并、重塑、分组、统计分析等操作。如果你熟悉Excel，建议你认真学习本节内容，了解如何在Python中实现Excel的相应操作等。

3.2.1 数据结构概述

1. Series

Series与NumPy中的一维数组array类似，与Python的基本数据结构list也很相近，区别在于list中的元素可以是不同的数据类型，而Series中只允许存储相同的数据类型。

下面尝试创建一个简单的Series，并分析其特点。

```
In [13]: s = pd.Series([1,2,3,np.nan,5])

In [14]: s
Out[14]:
0    1.0
1    2.0
2    3.0
3    NaN
4    5.0
dtype: float64
```

Series中的每个数据对应一个索引值，在默认情况下，索引都是从0开始的整数。不过，我们也可以自定义索引：

```
In [15]: s2 = pd.Series([1,2,3,np.nan,5],index =[100,101,102,103,104])

In [16]: s2
Out[16]:
100    1.0
101    2.0
102    3.0
103    NaN
104    5.0
dtype: float64
```

可以通过以下两个属性依次显示Series对象的索引和值。

```
In [19]: s2.index
Out[19]: Int64Index([100, 101, 102, 103, 104], dtype='int64')

In [20]: s2.values
Out[20]: array([ 1.,  2.,  3., nan,  5.])
```

2. DataFrame

DataFrame提供的是一个类似表的结构，可以将其看作由多个Series组成的数据框，它的列名称为columns，行名称为index，而表中间的就是数据值。

下面看一个用字典创建 DataFrame 的例子。

```
In [21]: df1 = pd.DataFrame({'ID':pd.Series([1,2,3,4,5,6]),
    ...:              'Age':pd.Series([18,50,32,22,16,25])} )

In [22]: df1
Out[22]:
   Age  ID
0   18   1
1   50   2
2   32   3
3   22   4
4   16   5
5   25   6
```

现在尝试获取列，若只想获取其中的某一列，返回的就是一个 Series，若想同时获取多列，返回的就是一个 DataFrame。

```
In [23]: df1['ID']
Out[23]:
0    1
1    2
2    3
3    4
4    5
5    6
Name: ID, dtype: int64

In [24]: df1[['ID','Age']]
Out[24]:
   ID  Age
0   1   18
1   2   50
2   3   32
3   4   22
4   5   16
5   6   25
```

如果想在前面的基础上新增一些列，在 DataFrame 中也可以轻松实现。

```
In [25]: df1['Sex'] = ['F','M','M','F','M','F']

In [26]: df1
Out[26]:
   Age  ID Sex
0   18   1   F
1   50   2   M
2   32   3   M
3   22   4   F
4   16   5   M
5   25   6   F
```

同样，如果我们想要删除列，直接使用 DataFrame 中的 drop 函数即可，但需要用

axis=1 来表示删除列，否则默认是删除行。

```
In [27]: df1.drop('Sex',axis=1)
Out[27]:
   Age  ID
0   18   1
1   50   2
2   32   3
3   22   4
4   16   5
5   25   6
```

另外，我们还可以使用 loc 函数进行一些查询行内容的操作。

```
In [28]: df1.loc[3]
Out[28]:
Age    22
ID      4
Sex     F
Name: 3, dtype: object
```

以上是对 Pandas 中两种常用数据结构 Series 和 DataFrame 的简单介绍，接下来我们将正式介绍 Pandas 常用功能。

3.2.2 数据加载

要进行数据分析，首先要获取数据。Pandas 提供了一些常用的数据加载功能，并且能将其他格式的数据默认转换为以 DataFrame 数据框的形式呈现，表 3-3 所示为常用的数据读取函数。

表 3-3 常用的数据读取函数的对比说明

函数	说明
pd.read_csv	读取用逗号分隔的 csv 文件（.csv）
pd.read_table	读取用 tab 分隔的纯文本文件（.txt）
pd.read_excel	读取微软 xls 或者 xlsx 文件（.xls/.xlsx）
pd.read_sql	读取关系型数据库表（.sql）

1. read_csv /read_table 函数

Pandas 中的 read_csv 函数和 read_table 函数很类似，区别在于 read_csv 函数中默认分隔符为逗号，而 read_table 函数中默认分隔符为制表符（tab）。read_csv 和 read_table 函数中均有很多参数，可以在数据读取时加以说明，如表 3-4 所示。

接下来我们来看一个简单的广告数据样例，以下是广告用户画像数据的前几行，可以发现每行都是以逗号分隔的。

```
20200107,华为手机,android,19~25岁,F
```

```
20200107,苹果手机,iOS,26~35岁,M
20200107,小米手机,android,26~35岁,M
20200107,魅族手机,android,26~35岁,M
20200107,VIVO手机,android,0~18岁,F
20200107,VIVO手机,android,26~35岁,F
20200107,苹果手机,iOS,26~35岁,F
20200107,小米手机,android,36~45岁,F
```

表 3-4 read_csv 和 read_table 函数中重要的参数及说明

参数	说明
filepath_or_buffer	文件所在路径（绝对路径或相对路径）
sep 或 delimiter	read_csv() 中默认是逗号“,” read_table() 中默认是制表符“\t”。delimiter 的作用与 sep 相同，delimiter 可以使用正则表达式
header	用于指定 DataFrame 的 columns 是哪一行，默认是 0
names	用于指定 DataFrame 的列名列表，如果数据文件中没有列标题行，需要执行 header=None
index_col	用作行索引的列编号或者列名
skiprows	需要忽略的行号或者需要跳过的行号列表
nrows	需要读取的行数
parse_dates	将数据解析为时间，可以解析所有列、指定某些列或者多列合并后再进行时间解析
encoding	指定文本编码格式

使用 read_csv 函数将其加载为 DataFrame 数据格式，并打印出前 5 行。

```
In [37]: df2 = pd.read_csv('ex2.csv')

In [38]: df2.head()
Out[38]:
   20200107    华为手机  android  19~25岁  F
0  20200107    苹果手机      iOS  26~35岁  M
1  20200107    小米手机  android  26~35岁  M
2  20200107    魅族手机  android  26~35岁  M
3  20200107  VIVO手机  android   0~18岁  F
4  20200107  VIVO手机  android  26~35岁  F
```

当然也可以使用 read_table 函数来读取，只要指定参数 seq=‘,’即可。

```
In [39]: df2 = pd.read_table('ex2.csv',sep = ',')

In [40]: df2.head()
Out[40]:
   20200107    华为手机  android  19~25岁  F
0  20200107    苹果手机      iOS  26~35岁  M
1  20200107    小米手机  android  26~35岁  M
2  20200107    魅族手机  android  26~35岁  M
3  20200107  VIVO手机  android   0~18岁  F
4  20200107  VIVO手机  android  26~35岁  F
```

仔细观察后，我们发现这个文件是没有列标题的（在数据文件默认列标题的情况下，会以第一行数据为列标题），在 pd.read_csv 函数中可以通过 names 参数来指定各列列名。

```
In [43]: df2 = pd.read_csv('ex2.csv', names=[
    ...:                     'Date', 'Phone_type', 'System', 'Age', 'Sex'])

In [44]: df2.head()
Out[44]:
       Date Phone_type   System     Age  Sex
0  20200107     华为手机  android  19~25岁   F
1  20200107     苹果手机      iOS  26~35岁   M
2  20200107     小米手机  android  26~35岁   M
3  20200107     魅族手机  android  26~35岁   M
4  20200107    VIVO手机  android   0~18岁   F
```

对于其中的 Date 列（表示日期），我们可以在加载时将其解析为时间格式：

```
In [45]: df2 = pd.read_csv('ex2.csv', parse_dates=[0], names=[
    ...:                     'Date', 'Phone_type', 'System', 'Age', 'Sex']
In [46]: df2.head()
Out[46]:
        Date    Phone_type   System     Age  Sex
0 2020-01-07         华为手机  android  19~25岁   F
1 2020-01-07         苹果手机      iOS  26~35岁   M
2 2020-01-07         小米手机  android  26~35岁   M
3 2020-01-07         魅族手机  android  26~35岁   M
4 2020-01-07        VIVO手机  android   0~18岁   F
```

类似地，可以参照表 3-4 中的参数说明使用函数中的其他参数，具体根据自己的实际情况定义即可。

```
In [47]: df2 = pd.read_csv('ex3.csv', sep='\t', names=[
    ...:                     'Date', 'Phone_type', 'System', 'Age', 'Sex'],
    ...:                     parse_dates=[0], skiprows=[1, 3, 5],
    ...:                     index_col=3, nrows=4, encoding='utf8')

In [48]: df2
Out[48]:

   Age         Date  Phone_type   System    Sex
26~35岁  2020-01-07        苹果手机      iOS      M
26~35岁  2020-01-07        魅族手机  android      M
26~35岁  2020-01-07      VIVO手机  android      F
```

2. read_excel 函数

read_excel 函数主要用于加载 xls 或 xlsx 格式的文件，它的参数与 read_csv\read_table 的参数基本相同，同样包括 header、index_col、nrows 等。不同的是 read_excel 函数中用于指定文件所在路径的参数为 io，同时多了一个 sheetname 参数，用于指定需要加载 Excel 文件中的哪个 sheet 数据，如下所示：

```
In [49]: df3 = pd.read_excel('ex3.xlsx',sheetname=0)

In [50]: df3.head()
Out[50]:
       Date   Phone_type   System     Age    Sex
0  20200107       华为手机  android  19~25岁    F
1  20200107       苹果手机      iOS  26~35岁    M
2  20200107       小米手机  android  26~35岁    M
3  20200107       魅族手机  android  26~35岁    M
4  20200107     VIVO手机  android   0~18岁    F
```

注意 sheetname=0 表示读取 Excel 文件中的第一个 sheet 中的数据。

3. read_sql 函数

在实际工作中，我们的数据一般都是存放在数据库中的（广告行业中的数据通常如此），只有少部分数据是保存在本地的文件中。这就要求 Python 需支持直接提取数据库中数据的函数。以连接 MySQL 数据库为例，Pandas 提供了 read_sql 函数以轻松加载 MySQL 数据库中的任意表数据，但需要用到 pymysql 和 sqlalchemy 工具包，这两个工具包可以直接通过 pip install pymysql 和 pip install sqlalchemy 命令安装。

下面我们尝试将本地 MySQL 数据库中的数据加载到 DataFrame 中：

```
In [51]: import pymysql

In [52]: from sqlalchemy import create_engine

In [53]: DB_USER = 'root'

In [54]: DB_PASS = ****

In [55]: DB_HOST = '127.0.0.1'

In [56]: DB_PORT = 3306

In [57]: DATABASE = 'firstdb'

In [58]: connect_info = 'mysql+pymysql://{}:{}@{}:{}/{}?charset=utf8'.format(
    ...:     DB_USER, DB_PASS, DB_HOST, DB_PORT, DATABASE)

In [59]: engine = create_engine(connect_info)

In [60]: sql_cmd = "SELECT * FROM customer"

In [61]: df = pd.read_sql(sql=sql_cmd, con=engine)

In [62]: df
Out[62]:
   id first_name      surname  id2
0   1     YVonns        clegg    0
```

```
1   2     johnny  chaks-chaka    0
2   3    winston        powers   0
3   4  partricis      mankunkn   0
```

可以看到，本地 MySQL 数据库中的文件也轻松加载进来了。

3.2.3 数据拼接

当我们面对两份或者多份数据时，常常需要对它们进行一些拼接、合并操作来整合我们想要的数据。Pandas 提供了 merge、join、concat 等多种方法来帮助我们快速完成这些数据拼接任务。

1. merge 方法

Pandas 的 merge 方法是基于共同的列将两个数据表连接起来。如果你熟悉关系型数据库，那么你会发现 merge 方法和关系型数据库中的 join 其实是一致的。merge 方法的主要参数说明如表 3-5 所示。

表 3-5 merge 方法的主要参数

参数	说明
left/right	左 / 右位置的数据表
how	数据合并的方式。left 表示基于左表的数据合并，类似于 SQL 中的 left join；right 表示基于右表的数据合并，类似于 SQL 中的 right join；outer 表示基于列的数据外合并（取并集），类似于 SQL 中的 outer join；inner 表示基于列的数据内合并（取交集），类似于 SQL 中的 inner join
on	用来合并的列名，需要保证两个数据表合并的列名相同
left_on/right_on	分别指定合并时左 / 右数据表的列名
left_index/right_index	是否以 index 作为数据合并的列名，当合并的列是数据表的 index 时为 True
sort	是否根据合并的 keys 排序
suffixes	若有相同列且该列没有作为合并的列，则可通过 suffixes 设置该列的后缀名

下面介绍 merge 方法中 how 参数指定的四种连接的含义及具体实现。

1）how ='inner' 表示内连接，即基于两个表的共同列取交集，如图 3-2 所示。

假设存在如下两张表，分别为 left_df 和 right_df。

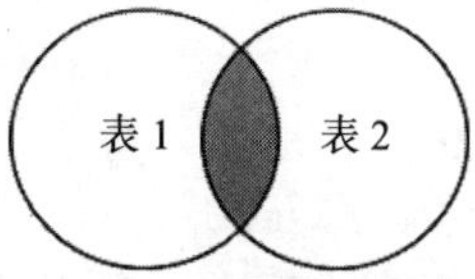

表 1　表 2

图 3-2 内连接

```
In [65]: left_df
Out[65]:
   ID Name
0   1    A
1   2    B
2   3    C
3   4    D
4   5    E

In [66]: right_df
Out[66]:
```

```
   Age  ID
0   18   1
1   19   2
2   16   3
3   50   5
4   20   6
```

可以通过指定共同列 ID 进行内连接，得到结果 df1。

```
In [67]: df1 = pd.merge(left_df,right_df,how = 'inner',on = 'ID')

In [68]: df1
Out[68]:
   ID Name  Age
0   1    A   18
1   2    B   19
2   3    C   16
3   5    E   50
```

可以发现，原来的 left_df 和 right_df 表中各有 5 行数据，而内连接结果 df1 中只有 4 行数据，并且 df1 的 ID 列中只有 1、2、3、5 四个值，这刚好是 left_df 中 ID 列和 right_df 中 ID 列同时包含的值。而 left_df 的 ID 列中的 4 和 right_df 的 ID 列中的 6 均为单独存在，所以没有在内连接的结果中出现。

2）how ='left' 表示左连接，即基于左表的列进行连接，返回左表的全部行和右表满足 ON 条件的行，得到结果 df2。如果左表的行在右表中没有匹配，那么这一行右表中的对应数据用 NaN 代替。左连接的示意图如图 3-3 所示。

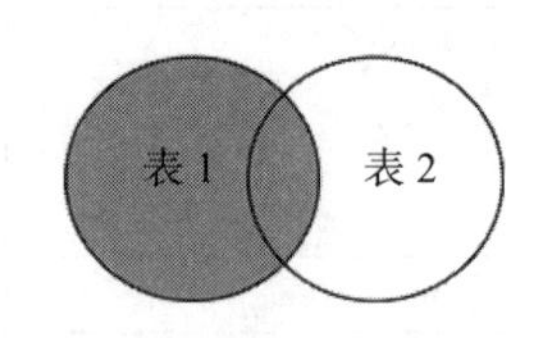

图 3-3　左连接

代码如下：

```
In [69]: df2 = pd.merge(left_df,right_df,how = 'left',on = 'ID')

In [70]: df2
Out[70]:
   ID Name   Age
0   1    A  18.0
1   2    B  19.0
2   3    C  16.0
3   4    D   NaN
4   5    E  50.0
```

在左连接的结果 df2 中，ID 列返回 left_df 中的所有 ID 值，不包括出现在 right_df 中而没有出现在 left_df 中的其他值，比如 6。而在 right_df 中没有出现的 ID 值是 4，所以左连接结果中 ID=4 的 Age 列的值为 NaN。

3）how ='right' 表示右连接，与左连接刚好相反，它是基于右表的列进行连接的，返回右表的全部行和左表满足 ON 条件的行，得到结果 df3。如果右表的行在左表中没有匹配，那么这一行左表中的对应数据用 NaN 代替。右连接的示意图如图 3-4 所示。

图 3-4　右连接

代码如下：

```
In [71]: df3 = pd.merge(left_df,right_df,how = 'right',on = 'ID')

In [72]: df3
Out[72]:
   ID Name  Age
0   1    A   18
1   2    B   19
2   3    C   16
3   5    E   50
4   6  NaN   20
```

在右连接的结果 df3 中，ID 列返回 right_df 中的所有 ID 值，不包括出现在 left_df 中而没有出现在 right_df 中的其他值，比如 4。而在 left_df 中没有出现的 ID 值是 6，所以结果 df3 中 ID=6 的 Name 列的值为 NaN。

4）how ='outer' 表示外连接，其结果会返回左表和右表所有的行，对应结果 df4。如果其中一个表数据的行在另一个表中没有匹配到，那么没有匹配到的数据就用 NaN 代替。外连接的示意图如图 3-5 所示。

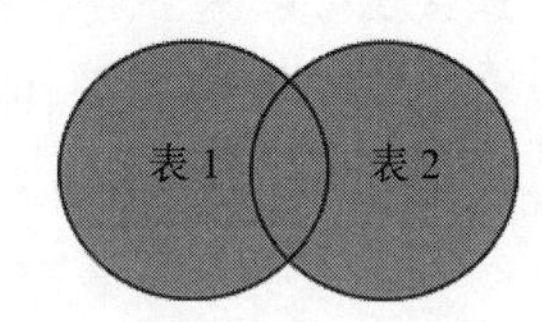

图 3-5　外连接

代码如下：

```
In [73]: df4 = pd.merge(left_df,right_df,how = 'outer',on = 'ID')

In [74]: df4
Out[74]:
   ID Name   Age
0   1    A  18.0
1   2    B  19.0
2   3    C  16.0
3   4    D   NaN
4   5    E  50.0
5   6  NaN  20.0
```

在外连接的结果 df4 中，ID 列返回 right_df 和 left_df 中的所有 ID 值。例如，在 left_df 中没有出现的值 6，在 df4 中 ID=6 的 Name 列的值为 NaN；在 right_df 中没有出现的值 4，在 df4 中 ID=4 的 Age 列的值为 NaN。

如果是基于多列的连接，将所有列名组成列表形式传给 on 参数即可：

```
In [75]: left_df2 = pd.DataFrame({"ID":[1,2,3,4,5],
    ...:                          "No":[100,101,102,103,104],
    ...:                        "Name":['A',"B","C","D","E"]})

In [76]: right_df2 = pd.DataFrame({"ID":[1,2,3,5,6],
    ...:                          "No":[100,101,102,103,105],
    ...:                         "Age":[18,19,16,50,20]})

In [77]: df5=pd.merge(left_df2,right_df2,how = 'left',on = ['ID','No'])
```

```
In [78]: df5
Out[78]:
   ID Name   No   Age
0   1    A  100  18.0
1   2    B  101  19.0
2   3    C  102  16.0
3   4    D  103   NaN
4   5    E  104   NaN
```

关于 merge 方法中的其他参数，感兴趣的读者可以自行尝试。

2. join 方法

join 方法主要基于两个 DataFrame 的索引进行合并。join 方法和 merge 方法类似，同样也可以实现四种连接方式，但 join 方法是基于索引进行连接，而 merge 方法既可以基于列连接也可以基于索引拼接。当然我们还可以通过将列设置成索引再使用 join 方法连接。但在一般情况下，我们都是直接采用 merge 方法连接。

这里是使用 join 方法进行左连接的简单示例。

```
In [79]: left_df.join(right_df,lsuffix="_left",rsuffix="_right")
Out[79]:
   ID_left Name  Age  ID_right
0        1    A   18         1
1        2    B   19         2
2        3    C   16         3
3        4    D   50         5
4        5    E   20         6
```

其他连接方式与 merge 方法类似，这里不再赘述。

3. concat 方法

concat 方法主要是对 Series 或 DataFrame 进行行拼接或列拼接。concat 方法中的主要参数及其说明如表 3-6 所示。

表 3-6　concat 方法中的参数

参数	说明
obj	需要拼接的表组成的序列
axis	需要合并连接的轴，0 表示行拼接，1 表示列拼接
join	连接方式可以是 inner 或者 outer

（1）行拼接

将多张具有相同字段的表进行拼接，比如将一年中四个季度各类广告投放产品的消耗情况表进行行拼接，形成年度消耗情况表，如果某张表中不存在该字段，则拼接后该字段的值为 NaN。

```
In [80]: df1 = pd.DataFrame({'A': [100,102,50,580], 'B': [2,5,6,8]})

In [81]: df2 = pd.DataFrame({'A': [20,30,30,60],'C': [1,2,3,5]})

In [82]: pd.concat([df1,df2])
Out[82]:
     A    B    C
0  100  2.0  NaN
1  102  5.0  NaN
2   50  6.0  NaN
3  580  8.0  NaN
0   20  NaN  1.0
1   30  NaN  2.0
2   30  NaN  3.0
3   60  NaN  5.0
```

（2）列拼接

要实现列拼接，只要修改 axis=1 即可，作用与 merge 方法、join 方法一样，不过 concat 方法不支持左连接和右连接。

```
In [83]: pd.concat([left_df,right_df],axis=1)
Out[83]:
   ID Name  Age  ID
0   1    A   18   1
1   2    B   19   2
2   3    C   16   3
3   4    D   50   5
4   5    E   20   6
```

3.2.4　数据聚合

数据聚合通常是要使每一个数组生成一个单一的数值，以便后续查看和分析结果，比如我们会查看每月的支出情况，计算当月或每天的平均支出等。

数据聚合的一般流程如下：

1）按某字段对数据进行分组拆分；

2）对不同组的数据应用不同的聚合函数进行转换；

3）把不同组得到的结果合并起来。

总结来说，即“拆分→应用→合并”这样一个过程。我们可以通过 groupby 函数来完成此类操作，还是以前面的用户画像数据为例，部分数据样例如图 3-6 所示。

	Date	Phone_type	System	Age	Sex	Num
0	20200107	华为手机	android	19~25岁	F	0
1	20200107	苹果手机	iOS	26~35岁	M	1
2	20200107	小米手机	android	26~35岁	M	2
3	20200107	魅族手机	android	26~35岁	M	3
4	20200107	VIVO手机	android	0~18岁	F	4

图 3-6　广告用户画像部分数据样例

例如现在要对 System 列进行分组，计算 Num 列的平均值：

```
In [89]: grp = df.groupby('System')['Num']

In [90]: grp
Out[90]: <pandas.core.groupby.SeriesGroupBy object at 0x00000000113B8080>
```

可以看到 grp 是 Python 中的 groupby 对象，也就是说它是我们数据拆分后的中间结果。如果需要计算平均值，可直接在 groupby 对象 grp 上调用 mean 方法：

```
In [91]: grp.mean()
Out[91]:
System
android     50.120690
iOS         48.642857
Name: Num, dtype: float64
```

从输出结果可以看到，System 列有两个分组，即 android 和 iOS，以及每个分组下 Num 的平均值。

另外，如果需要按多个字段分组，我们可以将多个列名放到同一个 list 中，作为 groupby 的参数：

```
In [92]: df.groupby(['System','Sex'])['Num'].mean()
Out[92]:
System   Sex
android  F      48.861111
         M      52.181818
iOS      F      40.777778
         M      60.500000
         未知   24.750000
Name: Num, dtype: float64
```

Pandas 提供了常用的聚合函数来帮助我们进行聚合计算，具体如表 3-7 所示。

表 3-7 常用的聚合函数

函数名	说明
count	统计非 NA 值的数量
sum	求和
mean	求平均值
median	求中位数
max、min	求最大值、最小值
std、var	求标准差、方差

同时，我们也可以自定义聚合函数，如下所示：

```
In [93]: def myfun(obj):
    ...:     return np.mean(obj ** 2 - 10)
```

```
In [94]: df.groupby(['System'])['Num'].apply(myfun)
Out[94]:
System
android     3338.500000
iOS         3183.738095
Name: Num, dtype: float64
```

通过 apply 函数来使用我们自定义的聚合函数，可以理解为对我们拆分好的结果循环调用自定义聚合函数来进行计算。

3.2.5　数据透视表和交叉表

数据透视表和交叉表是我们常用的数据统计方法，数据透视表可以快速聚合我们需要的数据，交叉表可以用于数据分组统计，两者在实际的数据分析任务中都是非常实用的。

1. 数据透视表

相信大家对 Excel 中的数据透视表功能都比较熟悉，它根据一个或者多个列对数据进行聚合，并结合行、列分组将数据分配到各个矩形区域内。该功能可以帮助我们快速完成数据的统计工作。在 Pandas 中可以通过 pivot_table 方法实现数据透视表功能。pivot_table 的参数如表 3-8 所示。

表 3-8　pivot_table 函数的参数

参数	说明
value	需要进行聚合运算的列
index	用于索引的列
columns	分组的列
aggfunc	聚合函数
fill_value	缺失值填充
dropna	当该列都为 NaN 时是否丢弃整列
margins	是否增加汇总列 / 行

下面是一个 pivot_table 应用实例，具体如下：

```
In [95]: df.pivot_table(index='Sex')
Out[95]:
           Date          Num
Sex
F      20200107  46.166667
M      20200107  56.142857
未知   20200107  24.750000
```

pivot_table 默认聚合函数是 mean，显示结果为所有数值列的均值，我们也可以指定多个 index 以及其他聚合函数，如下所示：

```
In [98]: df.pivot_table(index=["System","Sex"],aggfunc=sum)
```

```
Out[98]:
                    Date   Num
System  Sex
android F    727203852  1759
        M    444402354  1148
iOS     F    363601926   734
        M    404002140  1210
        未知 80800428     99
```

同时也可以指定分组的列，代码如下：

```
In [99]: df.pivot_table(index =["Sex"],columns=['System'],aggfunc="mean")

Out[99]:
              Date                     Num
System     android         iOS     android        iOS
Sex
F       20200107.0  20200107.0  48.861111  40.777778
M       20200107.0  20200107.0  52.181818  60.500000
未知           NaN  20200107.0        NaN  24.750000
```

2. 交叉表

交叉表主要用于统计分组频率，使用情况比较单一，是数据透视表的一种特殊情况。在 Pandas 中可以通过 crosstab 函数来实现，其参数及用法与 pivot_table 函数基本一致。

```
In [100]: pd.crosstab(index = df['Sex'],columns=df['Age'])
Out[100]:
Age   0~18岁  19~25岁  26~35岁  36~45岁  未知
Sex
F         9       27       14        4   0
M         6       15       18        3   0
未知      0        0        0        0   4

In[101]:df.pivot_table(index=["Sex"],columns='Age',values='Num',aggfunc =
"count")
Out[101]:
Age   0~18岁  19~25岁  26~35岁  36~45岁   未知
Sex
F       9.0     27.0     14.0      4.0  NaN
M       6.0     15.0     18.0      3.0  NaN
未知    NaN      NaN      NaN      NaN  4.0
```

3.2.6 广告缺失值处理

数据缺失在数据分析工作中是普遍存在的，而造成数据缺失的原因又是多种多样的，有的是因为数据无法获取或者获取数据的代价太大，有的是因为信息采集前期被遗漏或者设备故障问题导致数据丢失，还有的可能是因为数据不可用而舍弃导致的缺失。

按缺失的情况，我们一般将数据缺失分为完全随机缺失、随机缺失和完全非随机缺失。它们的具体定义如下。

1）完全随机缺失：数据的缺失是完全随机的，与其他变量无关。

2）随机缺失：该类数据的缺失依赖于其他变量，与所观察的变量有关，与未观察的变量无关。

3）完全非随机缺失：数据的缺失与变量自身的取值有关。

所以缺失值的处理要具体问题具体分析。在广告行业中，数据的缺失主要是因为无法获取数据导致的。缺失值的处理方法主要包括三种：不处理、删除缺失数据、填充缺失值。只有当我们对数据进行删除或者填充操作会对当前分析结果带来影响，或者我们明确知道该缺失数据对分析结果完全不会有影响时，我们才会对缺失值进行不处理操作。除此之外，我们一般都会对缺失数据进行相应的处理，而删除缺失数据和填充缺失值是比较常用的方法。Pandas提供了一些常用的数据缺失值处理方法，使得数据缺失值的处理简单高效了。

在Pandas的数据对象中一般用NaN表示缺失值，比如前面我们在进行数据拼接时就出现了因为左右两个表部分数据拼接不上而导致数据缺失的情况。在Pandas中我们通常使用isnull方法来获取缺失值的位置：

```
In [3]: df = pd.DataFrame({"ID":[1,2,np.NaN,4,5],
   ...:                    "Name":['A',np.NaN,np.NaN,"D","E"],
   ...                     "No":[100,101,102,103,105]})

In [4]: df.isnull()
Out[4]:
      ID   Name     No
0  False  False  False
1  False   True  False
2   True   True  False
3  False  False  False
4  False  False  False
```

也可以在isnull方法后使用聚合函数来进行汇总，以便后续观察字段的整体缺失情况：

```
In [5]: df.isnull().mean()
Out[5]:
ID      0.2
Name    0.4
No      0.0
dtype: float64
```

从以上结果可以看出，ID和Name字段的缺失值比例分别为0.2和0.4。

还可以使用notnull方法来获取非缺失值的位置：

```
In [6]: df.notnull()
Out[6]:
      ID   Name    No
0   True   True  True
1   True  False  True
2  False  False  True
3   True   True  True
4   True   True  True
```

可以看到，返回的结果刚好与 isnull 方法相反。

前面我们介绍了如何通过 isnull/notnull 方法来判断缺失值的位置，从而快速找出缺失值，下面将分别介绍在广告数据分析中常用的两种缺失值处理方法：删除缺失值和填充缺失值。

（1）删除缺失值

在 Pandas 中，通常使用 dropna 方法删除缺失数据：

```
In [7]: df.dropna()
Out[7]:
    ID Name   No
0  1.0    A  100
3  4.0    D  103
4  5.0    E  105
```

可以发现，dropna 方法删除了所有含有缺失值的行。在上面的例子中，在删除缺失值后只保留了第 1、4、5 行的数据。但在实际中往往只需要删除全为缺失值的行，这里只需要修改参数 how='all' 即可：

```
In [8]: df.dropna(how = 'all')
Out[8]:
    ID Name   No
0  1.0    A  100
1  2.0  NaN  101
2  NaN  NaN  102
3  4.0    D  103
4  5.0    E  105
```

通过 dropna 方法我们还可以删除含缺失值的列：

```
In [9]: df.dropna(axis=1)
Out[9]:
    No
0  100
1  101
2  102
3  103
4  105
```

（2）填充缺失值

通过 fillna 方法我们可以将缺失值填充为任何我们想要的值，如下所示：

```
In [10]: df.fillna('miss')
Out[10]:
      ID  Name   No
0      1     A  100
1      2  miss  101
2  miss  miss  102
3      4     D  103
4      5     E  105
```

在以上情况下所有缺失值都会替换为miss，如果想在不同的列中填充不同的值，可以传入一个字典，字典的键指定需要填充的列名，字典的值指定需要填充的值，如下所示：

```
In [11]: df.fillna({'ID':3,"Name":'miss'})
Out[11]:
    ID  Name   No
0  1.0     A  100
1  2.0  miss  101
2  3.0  miss  102
3  4.0     D  103
4  5.0     E  105
```

在广告数据分析中，我们也经常采用列的平均值（mean）、中位数（median）或者众数（mode）来填充缺失值。这样做的好处是可以尽量减少噪声对整体数据的影响。

```
In [12]: df.loc[4,'ID'] = np.NaN

In [13]: df
Out[13]:
    ID Name   No
0  1.0    A  100
1  2.0  NaN  101
2  NaN  NaN  102
3  4.0    D  103
4  NaN    E  105

In [14]: df.fillna(df.mean())
Out[14]:
         ID Name   No
0  1.000000    A  100
1  2.000000  NaN  101
2  2.333333  NaN  102
3  4.000000    D  103
4  2.333333    E  105
```

因为均值填充只对连续变量有效，所以Name列的缺失值会被忽略。如果我们想对离散变量也进行相应的缺失值填充，可以有针对性地单独指定需要填充的值，类似前面的miss填充，这里不再赘述。

3.3 数据可视化分析工具：Matplotlib

绘图是数据分析工作中的重要一环，是探索过程的一部分。Matplotlib是当前用于数据可视化的最流行的Python包之一，它是一个跨平台库，是根据数组中的数据制作2D图的可视化分析工具。Matplotlib提供了一个面向对象的API，有助于使用Python GUI工具包（如PyQt、WxPythonotTkinter）在应用程序中嵌入绘图。它也可以用于Python、IPython shell、Jupyter笔记本和Web应用程序服务器中。

Matplotlib 提供了丰富的数据绘图工具，主要用于绘制一些统计图形，例如散点图、条形图、折线图、饼图、直方图、箱形图等。首先我们简单介绍一下 Matplotlib.pyplot 模块的绘图基础语法与常用参数，因为后面我们要介绍的各种图形基本都是基于这个模块来实现的。pyplot 的基础语法及常用参数详见表 3-9。

表 3-9 pyplot 的基础语法及常用参数

基础语法	说明
plt.figure	创建空白画布，在一幅图中可省略
figure.add_subplot	第一个参数表示行，第二个参数表示列，第三个参数表示选中的子图编号
plt.title	标题
plt.xlabel	x 轴名称
plt.ylabel	y 轴名称
plt.xlim	x 轴范围
plt.ylim	y 轴范围
plt.xticks	第一个参数为范围，数组类型；第二个参数是标签；第三个是控制标签
plt.yticks	同 plt.xticks
plt.legend	图例
plt.savefig	保存图形
plt.show	在本机显示

3.3.1 散点图

散点图通常用在回归分析中，描述数据点在直角坐标系平面上的分布。散点图表示因变量随自变量而变化的大致趋势，据此可以选择合适的函数对数据点进行拟合。在广告数据分析中，我们通常会根据散点图来分析两个变量之间的数据分布关系。散点图的主要参数及其说明如表 3-10 所示。

表 3-10 散点图的主要参数及其说明

参数	说明
x，y	表示数据位置，注意 x、y 是相同长度的数组序列
s	标记大小，可自定义
c	标记颜色，可自定义
marker	标记样式，可自定义

我们通过 matplotlib.pyplot 模块画一个散点图，如代码清单 3-1 所示。

代码清单3-1 绘制散点图

```
import numpy as np
import matplotlib.pyplot as plt
x = np.arange(30)
```

```
y = np.arange(30)+3*np.random.randn(30)
plt.scatter(x, y, s=50)
plt.show()
```

其可视化结果如图 3-7 所示。

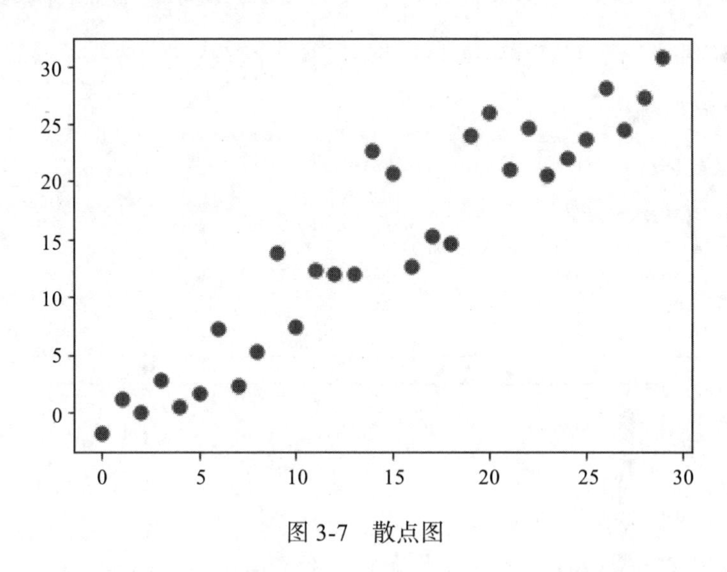

图 3-7　散点图

3.3.2　条形图

条形图是用宽度相同的条形的高度或长度来表示数据多少的图形。条形图可以横置或纵置，纵置时也称为柱状图。此外，条形图有简单条形图、复式条形图等形式。条形图的主要参数及各参数说明如表 3-11 所示。

表 3-11　条形图的主要参数及各参数说明

参数	说明
x	数据源
height	bar 的高度
width	bar 的宽度，默认值为 0.8
bottom	*y* 轴的基准，默认值为 0
align	*x* 轴的位置，默认为 center，如果设置为 edge，则表示将 bar 的左边与 *x* 轴对齐
color	bar 的颜色
edgecolor	边的颜色
linewidth	边的宽度，0 表示无边框

假设我们拿到了 2017 年内地电影票房前 10 的电影的片名和票房数据，如果想直观比较各电影票房数据大小，那么条形图显然是最合适的呈现方式，如代码清单 3-2 所示，其

可视化结果如图 3-8 所示。

代码清单3-2 绘制条形图

```
a = ['战狼2', '速度与激情8', '功夫瑜伽', '西游伏妖篇', '变形金刚5:最后的骑士', '摔跤吧! 爸爸', '加勒比海盗5:死无对证','金刚:骷髅岛', '极限特工:终极回归', '生化危机6:终章']
# 单位:亿
b=[56.01,26.94,17.53,16.49,15.45,12.96,11.8,11.61,11.28,11.12]

# 用来正常显示中文标签
plt.rcParams['font.sans-serif']=['SimHei','Times New Roman']
plt.rcParams['axes.unicode_minus']=False

# bar要求传递两个数字，可以单独设置x轴的显示
plt.bar(range(len(a)), b, width=0.3)
plt.xticks(range(len(a)), a, rotation=90)  #字体倾斜角度
plt.grid(False)
plt.show()
```

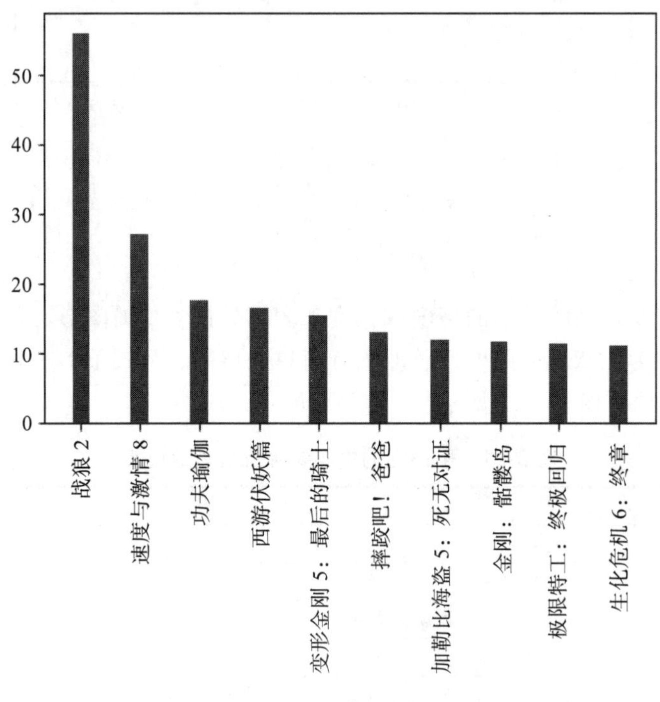

图 3-8　条形图

3.3.3 折线图

折线图是用直线连接排列在工作表的列或行中的数据点而绘制成的图形。折线图可以显示随时间（根据常用比例设置）而变化的连续数据，因此非常适用于显示相等时间间隔下数据的趋势。折线图的主要参数及各参数说明如表 3-12 所示。

表 3-12 折线图的主要参数及各参数说明

参数	描述
x/y	数据源
color	字体颜色，如 color='r'；颜色可为 b、g、r、c、m、y、k、w、blue、green、red、cyan、magenta、yellow、black、white 或十六进制字符串
linewidth	线条粗细，可自定义
linestyle	线条形状，linestyle='–' 表示虚线，linestyle=':' 表示点线，linestyle='-.' 表示短线加点
label	数据标签内容，label=' 数据一 '；数据标签展示位置需另外说明，plt.legend(loc=1)

以某广告平台随日期变化的用户请求数为例，我们用折线图来表现其变化趋势，如代码清单 3-3 所示，其可视化结果如图 3-9 所示。

代码清单3-3 绘制折线图

```
import matplotlib.dates as mdate
dateparse = lambda dates:pd.datetime.strptime(dates,'%Y%m%d')
data  =  pd.read_csv('req_user.csv',encoding='utf-8',parse_dates=['date'],date_
parser=dateparse)
plt.figure(figsize=(10,7))
plt.plot(data["date"],data['req_user'])
plt.xlabel('date',fontsize=15)
plt.ylabel('req_user',fontsize=15)  #图例字体大小
plt.tick_params(labelsize=10)  #刻度字体大小
plt.show()
```

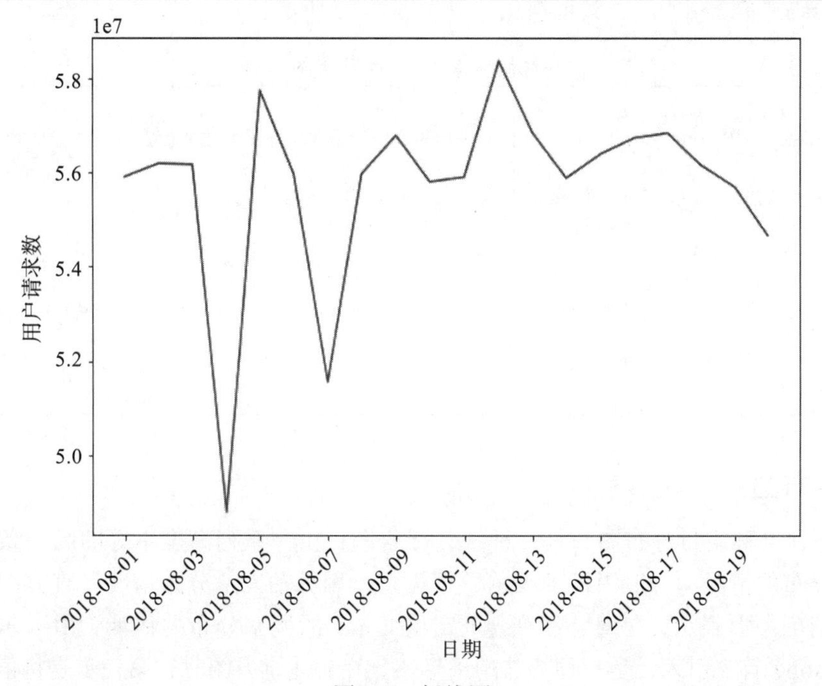

图 3-9 折线图

3.3.4 饼图

饼图常用于统计学模块中。用于显示一个数据系列中各项的大小与各项总和的比例。饼图中的数据点显示为整个饼图的百分比，饼图的主要参数及其说明如表 3-13 所示。

表 3-13 饼图的主要参数及其说明

参数	说明
x	数据源
labels	（每一块）饼图外侧显示的说明文字
explode	（每一块）饼图与中心的距离
startangle	起始绘制角度，默认图是从 x 轴正方向逆时针画起，如设定为 90，则从 y 轴正方向画起
shadow	在饼图下面画一个阴影。默认值为 False，即不画阴影
labeldistance	标记的绘制位置，是相对于半径的比例，默认值为 1.1，如 <1 则绘制在饼图内侧
autopct	控制饼图内百分比设置，可以使用 format 字符串或者 format function ；'%1.1f' 指小数点前后位数（没有则用空格补齐）
pctdistance	类似于 labeldistance，指定 autopct 的位置刻度，默认值为 0.6
radius	控制饼图半径，默认值为 1
textprops	设置标签（label）和比例文字的格式，如字典类型，可选参数，默认值为 None
center	浮点类型的列表，可选参数，默认值为（0, 0），图标中心位置

以某家庭 10 月份家庭支出情况为例，我们用饼图来体现各部分支出占家庭整体支出的情况，如代码清单 3-4 所示，其可视化结果如图 3-10 所示。

代码清单3-4 绘制饼图

```
import matplotlib.pyplot as plt
plt.rcParams['font.sans-serif']=['SimHei'] #用来正常显示中文标签

labels = ['娱乐','育儿','饮食','房贷','交通','其他']
sizes = [4,10,18,60,2,6]
explode = (0,0,0,0.1,0,0)
plt.figure(figsize=(10,7))
plt.pie(sizes,explode=explode,labels=labels,autopct='%1.1f%%',shadow=False,start
angle=150)
plt.title("饼图示例-10月份家庭支出")
plt.show()
```

3.3.5 直方图

直方图，又称质量分布图，是一种统计报告图，由一系列高度不等的纵向条纹或线段表示数据分布的情况。一般用横轴表示数据类型，用纵轴表示分布情况。直方图是数值数据分布的精确图形表示，是对连续变量（定量变量）的概率分布的估计，由卡尔·皮尔逊（Karl Pearson）首先引入，是一种特殊的条形图。在构建直方图时，第一步是将值的范围分段，即将整个值的范围分成一系列间隔，然后计算每个间隔中有多少值。这些值通常被指定为连续的、不重叠的变量间隔，间隔必须相邻，并且通常是相等的大小。直方图的主要参数及说明如表 3-14 所示。

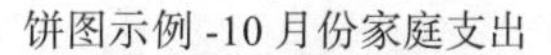

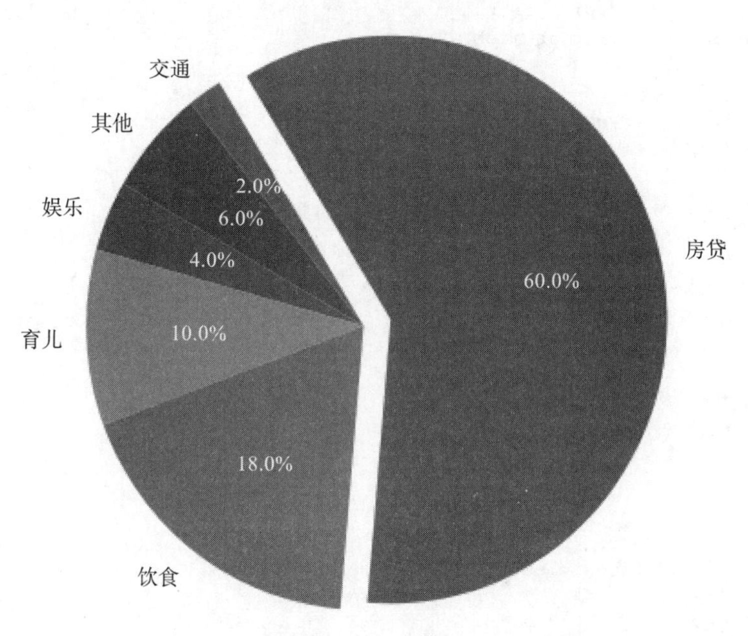

图 3-10　饼图

表 3-14　直方图的主要参数及说明

参数	说明
x	数据源
bins	分块数，默认值为 10
range	画图范围，接收元组
cumulative	每一列累加
bottom	bin 的基线
histtype	画图的形状，默认是 bar
align	bar 的中心位置，默认中间
orientation	水平或垂直，默认垂直
rwidth	bar 的宽度
color	bar 的颜色
label	bar 的标签；也可以在图例中写 plt.legend()
edgecolor	直方图的边界色

下面我们以 Kaggle 经典比赛案例泰坦尼克号数据集为例，绘制乘客年龄的频数直方图，查看各年龄段乘客的年龄分布情况，如代码清单 3-5 所示，其可视化结果如图 3-11 所示。

代码清单3-5 绘制直方图

```
# 导入第三方包
import numpy as np
import pandas as pd
import matplotlib.pyplot as plt
import matplotlib.mlab as mlab

# 中文和负号的正常显示
plt.rcParams['font.sans-serif'] = [u'SimHei']
plt.rcParams['axes.unicode_minus'] = False

# 读取Titanic数据集
titanic = pd.read_csv('train.csv')
# 检查年龄是否有缺失
any(titanic.Age.isnull())
# 删除含有缺失年龄的样本
titanic.dropna(subset=['Age'], inplace=True)

# 设置图形的显示风格
plt.style.use('ggplot')

# 绘图
plt.hist(titanic.Age,
        bins = 20,
        color = 'steelblue',
        edgecolor = 'k',
        label = '直方图' )
# 去除图形顶部边界和右边界的刻度
plt.tick_params(top='off', right='off')
# 显示图例
plt.legend()
# 去除网格线
plt.grid(False)
plt.show()
```

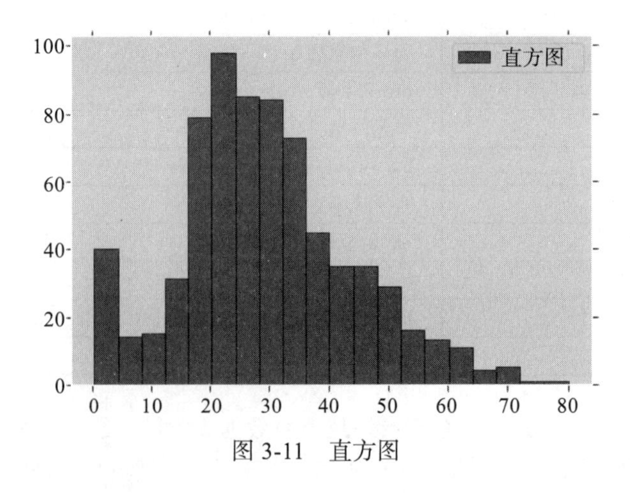

图3-11 直方图

3.3.6　箱形图

箱形图又称为盒须图、盒式图或箱线图，是一种用于显示一组数据分散情况的统计图，因形状如箱子而得名。它主要用于反映原始数据分布的特征，也可以进行多组数据分布特征的比较。箱形图的主要参数及说明如表 3-15 所示。

表 3-15　箱形图的主要参数及说明

参数	说明
x	指定要绘制箱形图的数据
showcaps	是否显示箱形图顶端和末端的两条线
notch	是否是凹口的形式展现箱形图
showbox	是否显示箱形图的箱体
sym	指定异常点的形状
showfliers	是否显示异常值
vert	是否需要将箱形图垂直摆放
boxprops	设置箱体的属性，如边框色、填充色等
whis	指定上下须与上下四分位的距离
labels	为箱形图添加标签
positions	指定箱形图的位置
filerprops	设置异常值的属性
widths	指定箱形图的宽度
medianprops	设置中位数的属性
patch_artist	是否填充箱体的颜色
meanprops	设置均值的属性
meanline	是否用线的形式表示均值
capprops	设置箱形图顶端和末端线条的属性
showmeans	是否显示均值
whiskerprops	whiskerprops 设置须的属性

下面绘制箱形图，如代码清单 3-6 所示。

代码清单3-6　绘制箱形图

```
import numpy as np
import pandas as pd
import matplotlib.pyplot as plt

df = pd.DataFrame(np.random.rand(10,5),columns=['a','b','c','d','e'])
# 绘图
plt.boxplot(df,patch_artist=True)  #默认垂直摆放箱体
plt.show()
```

垂直箱形图与水平箱形图分别如图 3-12、图 3-13 所示。

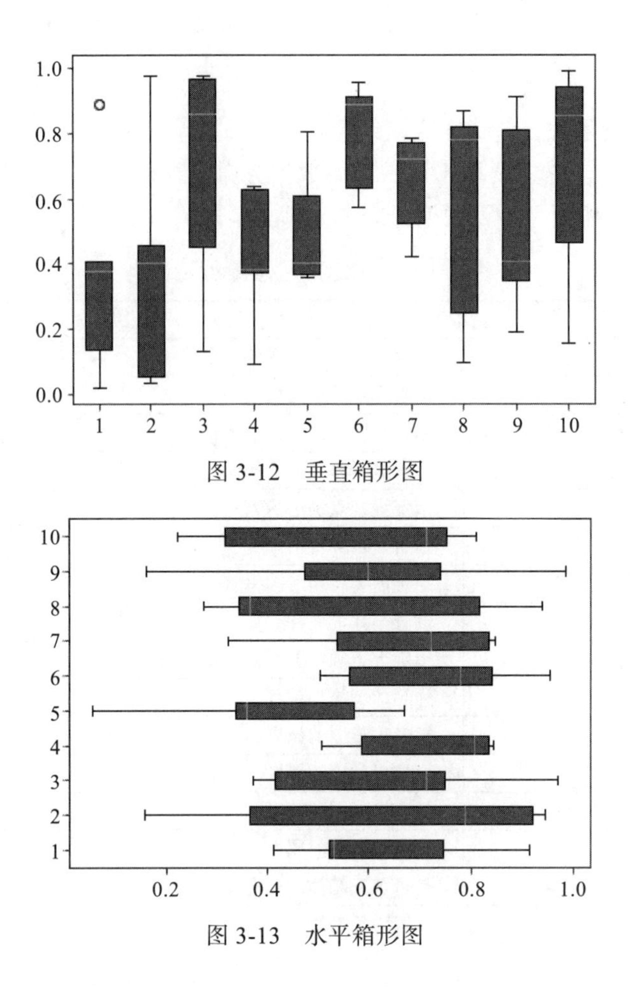

图 3-12 垂直箱形图

图 3-13 水平箱形图

3.3.7 组合图

前面介绍的都是在 figure 对象中创建单独的图像，有时候我们需要在同一个画布中创建多个子图或者组合图，此时可以用 add_subplot 创建一个或多个 subplot 来创建组合图，或者通过 subplot 使用循环语句来创建多个子图。pyplot.subplots 的常用参数及说明如表 3-16 所示。

表 3-16 pyplot.subplots 的常用参数

参数	说明
nrows	subplot 的行数
ncols	subplot 的列数
sharex	所有 subplot 应该使用相同的 *X* 轴刻度（调节 xlim 将会影响所有的 subplot）
sharey	所有 subplot 应该使用相同的 *Y* 轴刻度（调节 ylim 将会影响所有的 subplot）
subplot_kw	用于创建各 subplot 的关键字字典
**fig_kw	创建 figure 时的其他关键字，如 plt.subplots(3,3,figsize=(8,6))

使用 add_subplot 创建组合图，如代码清单 3-7 所示，其可视化结果如图 3-14 所示。

代码清单3-7　绘制组合图

```
from numpy.random import randn
import matplotlib.pyplot as plt

#在同一个figure中创建一组2行2列的subplot
fig = plt.figure()
ax1 = fig.add_subplot(2,2,1)  #表示4个subplot中的第一个
ax2 = fig.add_subplot(2,2,2)  #表示4个subplot中的第二个
ax3 = fig.add_subplot(2,2,3)  #表示4个subplot中的第三个
ax4 = fig.add_subplot(2,2,4)  #表示4个subplot中的第四个
ax1.scatter(np.arange(30),np.arange(30)+3*randn(30))
ax2.bar(np.arange(8),[1,2,3,7,8,5,6,4])
ax3.hist(randn(100),bins=20)
ax4.plot(randn(60).cumsum())
plt.show()
```

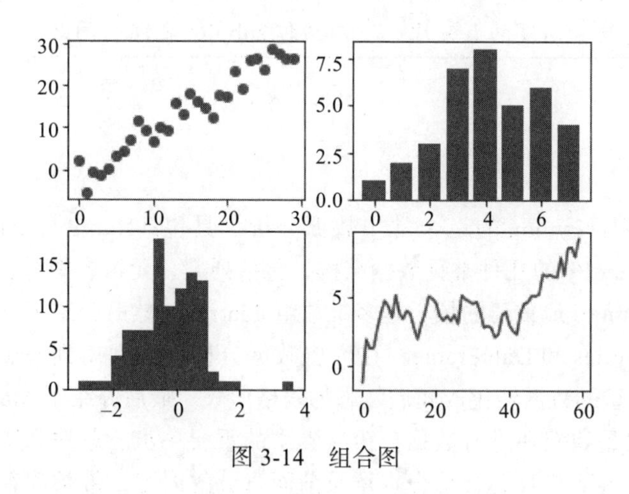

图 3-14　组合图

通过 subplot 使用循环语句来创建组合图，如代码清单 3-8 所示，其可视化结果如图 3-15 所示。

代码清单3-8　使用循环语句绘制组合图

```
fig,axes = plt.subplots(2,2,sharex=True,sharey=True)
for i in range(2):
    for j in range(2):
        axes[i,j].plot(randn(100).cumsum())
plt.subplots_adjust(wspace=0,hspace=0) #用于调整subplot周围的间距
plt.show()
```

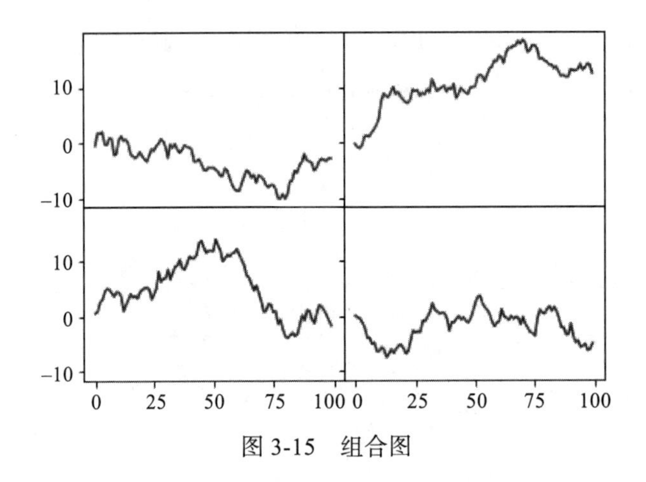

图 3-15　组合图

> **注意** 利用 figure 的 subplot_adjust 方法可以轻易地修改间距，其中 wspace 和 hspace 分别用于控制宽度和高度的百分比，可以用作 subplot 之间的间距。

3.4　本章小结

本章主要介绍了 Python 的三个常用数据分析工具包：NumPy、Pandas 和 Matplotlib。书中首先讲解了 NumPy 的几种常见数据结构，包括列表、元组、集合、字典以及索引和切片的简单用法，NumPy 最重要的核心是多维数组 ndarray。然后介绍了 Pandas，它最重要的两种数据结构是 Series 和 DataFrame。在广告数据分析中经常用到 DataFrame 数据框，其特点是能将其他类型的数据转化成我们熟悉的表格形式。最后介绍了 Matplotlib 绘图工具包的使用方法。绘图是我们在进行数据分析探索中的重要一步。总的来说，本章是广告数据分析挖掘的基础，接下来我们会结合本章及前面章节的内容，带领读者一起进入广告数据挖掘与分析任务的学习中。

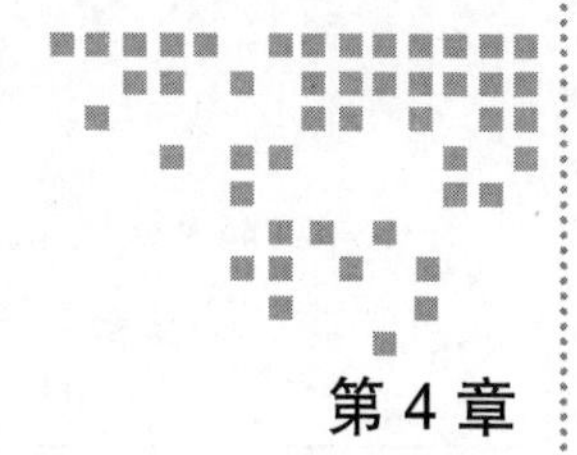

第4章 Chapter 4

模型常用评价指标

在数据分析和数据建模过程中，我们需要对模型的泛化能力进行评价。面对不同的应用选择合适的评价指标，这样才能选出更合适的模型算法和具体参数。本章将介绍数据建模中几种常用的模型评价指标。

在正式介绍模型常用评价指标之前，首先要知道在实际建模任务中需要解决的两种问题：回归问题和分类问题。回归问题是指我们要预测的目标变量是连续的，比如房价预测、温度预测、点击率预测等；而分类问题是指我们要预测的目标变量是非连续的，比如动物的分类、花的种类、是不是坏客户等。分类问题还可以进一步细分为二分类问题和多分类问题，一般分类数超过两个的都属于多分类问题。

4.1 回归模型常用评价指标

在回归建模中，常用的评价指标有 R^2 和调整后的 R^2 两种。一般情况下使用 R^2 评价回归模型就够了，但特殊情况下还需要用调整后的 R^2 来对模型进行具体评价。

4.1.1 R^2

R^2 也叫作判定系数，是回归建模中常用的模型评价指标，是指模型可解释离差平方和与总离差平方和的比值。简单来说，R^2 是指在总的误差中，模型自变量对因变量（目标变量）可解释的程度（比例）。假设现有一个回归模型，其表达式为 $y = ax + b$，其中 x 是自变量，y 是因变量，a、b 分别代表回归模型的系数和截距，如图 4-1 所示。

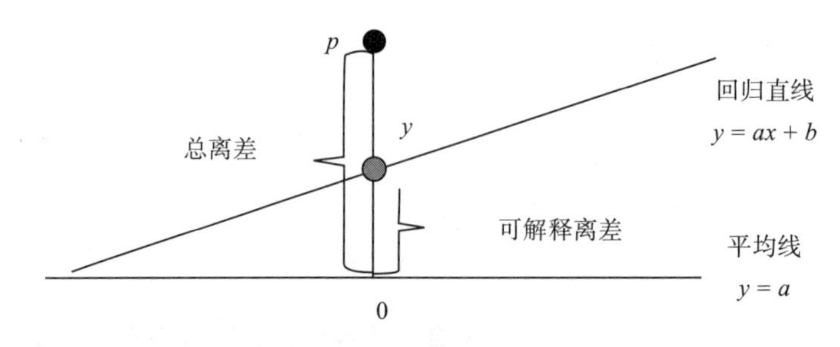

图 4-1 回归模型 $y=ax+b$ 示意图

假设图中 p 点为实际值，直线 $y=ax+b$ 是回归模型拟合得到的直线，直线 $y=a$ 是数据平均值对应的直线，那么点 p 到平均线的距离就是该点的总离差，点 p 到回归直线的竖直交点为 y，则 y 到平均线的距离就表示模型的可解释离差。这是针对单个点的情况，当图中不止一个点时，可以将图中所有点的可解释离差平方和除以总离差平方和得到判定系数 R^2，其计算公式为：

$$R^2 = \frac{\text{SSR}}{\text{SST}} = \frac{\sum(\hat{y}_i - \overline{y})^2}{\sum(y_i - \overline{y})^2}$$

其中，各参数说明如下：

- $\hat{y}_i$ 表示预测值；
- $\overline{y}$ 表示平均值；
- y_i 表示实际值。

R^2 的取值范围为 0 ~ 1，R^2 值越大，表示模型可解释离差占比越大，模型效果越好。比如回归模型的 R^2 等于 0.8，表示回归模型自变量对预测变量（目标变量）的可解释程度为 80%。在实际应用中一般可以这样认为，R^2 大于 0.75 表示模型拟合度较好，可解释程度较高；R^2 小于 0.5 表示模型拟合效果较差，可解释程度也较差。

4.1.2 调整后的 R^2

调整后的 R^2 是修正自由度的判定系数。在多元回归建模的实际应用中，判定系数 R^2 有个很大的问题，那就是在增加自变量的个数时，判定系数也会随之增大。也就是说，当自变量增加时，R^2 会越来越大。表面上看好像回归模型的精度提高了，获得了较好的拟合效果，但实际上可能并非如此。有些自变量与因变量（预测目标）是完全不相关的，增加这部分自变量并不会提升拟合水平和预测精度。出现这个问题的主要原因是 R^2 没有考虑自由度。为了解决这个问题，避免因为增加自变量个数而高估模型的 R^2 值，需要对 R^2 进行调整。常用的调整方法是用样本量 n 和自变量的个数 k 去调整 R^2，调整后的 R^2 的计算公式为：

$$\overline{R}^2 = 1 - (1 - R^2)\left(\frac{n-1}{n-k-1}\right)$$

从上述公式可以看出，调整后的 R^2 同时考虑了数据的样本量（n）和回归模型自变量的个数（k）的影响。具体来说就是调整后的 R^2 引入了惩罚机制，例如在样本量一定的情况下，当我们添加更多自变量时，第 2 个括号中的分母项 $n-k-1$ 就会减小，整个括号中的值就会变大。此时如果 R^2 没有变化，那就意味着增加的自变量个数对我们的模型没有影响。而公式中我们用 1 减去一个更大的值，使得 $\bar{R}^2$ 减少，进而使得调整后的 R^2 永远小于判定系数 R^2，并且调整后的 R^2 的值不会由于回归模型中自变量个数的增加而越来越接近 1，这样就可以体现出新增无关自变量对判定系数带来的惩罚，从而达到调整的目的。因为调整后的 R^2 对回归模型的评价效果比判定系数 R^2 更准确，所以在回归分析尤其是多元回归建模中，我们通常使用调整后的 R^2 对回归模型进行精度测算，以评估回归模型的拟合度和模型效果。表 4-1 列出了调整后的 R^2 与样本量及变量数量的变化情况。

表 4-1 样本量及变量数量对调整后的 R^2 的影响

样本量或变量数量变化	调整后的 R^2 的变化情况
样本量越大	调整后的 R^2 惩罚机制越小，调整后的 R^2 越大
样本量越小	调整后的 R^2 惩罚机制越大，调整后的 R^2 越小
变量数量越多	惩罚机制越大，调整后的 R^2 越小
变量数量越少	惩罚机制越小，调整后的 R^2 越大

总体来说，R^2 与调整后的 R^2 的区别在于，R^2 不能比较参数不同的模型，但调整后的 R^2 可以比较参数不同的模型。换句话说，如果添加一个新的变量，调整后的 R^2 变小，说明这个变量是多余的；如果添加一个新的变量，调整后的 R^2 变大，说明这个变量是有用的。

4.2 分类模型常用评价指标

在分类模型中，常用的评价指标包括混淆矩阵、ROC 曲线、AUC、KS 指标、提升度等。其中针对正负样本极度不平衡的分类问题，例如广告分类预测问题，最常用的模型评价指标就是 AUC。

4.2.1 混淆矩阵

混淆矩阵是分类问题中常用的模型评价方法之一。以广告二分类问题为例，假设模型预测为正例则记为 1（Positive），如点击用户；预测为反例则记为 0（Negative），如非点击用户，那么我们可以将实际的数据情况与模型预测结果相结合，得到以下 2×2 矩阵，也就是我们常说的混淆矩阵，如图 4-2 所示。

混淆矩阵		真实值	
		Positive	Negative
预测值	Positive	TP	FP
	Negative	FN	TN

图 4-2 混淆矩阵示意图

其中，各参数说明如下：

- TP 表示预测值为正例，真实值也为正例；
- FP 表示预测值为正例，真实值为反例；
- FN 表示预测值为反例，真实值为正例；
- TN 表示预测值为反例，真实值也为反例。

对于预测性的分类模型，当然是希望预测结果越准确越好。那么对应到混淆矩阵中，就是希望 TP 与 TN 对应位置的数值越大越好，而 FP 与 FN 对应位置的数值越小越好。但在实际的模型预测结果中，通过这些对应位置的数值大小来判断模型效果好坏往往不够直观，所以我们通常会结合以下几个指标来判定模型预测结果的好坏。

1）准确率 = (TP + TN) / (TP + FP + FN + TN)
（在整个观察结果中，预测正确的占比。）

2）精确率 = TP / (TP + FP)
（在所有预测值为正例的结果中，预测正确的占比。）

3）召回率 = TP / (TP + FN)
（在所有实际值为正例的结果中，预测正确的占比。）

4）特异度 = TN / (TN + FP)
（在所有实际值为负例的结果中，预测正确的占比。）

以上几个指标范围均为 0 ~ 1，数值越大表示相应的预测结果越好，其中精确率是针对预测结果而言的，而召回率和特异度是针对实际结果而言的。当然，混淆矩阵也可以用作多分类问题的评价指标。如果同时考虑精确率和召回率，计算两者的调和平均数，则可以得到一个新的评估指标 F1_score，它的计算公式为：

$$\text{F1\_score} = 2PR / (P + R)$$

其中，P 代表精确率，R 代表召回率。

F1_score 的取值也是 0 ~ 1，数值越大，表示模型效果越好。目前一些多分类问题的机器学习竞赛常常将 F1_score 作为最终测评的方法。当然 F1_score 也多用于推荐系统中。

假设现在有一批广告投放数据，我们需要利用这些数据来建立一个广告分类模型，用于预测用户是否会点击广告。假设点击广告的用户为正例，未点击广告的用户为反例，结合实际的样本数据可以得到模型的混淆矩阵，如图 4-3 所示。

混淆矩阵		真实值	
		点击	未点击
预测值	点击	450	100
	未点击	50	400

图 4-3 广告数据混淆矩阵

通过以上混淆矩阵，我们可以得到如下几个数值。

（1）准确率

由混淆矩阵可以知道，整体数据中总共有 1000（450+100+50+400）个样本，其中预测正确的样本数为 850（450+400），即准确率等于 850/1000 = 0.85，所以模型预测的准确率为 85%。

（2）精确率

所有预测为点击（正例）用户的样本数为 500（450 + 100），其中实际点击用户的样本数为 450，即精确率等于 450/550 =0.818，所以模型预测的精确率为 81.8%。

（3）召回率

所有实际点击用户的样本数为 500（450 + 50），其中模型预测为点击用户的样本数为 450，即召回率等于 450/500=0.9，所以模型预测的召回率为 90%。

（4）特异度

所有实际未点击用户的样本数为 500（100 + 400），其中模型预测为未点击用户的样本数为 400，即特异度等于 400/500=0.8，所有模型预测的特异度为 80%。

4.2.2 ROC 曲线

ROC 曲线（Receiver Operating Characteristic Curve，受试者工作特征曲线）代表了模型在不同阈值条件下灵敏性与精确性的变化趋势。实际上一般二分类模型的输出结果都是预测样本为正例的概率，所以我们首先需要给出一个分类阈值，当预测结果大于该阈值时，模型判定为正例，反之则判定为反例。结合上一小节所讲的混淆矩阵的内容，我们可以计算得到两个新的值——真正例率（TPR）和假正例率（FPR），两者的计算公式如下：

$$FPR = FP / (FP + TN)$$

$$TPR = TP / (TP + FN)$$

当我们取不同的分类阈值时，就可以得到多组 FPR、TPR 值。将 FPR 作为横轴，TPR 作为纵轴，将不同阈值下的多组 FPR、TPR 值在坐标轴中描绘出来，就可以得到一条完整的 ROC 曲线。另外，在实际操作中，我们还可以按预测结果大小对样本进行排序，将大于阈值的样本作为正例，将剩余的其他样本作为反例，计算 TPR 和 FPR 值，也可以画出 ROC 曲线。

我们还是以前面的数据及预测结果为例，指定分类阈值为 0.2，得到的混淆矩阵如图 4-4 所示。

混淆矩阵		真实值	
		点击	未点击
预测值	点击	500	160
	未点击	0	340

图 4-4 混淆矩阵

由前面的计算公式可以分别计算出 FPR = 160/(160+340) = 0.32，TPR = 500/(500+0) = 1.0，那么我们就可以知道 ROC 曲线上必有一个点为 (0.32, 1.0)。以此类推，依次选择不同的阈值，就可以将图中的不同点全部画出来，再将图中所有点连接起来即可得到最终的 ROC 曲线，如图 4-5 所示。

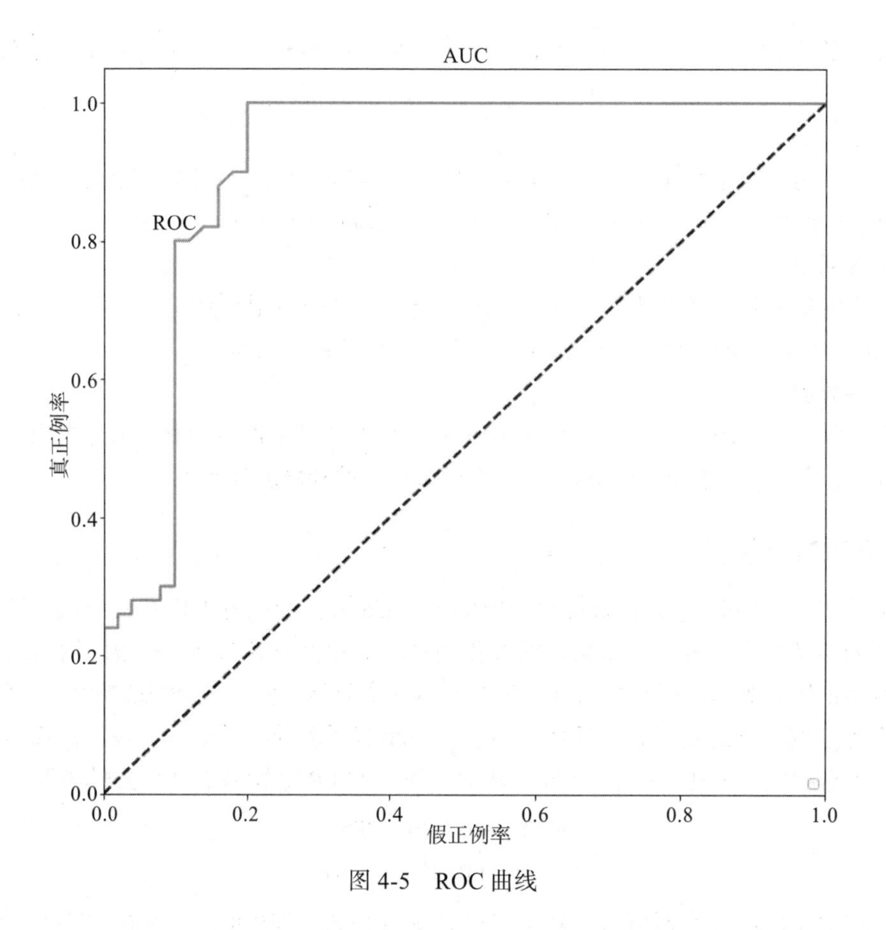

图 4-5 ROC 曲线

从图 4-5 中我们发现，除了 ROC 曲线外，还有另外一条对角虚线。可以简单将该虚线理解为一个随机分类模型，但该模型毫无区分能力，其模型效果就如抛掷硬币，预测结果正反例各占 50%，所以在实际应用中，ROC 曲线在这条虚线之上才表示模型具有比随机分类模型更好的效果。也就是说，ROC 曲线越靠近左上角，模型的分类预测效果越好。

4.2.3 AUC

AUC 表示 ROC 曲线下面的面积，常用作二分类问题模型效果的评判指标。AUC 的取值范围为 0 ~ 1，正常情况下在 0.5 到 1 之间，其数值越大表示模型效果越好。在图 4-5 的例子中，该模型的 AUC 值为 0.912，说明其预测效果相当好。但若模型的 AUC 仅为 0.5，则表示该模型预测正例的概率和反例的概率一样，即模型的预测结果相当于随机猜测，没什么效果，此时 ROC 曲线与图 4-5 中的虚线重合。

假设现在同时有两个模型，若一个分类模型 A 的 ROC 曲线被另一个分类模型 B 的 ROC 曲线完全包住，那么我们可以直接断定模型 B 的性能优于模型 A；若两个分类模型的

ROC 曲线交叉，则不能简单判断两个分类模型的效果孰优孰劣。此时若要对两个模型进行比较，就可以通过比较两个模型 ROC 曲线下的面积（即 AUC 的大小）来判断，AUC 值越大的曲线对应的模型分类预测效果越好，如图 4-6 所示。

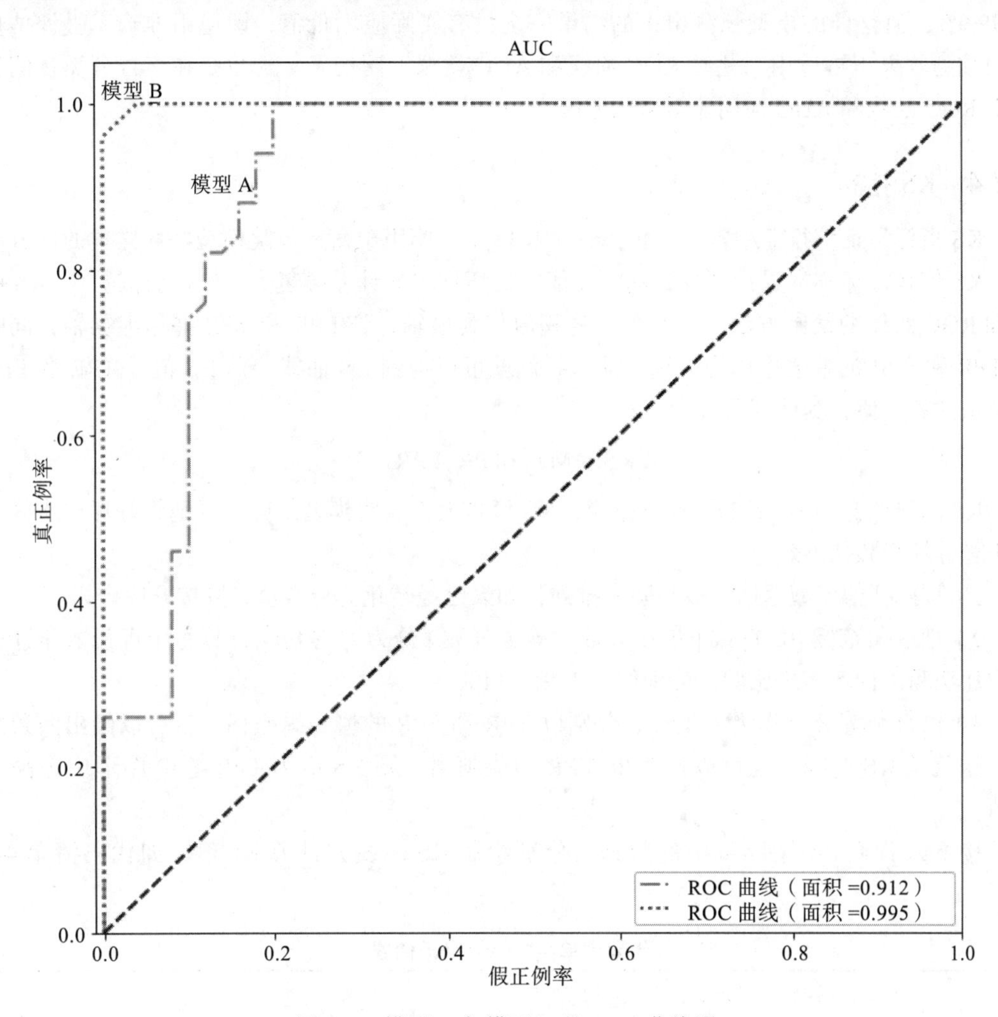

图 4-6 模型 A 与模型 B 的 ROC 曲线图

由图 4-6 可以看出，模型 B 的 ROC 曲线完全包住了模型 A 的 ROC 曲线，并且由计算也可以得到模型 B 的 ROC 曲线下对应的 AUC 值（0.995），大于模型 A 的 ROC 曲线下对应的 AUC 值（0.912），说明模型 B 的分类效果更好。

到这里可能有读者会问，既然前面已经有准确率、精确率等模型评价指标，为什么还要使用 ROC 曲线和 AUC 作为模型评价标准呢？不是有点多余吗？当然不是，因为在实际的数据中有时会出现正负样本不平衡的情况，也就是正负样本数量差距较大。特别是在我们的广告投放数据中，这种情况就更加常见。而 ROC 曲线有个非常好的特性，就是当数据集中的正负样本数据分布差异较大时，ROC 曲线仍然能够保持不变。比如在广告投放数据中点击广告的用户往往比不点击的用户要少得多，这里假设 1000 个用户中只有 1 个用户点击了广告，如果我们使用最简单的模型，直接预测所有用户都不点击，那么准确率可以达到 99.9%，但这样的模型预测出来的结果完全没有实际应用价值，即使用准确率去评估模型的预测效果不再适用，此时 ROC 曲线和 AUC 就派上用场了。这也是在广告分类预测任务中 ROC 曲线和 AUC 使用非常多的原因之一。

4.2.4 KS 指标

KS 指标是征信行业中常用的模型评估指标，主要用于衡量风险模型好坏样本的区分能力。KS 值是好坏样本累计部分之间的差值，好坏样本累计差异越大，KS 指标越大。KS 曲线和 ROC 曲线的绘制方法十分相似，将阈值作为横轴，将 FPR 和 TPR 都作为纵轴，同时将 TPR 和 FPR 的差值也作为纵轴，那么我们就可以得到 KS 曲线，而 KS 值是 TPR 和 FPR 的差值的最大值，其计算公式为：

$$KS = \text{Max}\ (TPR-FPR)$$

KS 的取值范围是 [0, 1]。通常来说，KS 值越大，表明模型能够越好地将好坏样本区分开来。计算步骤如下。

1）按照征信模型返回的概率降序排列，如果已经转化为分数值，则按升序排列。

2）把取值范围 [0, 1] 或 [最小分数，最大分数] 分为 N 等份，计算每个等份的累计好客户比例和累计坏客户比例，分别作为 TPR、FPR。

3）以每个等分点作为横坐标，分别以 TPR 和 FPR 的值为纵坐标，就可以画出两条曲线，这就是 KS 曲线，也可以把 TPR–FPR 的值画出，则 KS 值为 TPR–FPR 图形中最高点的值。

接下来我们利用图 4-6 中的数据，分别绘制 KS 曲线并计算 KS 值，如代码清单 4-1 所示。

代码清单4-1　绘制KS曲线

```
def PlotKS(preds, labels, n, asc):
    pred = preds  # 预测值
    bad = labels  # 取1为bad, 0为good
    ksds = pd.DataFrame({'bad': bad, 'pred': pred})
    ksds['good'] = 1 - ksds.bad

    if asc == 1:
        ksds1 = ksds.sort_values(by=['pred', 'bad'], ascending=[True, True])
    elif asc == 0:
        ksds1 = ksds.sort_values(by=['pred', 'bad'], ascending=[False, True])
    ksds1.index = range(len(ksds1.pred))
    ksds1['cumsum_good1'] = 1.0*ksds1.good.cumsum()/sum(ksds1.good)
    ksds1['cumsum_bad1'] = 1.0*ksds1.bad.cumsum()/sum(ksds1.bad)
```

```
if asc == 1:
    ksds2 = ksds.sort_values(by=['pred', 'bad'], ascending=[True, False])
elif asc == 0:
    ksds2 = ksds.sort_values(by=['pred', 'bad'], ascending=[False, False])
ksds2.index = range(len(ksds2.pred))
ksds2['cumsum_good2'] = 1.0*ksds2.good.cumsum()/sum(ksds2.good)
ksds2['cumsum_bad2'] = 1.0*ksds2.bad.cumsum()/sum(ksds2.bad)
ksds = ksds1[['cumsum_good1', 'cumsum_bad1']]
ksds['cumsum_good2'] = ksds2['cumsum_good2']
ksds['cumsum_bad2'] = ksds2['cumsum_bad2']
ksds['cumsum_good'] = (ksds['cumsum_good1'] + ksds['cumsum_good2'])/2
ksds['cumsum_bad'] = (ksds['cumsum_bad1'] + ksds['cumsum_bad2'])/2

# ks
ksds['ks'] = ksds['cumsum_bad'] - ksds['cumsum_good']
ksds['tile0'] = range(1, len(ksds.ks) + 1)
ksds['tile'] = 1.0*ksds['tile0']/len(ksds['tile0'])

qe = list(np.arange(0, 1, 1.0/n))
qe.append(1)
qe = qe[1:]

ks_index = pd.Series(ksds.index)
ks_index = ks_index.quantile(q=qe)
ks_index = np.ceil(ks_index).astype(int)
ks_index = list(ks_index)

ksds = ksds.loc[ks_index]
ksds = ksds[['tile', 'cumsum_good', 'cumsum_bad', 'ks']]
ksds0 = np.array([[0, 0, 0, 0]])
ksds = np.concatenate([ksds0, ksds], axis=0)
ksds = pd.DataFrame(
    ksds, columns=['tile', 'cumsum_good', 'cumsum_bad', 'ks'])

ks_value = ksds.ks.max()
ks_pop = ksds.tile[ksds.ks.idxmax()]
print('ks_value is ' + str(np.round(ks_value, 4)) +
      ' at pop = ' + str(np.round(ks_pop, 4)))
df_ks_max = ksds[ksds['ks'] ==ks_value ]
x_point = [df_ks_max['tile'].values[0], df_ks_max['tile'].values[0]]
y_point = [df_ks_max['cumsum_bad'].values[0], df_ks_max['cumsum_good'].values[0]]
# chart
plt.plot(ksds.tile, ksds.cumsum_good, label='TPR',
         color='blue', linestyle='-', linewidth=2)

plt.plot(ksds.tile, ksds.cumsum_bad, label='FPR',
         color='red', linestyle='-', linewidth=2)

plt.plot(ksds.tile, ksds.ks, label='ks',
         color='green', linestyle='-', linewidth=2)
plt.plot(x_point, y_point, label='ks - {:.2f}'.format(
    ks_value), color='black', marker='o', markerfacecolor='r', markersize=5)
```

```
    plt.text(0.5,1,'TPR')
    plt.text(0.55,0.7,'KS')
    plt.text(0.5,0.12,'FPR')
    plt.title('KS=%s ' % np.round(ks_value, 4) +
              'at Pop=%s' % np.round(ks_pop, 4), fontsize=15)
    plt.show()

    return ksds
```

得到的 KS 曲线如图 4-7 所示。

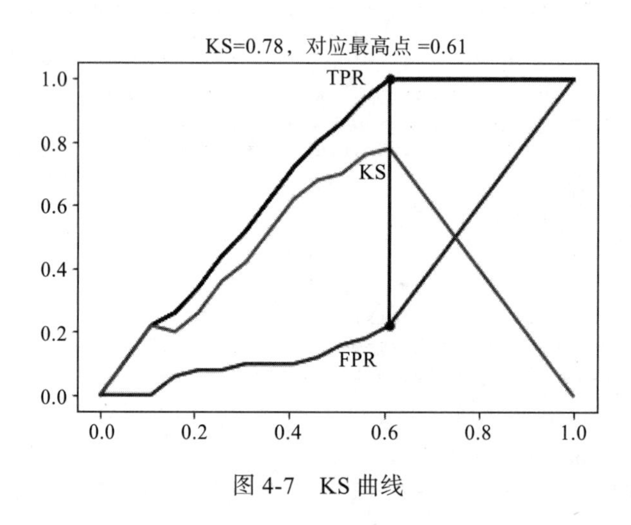

图 4-7 KS 曲线

图 4-7 中的模型的 KS 值为 0.78，说明模型区分好坏客户的能力还是非常强的。KS 值的判定标准如表 4-2 所示。

表 4-2 KS 值的判定标准

KS 值的范围	描述
KS<0.2	模型效果较差
0.2 ≤ KS<0.4	模型效果一般
0.4 ≤ KS<0.5	模型效果较好
0.5 ≤ KS<0.8	模型效果非常好
KS ≥ 0.8	模型效果过好，需要谨慎地验证模型

通过模型得到的累计好坏客户比例的数据如图 4-8 所示。

征信模型中一般使用 KS 值作为模型评估指标，而不会使用 ROC 曲线或者 AUC。这是因为我们建立的征信模型是对客户进行评分，在实际业务中可以选择一个分数值，相当于 ROC 曲线中的阈值，并将钱贷给这个阈值以上的客户，同时我们希望这些客户中包含尽可能多的好客户和尽可能少的坏客户，而 KS 指标恰好可以帮助我们找到好客户累计比和坏客户累计比的差值的最大值，进而找出最佳的分数值。但在征信模型中并不是 KS 值越高越好，因为如果模型将好坏客户分反，模型的 KS 值依旧可以很高。所以当模型 KS 值很高时，我们还需要对模型进行其他验证，具体验证方法这里不再赘述。

	tile	cumsum_good	cumsum_bad	ks
0	0.00	0.00	0.00	0.00
1	0.06	0.00	0.12	0.12
2	0.11	0.00	0.22	0.22
3	0.16	0.04	0.28	0.24
4	0.21	0.10	0.32	0.22
5	0.26	0.10	0.42	0.32
6	0.31	0.10	0.52	0.42
7	0.36	0.10	0.62	0.52
8	0.41	0.10	0.72	0.62

图 4-8　累计好坏客户比例

4.2.5　提升度

在征信模型评估中，除了 KS 指标，我们也常用到增益（gain）或者提升度（lift）来评估模型效果。其中提升度衡量的是运用模型后预测能力提升的多少，提升度越大，模型的效果越好。提升度的计算公式如下：

$$\text{lift} = \frac{\dfrac{TP}{TP+FP}}{\dfrac{P}{P+N}}$$

lift 的计算与 KS 类似，同样是先排序（只是 lift 的排序与 KS 的排序相反），然后对数据进行等分处理，再根据公式计算得到 lift 值。以图 4-8 的模型结果为例，我们将模型结果按输出概率降序排列，取 20 等份，然后用该组坏样本数除以总的坏样本数就可以得出使用模型时的累计坏客户比例。随机情况下，累计坏客户比例等于 1/20，2/20，3/20…，而使用模型时的累计坏客户比例与随机情况下的累计坏客户比例的比值，就是提升度。简单来说，lift 表示使用模型抓取坏客户的能力是随机选择坏客户的多少倍。lift 的曲线图和模型结果表分别如图 4-9 和图 4-10 所示。

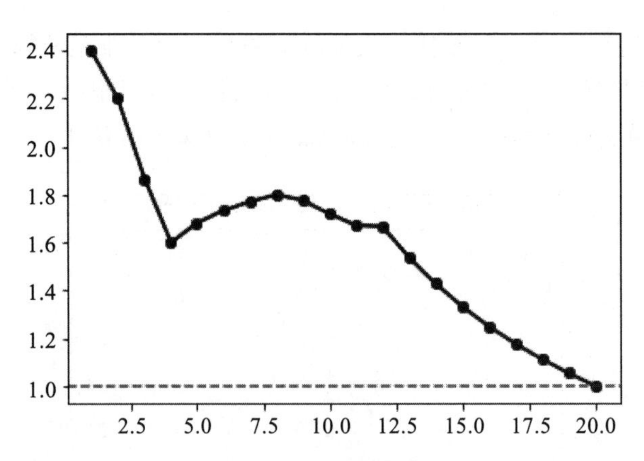

图 4-9　lift 曲线图

rank	cumsum_good	cumsum_bad	cumsum_bad_random	lift
0	0.00	0.12	0.05	2.400000
1	0.00	0.22	0.10	2.200000
2	0.04	0.28	0.15	1.866667
3	0.10	0.32	0.20	1.600000
4	0.10	0.42	0.25	1.680000
5	0.10	0.52	0.30	1.733333
6	0.10	0.62	0.35	1.771429
7	0.10	0.72	0.40	1.800000
8	0.12	0.80	0.45	1.777778
9	0.16	0.86	0.50	1.720000
10	0.20	0.92	0.55	1.672727
11	0.22	1.00	0.60	1.666667
12	0.32	1.00	0.65	1.538462
13	0.42	1.00	0.70	1.428571
14	0.52	1.00	0.75	1.333333
15	0.62	1.00	0.80	1.250000
16	0.72	1.00	0.85	1.176471
17	0.82	1.00	0.90	1.111111
18	0.92	1.00	0.95	1.052632
19	1.00	1.00	1.00	1.000000

图 4-10　模型结果表

绘制提升度曲线的核心代码如代码清单 4-2 所示。

代码清单4-2　绘制提升度曲线的代码

```
def plotLift(pred, bad, n, asc):
    lftds = pd.DataFrame({'bad': bad, 'pred': pred})
    lftds['good'] = 1 - lftds.bad
```

```
    if asc == 1:
        lftds1 = lftds.sort_values(by=['pred', 'bad'], ascending=[True, True])
    elif asc == 0:
        lftds1 = lftds.sort_values(by=['pred', 'bad'], ascending=[False, True])
    lftds1.index = range(len(lftds1.pred))
    lftds1['cumsum_good'] = 1.0*lftds1.good.cumsum()/sum(lftds1.good)
    lftds1['cumsum_bad'] = 1.0*lftds1.bad.cumsum()/sum(lftds1.bad)

    lftds1.index = range(len(lftds1.pred))

    qe = list(np.arange(0, 1, 1.0 / n))
    qe.append(1)
    qe = qe[1:]
    lft_index = pd.Series(lftds1.index)
    lft_index = lft_index.quantile(q=qe)
    lft_index = np.ceil(lft_index).astype(int)
    lft_index = list(lft_index)
    lift_df = lftds1.loc[lft_index]
    lift_df['bad_random']  = 1/n
    lift_df['cumsum_bad_random'] = lift_df['bad_random'].cumsum()
    lift_df['Lift'] = lift_df['cumsum_bad']/lift_df['cumsum_bad_random']
    lift_no = range(1, len(lift_df['Lift']) + 1)
    plt.plot(lift_no, lift_df['Lift'], 'bo-', linewidth=2)
    plt.axhline(1, color='gray', linestyle='--')
    plt.title('Lift', fontsize=15)
    lift_df['rank'] = list(range(n))
    return lift_df[['rank','cumsum_good', 'cumsum_bad','cumsum_bad_random', 'Lift']]
```

4.3　本章小结

本章主要介绍了模型的常用评价指标。在回归模型中，常用的模型评价指标为 R^2 和调整后的 R^2，用于表示模型中的自变量对因变量的可解释程度，R^2（调整后的 R^2）值越大，说明模型效果越好。而在分类模型中，常用到的模型评价指标有混淆矩阵、ROC 曲线、AUC 及 F1-score 等。对于正负样本极度不平衡的分类问题，常用的模型评价指标是 AUC。AUC 多用于广告二分类模型的效果评价中，它表示 ROC 曲线下的面积，面积越大，AUC 值越大，说明模型的效果越好。最后，我们还分别介绍了两种征信行业中常用的模型评价指标——KS 和提升度。这也是征信模型评估中最常用的两种模型评价指标，但在广告建模中却很少用到，感兴趣的读者可以自行深入了解。

Chapter 5　第 5 章

利用 Python 建立广告分类模型

本章将介绍广告 CTR（点击率）预估中常用的几种分类模型，包括逻辑回归、决策树、KNN、SVM、神经网络，重点介绍这几种分类模型的原理、实现、求解以及利用 Python 实现模型的实际应用等。

5.1　逻辑回归

逻辑回归（Logistic Regression）虽然名字中带“回归”二字，但实际上它是一种分类模型，可以将这里的“回归”理解为用回归的方法处理分类问题。

5.1.1　逻辑回归原理

以二分类问题为例，我们知道，回归问题的输出变量是连续的，如果想要输出变量只有 A、B 两种类别的话，最简单的办法就是提前确定一个阈值：如果回归模型输出值大于该阈值，则输出类别 A，否则输出类别 B。回归模型输出值的范围是（$-\infty, +\infty$），而二分类中需要的是 0 到 1 之间的值，所以我们需要将（$-\infty, +\infty$）的值通过函数转换为 0 到 1 之间。能够实现这种转换的函数有很多，比如单位阶跃函数 $H(x)=\begin{cases}0, x<0\\1, x\geqslant 0\end{cases}$。一般情况下我们使用 Sigmoid 函数实现这种转换：

$$g(z)=\frac{1}{1+e^{-z}}$$

Sigmoid 函数图像如图 5-1 所示。

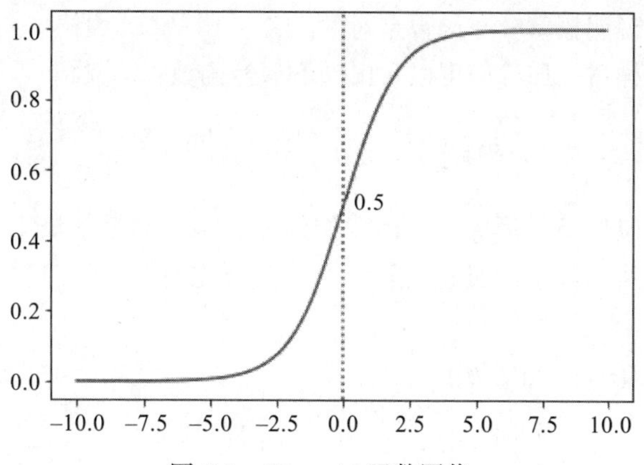

图 5-1　Sigmoid 函数图像

从图 5-1 中可以发现，当 z 趋于正无穷时，$g(z)$ 趋于 1；而当 z 趋于负无穷时，$g(z)$ 趋于 0，这完全符合我们的要求。

线性回归的数学表达式为 $y = \theta_0 + \theta_1 x_1 + \theta_2 x_2 + \theta_3 x_3 + \cdots = \boldsymbol{X\theta}$，其中，$\theta_i$ 表示第 i 个变量的系数，$\boldsymbol{\theta}$ 表示参数向量，$\boldsymbol{X}$ 表示样本特征矩阵。

我们将 y 代入 Sigmoid 函数，可以得出逻辑回归的数学表达式如下：

$$h_\theta(x) = g(\theta x) = \frac{1}{1+\mathrm{e}^{-\theta x}}$$

$h_\theta(x)$ 为模型输出，范围是 0 ～ 1。

5.1.2　损失函数

逻辑回归的损失函数是交叉熵损失函数，其数学表达式如下：

$$J(\theta) = -\sum_{i=1}^{m}(y^{(i)}\log(h_\theta(x^{(i)})) + (1-y^{(i)})\log(1-h_\theta(x^{(i)})))$$

具体损失函数公式的推导需要用到统计中的最大似然法，在二分类问题中，y 的取值只能是 0 和 1；在逻辑回归模型中，我们可以将 $h_\theta(x)$ 理解为结果为类别 1 的概率大小，表示如下：

$$P(y=1|x,\theta) = h_\theta(x)$$

类别为 0 的概率表示为：

$$P(y=0|x,\theta) = 1-h_\theta(x)$$

结合以上两种概率情况我们可以得到 y 的概率分布函数：

$$P(y|x,\theta) = h_\theta(x)^y(1-h_\theta(x))^{1-y}$$

当 $y=1$ 时，$(1-h_\theta(x))^{1-y} = (1-h_\theta(x))^0 = 1$，上式结果为 $h_\theta(x)$；当 $y=0$ 时，$h_\theta(x)^y = (x)^0 = 1$，

上式结果为 $1-h_\theta(x)$，说明概率分布函数是对的。

假设我们有 m 个样本，那我们可以写出如下似然函数：

$$L(\theta)=\prod_{i=1}^{m} h_\theta(x^{(i)})^{y^{(i)}}(1-h_\theta(x^{(i)}))^{1-y^{(i)}}$$

这里显然是要求似然函数最大化，而我们的损失函数却是求最小化，所以需要对似然函数取反。考虑到似然函数求解过程比较复杂，需要先对其进行对数化变换，即先求损失函数 $J(\theta)$：

$$\begin{aligned}J(\theta)&=-\ln(L(\theta))\\&=-\ln\left(\prod_{i=1}^{m} h_\theta(x^{(i)})^{y^{(i)}}(1-h_\theta(x^{(i)}))^{1-y^{(i)}}\right)\\&=-\sum_{i=1}^{m}(y^{(i)}\log(h_\theta(x^{(i)}))+(1-y^{(i)})\log(1-h_\theta(x^{(i)})))\end{aligned}$$

我们采用比较常见的梯度下降法来最小化损失函数。先对损失函数求偏导，过程如下：

$$\begin{aligned}\frac{\delta}{\delta\theta_j}J(\theta)&=-\frac{\delta}{\delta\theta_j}\sum_{i=1}^{m}(y^{(i)}\log(h_\theta(x^{(i)}))+(1-y^{(i)})\log(1-h_\theta(x^{(i)})))\\&=-\sum_{i=1}^{m}\left(y^{(i)}\frac{\delta}{\delta\theta_j}\log(h_\theta(x^{(i)}))+(1-y^{(i)})\frac{\delta}{\delta\theta_j}\log(1-h_\theta(x^{(i)}))\right)\\&=-\sum_{i=1}^{m}\left(y^{(i)}\frac{1}{h_\theta(x^{(i)})}\frac{\delta}{\delta\theta_j}h_\theta(x^{(i)})+(1-y^{(i)})\frac{-1}{1-h_\theta(x^{(i)})}\frac{\delta}{\delta\theta_j}(1-h_\theta(x^{(i)}))\right)\\&=-\sum_{i=1}^{m}\left(y^{(i)}\frac{1}{h_\theta(x^{(i)})}\frac{\delta}{\delta\theta_j}h_\theta(x^{(i)})+(1-y^{(i)})\frac{-1}{1-h_\theta(x^{(i)})}\frac{\delta}{\delta\theta_j}h_\theta(x^{(i)})\right)\\&=-\sum_{i=1}^{m}\left(\left(y^{(i)}\frac{1}{h_\theta(x^{(i)})}-(1-y^{(i)})\frac{1}{1-h_\theta(x^{(i)})}\right)\frac{\delta}{\delta\theta_j}h_\theta(x^{(i)})\right)\\&=-\sum_{i=1}^{m}\left(\left(\frac{y^{(i)}(1-h_\theta(x^{(i)}))}{h_\theta(x^{(i)})(1-h_\theta(x^{(i)}))}-\frac{(1-y^{(i)})h_\theta(x^{(i)})}{h_\theta(x^{(i)})(1-h_\theta(x^{(i)}))}\right)\frac{\delta}{\delta\theta_j}h_\theta(x^{(i)})\right)\\&=-\sum_{i=1}^{m}\left(\left(\frac{y^{(i)}-y^{(i)}h_\theta(x^{(i)})-h_\theta(x^{(i)})+y^{(i)}h_\theta(x^{(i)})}{h_\theta(x^{(i)})(1-h_\theta(x^{(i)}))}\right)\frac{\delta}{\delta\theta_j}h_\theta(x^{(i)})\right)\\&=-\sum_{i=1}^{m}\left(\frac{y^{(i)}-h_\theta(x^{(i)})}{h_\theta(x^{(i)})(1-h_\theta(x^{(i)}))}\frac{\delta}{\delta\theta_j}h_\theta(x^{(i)})\right)\end{aligned}$$

其中

$$
\begin{aligned}
g(z)' &= \left(\frac{1}{1+\mathrm{e}^{-z}}\right)' \\
&= \frac{\mathrm{e}^{-z}}{(1+\mathrm{e}^{-z})^2} \\
&= \frac{1+\mathrm{e}^{-z}-1}{(1+\mathrm{e}^{-z})^2} \\
&= \frac{1+\mathrm{e}^{-z}}{(1+\mathrm{e}^{-z})^2} + \frac{-1}{(1+\mathrm{e}^{-z})^2} \\
&= \frac{1}{1+\mathrm{e}^{-z}} - \frac{1}{(1+\mathrm{e}^{-z})^2} \\
&= \frac{1}{1+\mathrm{e}^{-z}}\left(1-\frac{1}{1+\mathrm{e}^{-z}}\right) \\
&= g(z)(1-g(z))
\end{aligned}
$$

所以

$$
\begin{aligned}
\frac{\delta}{\delta\theta} h_\theta(x) &= \frac{\delta}{\delta\theta_j} g(\theta x) \\
&= g(\theta x)(1-g(\theta x)) \frac{\delta}{\delta\theta_j} \theta x \\
&= g(\theta x)(1-g(\theta x)) x \\
&= h_\theta(x)(1-h_\theta(x)) x
\end{aligned}
$$

对推导公式进一步简化：

$$
\begin{aligned}
& -\sum_{i=1}^{m}\left(\frac{y^{(i)}-h_\theta(x^{(i)})}{h_\theta(x^{(i)})(1-h_\theta(x^{(i)}))} \frac{\delta}{\delta\theta_j} h_\theta(x^{(i)})\right) \\
&= -\sum_{i=1}^{m}\left(\frac{y^{(i)}-h_\theta(x^{(i)})}{h_\theta(x^{(i)})(1-h_\theta(x^{(i)}))} (h_\theta(x^{(i)})(1-h_\theta(x^{(i)}))x_j^{(i)})\right) \\
&= -\sum_{i=1}^{m}(y^{(i)}-h_\theta(x^{(i)}))x_j^{(i)}
\end{aligned}
$$

其中，$x_j^{(i)}$ 表示第 i 个样本的第 j 个特征值。

梯度下降中的每一步的迭代公式如下：

$$
\begin{aligned}
\theta_j &:= \theta_j - \alpha \frac{\delta}{\delta\theta_j} J(\theta) \\
&= \theta_j - \alpha \sum_{i=1}^{m}(h_\theta(x^{(i)})-y^{(i)})x_j^{(i)}
\end{aligned}
$$

其中，θ_j 表示第 j 个特征的参数，α 表示下降的步长。

至此，我们就完成了对逻辑回归的数学模型、损失函数、求解方法的推导。上述推导还可以使用矩阵的方式表示，结果更加简洁，感兴趣的读者可以自行尝试。

5.1.3 利用 Python 建立逻辑回归

前面讲解了逻辑回归的基本原理，接下来我们尝试通过 Python 完成整个模型算法过程。一般情况下，我们可以直接使用 Python 中封装好的 Scikit-learn 库进行建模，因为这个库包含了很多常用的算法及一些很好用的模块。接下来我们就尝试使用 Scikit-learn 建立逻辑回归模型，对广告投放数据中用户是否会激活问题进行预测，如代码清单 5-1 所示。

代码清单5-1　使用Scikit-learn建立逻辑回归模型

```
#划分训练集与测试集
train_data=train_test[:891]
test_data=train_test[891:]
train_data_X=train_data.drop(['Label'],axis=1)
train_data_Y=train_data['Label']
test_data_X=test_data.drop(['Label'],axis=1)
test_data_Y=test_data['Label']
#建立逻辑回归模型
LR=LogisticRegression()
LR.fit(train_data_X,train_data_Y)
y_pred = LR.predict(test_data_X)
auc = roc_auc_score(test_data_Y,y_pred)
print(auc)
```

5.2 决策树

决策树（Decision Tree）是一种经典的机器学习算法，它既可以用来处理分类问题（称为分类树），也可以用来处理回归问题（此时称为回归树）。本节我们将主要介绍决策树中分类树的一些相关知识，回归树暂不在此介绍。

5.2.1 决策树概述

首先我们简单介绍一下决策树的结构。决策树由若干个节点和有向边组成。一般，我们将决策树开始的节点称为根节点，将不能再进行划分的节点称为叶子节点，将可以继续划分的节点称为内部节点。一棵决策树通常包含一个根节点、若干个内部节点和若干个叶子节点。内部节点表示选择划分的特征或者属性，叶子节点表示一个类别。简单来说，决策树算法就是构造一个泛化能力强的决策树的过程。而构造过程的关键是在每个内部节点中我们应该如何选择特征进行划分。

在介绍如何选择特征划分的方法之前，首先需要知道信息论中熵和条件熵的概念。熵

（entropy）[⊖]是对随机变量不确定性的度量，即随机变量越不确定，它的熵就越大，其概率计算公式如下：

$$H(X)=-\sum_{i}^{n}p_i\log p_i$$

其中，X是有n个取值的离散变量，$p_i=P(X=x_i)$（$i=1, 2, 3, \cdots$）表示当X取值为x_i时对应的概率大小。当X只有2种取值时，熵随着概率变化的曲线如图5-2所示。

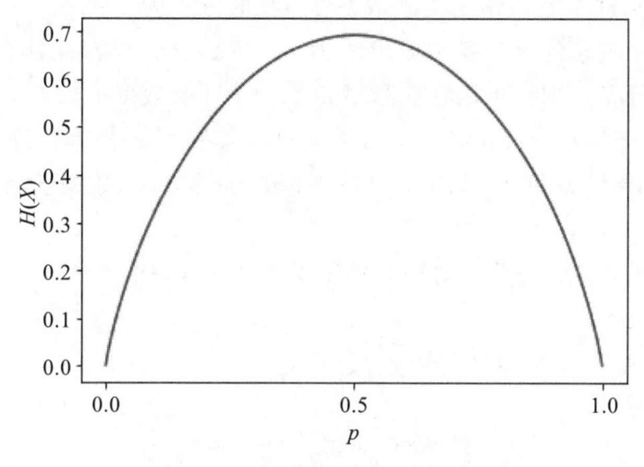

图5-2　熵随着概率变化的曲线

从图5-2中可以看出，当p=0.5时，熵最大，即变量X取值完全随机的时候不确定性最大。

条件熵类似于条件概率，它表示在已知随机变量X的条件下，随机变量Y的不确定性。其表达式如下：

$$H(Y\mid X)=\sum_{i=1}^{n}p_iH(Y\mid X=x_i)$$

其中$H(Y)$表示随机变量Y的熵，那么熵$H(Y)$与条件熵$H(Y|X)$的差值就表示随机变量Y的不确定性减去已知随机变量X的条件下随机变量Y的不确定性，即随机变量Y在已知随机变量X后不确定性的减少程度，在决策树算法中我们将这个差值称为信息增益。

5.2.2　决策树算法

根据选择特征划分方法的不同，可以将决策树算法分为三种，即ID3算法、C4.5算法、CART算法。

1. ID3算法

为了更好地理解信息增益的概念，我们假设有一个给定的训练数据集D和特征a，熵

⊖ C. E. Shannon. A Mathematical Theory of Communication[J]. Bell System Technical Journal, 1948.

$H(D)$ 表示对数据集 D 分类的原始不确定性，而条件熵 $H(D|a)$ 表示使用特征 a 对数据集 D 分类后的不确定性，那么特征 a 的信息增益就表示使用特征 a 分类后数据集 D 的不确定性的减少程度。如果我们每次都选择信息增益最大的特征来对数据集进行划分，就可以最大程度减少数据集 D 的不确定性，以此类推。通过这种思想构造出来的决策树就是我们通常所说的 ID3 算法。

接下来我们还是举一个例子来说明信息增益的具体计算过程。假设我们现在有一个数据集 D，$|D|=20$ 表示样本数，输出类别数 $k=2$，取值分别为 0 和 1，其中有 12 个样本输出值为 0，则 $C_1=12$；剩余的 8 个样本输出值为 1，即 $C_2=8$。设特征 A 有 3 种取值，分别为 A_1, A_2, A_3，根据特征 A 的取值可以将数据集 D 划分为 3 个数据子集 D_1, D_2, D_3。每个子集的样本数分别为 $|D_1| = 5, |D_2| = 8, |D_3| = 7$。子集中属于类别 C_j 的样本数分别为 $|D_{11}|=3, |D_{12}|=2, |D_{21}|=3, |D_{22}|=5, |D_{31}|=3, |D_{32}|=4$。其中 $|D_{ij}|$ 的下标 i 表示对应的数据子集，j 表示所属的分类类别。

根据信息增益的定义，首先计算原始数据集 D 的熵 $H(D)$：

$$\begin{aligned}H(D) &= -\sum_{k=1}^{2}\frac{C_k}{|D|}\log\frac{C_k}{|D|}\\ &= -\frac{C_1}{|D|}\log\frac{C_1}{|D|}-\frac{C_2}{|D|}\log\frac{C_2}{D|D|}\\ &= -\frac{12}{20}\log\frac{12}{20}-\frac{8}{20}\log\frac{8}{20}\\ &= 0.9710\end{aligned}$$

然后计算数据集 D 在特征 A 下的条件熵 $H(D|A)$：

$$\begin{aligned}H(D\mid A) &= \sum_{i=1}^{V}p_i H(Y\mid X=x_i)\\ &= \frac{|D_1|}{|D|}H(D_1)+\frac{|D_2|}{|D|}H(D_2)+\frac{|D_3|}{|D|}H(D_3)\\ &= \frac{5}{20}\left(-\frac{3}{5}\log\frac{3}{5}-\frac{2}{5}\log\frac{2}{5}\right)+\frac{8}{20}\left(-\frac{3}{8}\log\frac{3}{8}-\frac{5}{8}\log\frac{5}{8}\right)+\frac{7}{20}\left(-\frac{3}{7}\log\frac{3}{7}-\frac{4}{7}\log\frac{4}{7}\right)\\ &= 0.9693\end{aligned}$$

得到使用特征 A 划分数据集 D 后对应的信息增益 $I(D|A)$：

$$I(D|A)=H(D)-H(D|A)=0.0017$$

这样划分完数据集后可得到对应的数据子集。按照以上方法依次对数据子集进行划分，直到不能再划分或达到划分阈值，即可停止划分过程并得到最后的决策树。ID3 算法的过程可以总结如下。

输入：训练数据集 D，特征集 A，阈值 ε

输出：决策树 T

1）若 D 中所有样本均属于同一类别 C_k，那么该节点即为叶子节点，该叶子节点的类标记为类 C_k，返回决策树 T；

2）若 $A=\phi$，即没有特征可以用来对节点进行划分，那么该节点即为叶子节点，该叶子节点的类标记为类 C_k，返回决策树 T；

3）若不满足条件 1、2，则计算 A 中各特征对 D 的信息增益，选择信息增益最大的特征 a_*，根据 a_* 的每一个可能取值将 D 分割为若干非空子集 D_v，将其中样本数最大的类作为标记构建子节点，由叶子节点及其子节点构成决策树 T，返回决策树 T；

4）对第 v 个子节点，以 D_v 为训练集，$A-\{a_*\}$ 为特征集，递归地调用第 1 ~ 3 步，得到子树并返回子树 T_v。

由于某些原因，我们不能让递归操作无限循环下去。递归操作的停止条件包括以下三种：

1）一个节点中所有的样本均为同一类别；

2）没有特征可以用来对该节点样本进行划分，表示为 $A=\phi$，此时该节点的类别为样本个数最多的类别；

3）没有样本能满足剩余特征的取值，也就是 D_v 中的样本数为 0，此时该节点的类别为样本个数最多的类别。

2. C4.5 算法

细心的读者可能已经发现 ID3 算法存在一些不足的地方。比如 ID3 算法中没有考虑到连续特征和缺失值的情况，最重要的是，信息增益法偏向选择取值较多的特征，即在相同条件下，取值较多的特征总比取值较少的特征信息增益大。例如有两个变量 a、b，其中 a 有 2 种取值，概率均为 1/2；b 有 3 种取值，概率均为 1/3。由 ID3 的计算方法可知，在相同条件下，变量 b 的信息增益总是大于等于变量 a 的信息增益，即 $I(D|b) \geqslant I(D|a)$。C4.5 算法针对这些不足进行了改进。

C4.5 算法引入了信息增益率来避免信息增益法偏向选择取值多的特征问题。信息增益率表达式如下：

$$I_R(D \mid A) = \frac{I(D \mid A)}{H_A(D)}$$

信息增益率是信息增益与该特征的熵的比值。$H_A(D)$ 表示特征熵，其具体表示如下：

$$H_A(D) = -\sum_{i=1}^{n} \frac{|D_i|}{|D|} \log \frac{|D_i|}{|D|}$$

其中 n 是特征 A 的类别数，$|D_i|$ 表示第 i 个特征对应的样本数。

取值比较多的特征，其 $H_A(D)$ 也较大，将其作为分母可以修正最后的信息增益率。另外，C4.5 算法对连续特征进行了离散化处理。假设连续特征的取值有 m 个，先取相邻两点的平均值，将大于该平均值的作为类别 1，小于该平均值的作为类别 2，然后计算连续特征以该值作为离散分类点时的信息增益率。以此类推，计算其他平均值下的信息增益率，取其中信息增益率最大时的平均值作为该连续特征的最终离散分类点，这样我们就可以把连续特征离散化。而对于缺失值问题，C4.5 算法主要是通过设定权重的方法来解决。即每个样本都有自己的权重，先取出不含缺失特征的数据集，在该数据集上计算特征的信息增益率，以及该数据集与整体数据集的加权比例，然后将两者相乘作为该缺失特征在整体数据集上的信息增益率。在划分数据集时，将缺失特征的样本同时划分到所有子节点，并将样本权重调整为该特征的类别数的占比。

3. CART 算法

虽然 C4.5 算法已经很出色了，但 CART 算法更强大，它不仅可以处理分类问题，也可以处理回归问题，而且还可以在保证准确率的情况下提升计算效率。CART 算法处理分类问题时使用基尼系数代替信息增益率来选择特征。基尼系数的表达式如下：

$$\mathrm{Gini}(p)=1-\sum_{k=1}^{K}p_k^2$$

p_k 表示第 k 个类别的概率。具体在数据集中计算可以表示为：

$$\mathrm{Gini}(D,A)=\sum_{v=1}^{V}\frac{|D_v|}{|D|}\mathrm{Gini}(D_v)$$

D_v 表示特征 A 将数据集 D 划分后的第 v 个样本集，$|D_v|$ 表示样本数量。需要特别注意的是，CART 算法选择基尼系数最小的特征来划分数据集。这与 ID3 算法中使用信息增益最大和 C4.5 算法中使用信息增益率最大的特征是相反的。另外，由于基尼系数的计算中没有像信息增益、信息增益率一样使用对数进行计算，所以整体计算效率更高。CART 算法中分类树建立的过程与 ID3、C4.5 算法中的基本相同，在此不再赘述。使用 CART 算法处理回归问题与处理分类问题的区别主要有两点：一是回归问题使用最小均方差来选择特征划分数据集，二是在决策树建立之后用于预测时，采用叶子节点的平均值来预测输出结果。所以如果使用树深度较浅的决策树模型进行预测，输出结果往往呈阶梯式变化，但树深度较深的决策树模型往往容易过拟合。过拟合简单来说就是模型在训练集上表现很好，但在测试集中表现较差，导致模型泛化能力或者鲁棒性较差。

5.2.3 决策树剪枝处理

在实际应用中，决策树模型往往容易出现过拟合问题。为了解决这个问题，我们需要对决策树进行剪枝处理。常用的剪枝处理包括预剪枝和后剪枝两种方法。

预剪枝是在建立子树时，先判断建立子树能否带来模型泛化能力的提升，如果不能，那么就停止建立该子树。实际操作时可以通过限定决策树的深度、子树的样本数量，或者给定阈值（当特征划分带来的提升小于该阈值时停止树生长）等方法来加以限制。

后剪枝是不加限制地先让子树生长成为一棵完整的决策树，然后从底层向上计算，决定是否进行剪枝，如果需要剪枝，则把子树删除，用一个叶子节点替代，该节点的类别按照投票的方法进行判断。还可以使用测试集数据进行交叉验证，选择交叉验证结果最优的决策树模型。由此可以看出后剪枝的时间开销比预剪枝大，但是后剪枝得到的决策树模型的泛化能力通常比预剪枝好。

从决策树模型不断优化的过程我们可以知道，ID3 算法已经是比较符合人类思考方式的算法，C4.5 算法在 ID3 算法的基础上弥补了连续值和缺失值问题的缺陷，同时使用更优的选择特征方法——信息增益率。CART 算法使用计算效率更高的基尼系数来选择最优特征，同时考虑了回归问题的解决方法。为避免过拟合问题，C4.5 算法和 CART 算法还对决策树进行了一定的剪枝操作。可以说 CART 算法已经是很强大的算法了，但是随着时代的进步，研究者们又提出了以决策树为基础的集成学习算法，包括随机森林、XGBoost 等。这些算法我们将在后续章节中逐一介绍。

5.2.4 决策树的实现

下面我们还是以根据广告投放数据预测用户是否点击广告为例，构建一个决策树分类模型。决策树模型的部分代码如代码清单 5-2 所示。

代码清单5-2 决策树分类模型代码

```
#划分训练集与测试集
X_train,X_test, y_train, y_test = train_test_split(X,y, test_size = 0.4, random_
state=1)
k_folds=KFold(n_splits=10)
clf_wg=DecisionTreeClassifier(random_state=1)

# 网格搜索
params = {'max_depth':range(1,10),'criterion':np.array(['entropy','gini']),'min_
samples_leaf':range(1,5),
        'min_samples_split':range(2,4)}

grid = GridSearchCV(clf_wg,params,scoring='roc_auc',cv=k_folds)
grid.fit(X_train[predictor_var],y_train)
print('网格最佳参数',grid.best_params_)
print('-' * 80)
max_depth=grid.best_params_['max_depth']
criterion=grid.best_params_['criterion']
min_samples_leaf=grid.best_params_['min_samples_leaf']
min_samples_split=grid.best_params_['min_samples_split']

# 最优参数决策树
clf=DecisionTreeClassifier(max_depth=max_depth,criterion='entropy',min_samples_
leaf=min_samples_leaf
                            ,min_samples_split=min_samples_split,random_state=1)
clf.fit(X_train[predictor_var],y_train)
pre=clf.predict_proba(X_test[predictor_var])
```

```
auc=roc_auc_score(y_test,pre[:,1])

print('决策树最大深度:',clf.max_depth,'\n叶子节点最少样本数:
      ',clf.min_samples_leaf,'\n内部节点再划分所需最小样本数:',
      clf.min_samples_split,'\n特征选择标准:',clf.criterion)
print('-'*80)
print('决策树模型auc: ',auc)
```

5.3 KNN

KNN（K Nearest Neighbor，*K* 近邻）算法是一种基于距离计算的机器学习算法，也是最简单、最常用的分类算法之一。

5.3.1 距离度量

在正式介绍 KNN 算法之前，先介绍几种常用的距离计算公式。

1. 欧氏距离

欧氏距离是最常见的计算两点之间距离的方法。对于两个 n 维向量 $\boldsymbol{A}(x_{11}, x_{12}, \cdots, x_{1n})$ 与 $\boldsymbol{B}(x_{21}, x_{22}, \cdots, x_{2n})$，其欧氏距离计算公式如下：

$$d_{AB}=\sqrt{\sum_{k=1}^{n}(x_{1k}-x_{2k})^2}$$

2. 曼哈顿距离

另一种常见的距离计算方法为曼哈顿距离，也称为“城市街区距离”。向量 $\boldsymbol{A}$、$\boldsymbol{B}$ 之间的曼哈顿距离计算公式如下：

$$d_{AB}=\sum_{k=1}^{n}|x_{1k}-x_{2k}|$$

3. 切比雪夫距离

切比雪夫距离是指两点各坐标系数值差的最大值。向量 $\boldsymbol{A}$、$\boldsymbol{B}$ 之间的切比雪夫距离公式如下：

$$d_{AB}=\max_{k}(|x_{11}-x_{21}|,\cdots,|x_{1k}-x_{2k}|,\cdots,|x_{1n}-x_{2n}|)$$

4. 海明距离

海明距离表示等长序列相同位置上数据不同的个数。比如 1010 和 1001，两者第三位和第四位不同，则海明距离是 2。我们通常用海明距离来计算分类变量之间的距离。

5. 闵可夫斯基距离

闵可夫斯基距离可以理解为欧氏距离的一般形式，向量 ***A***、***B*** 之间的闵可夫斯基距离计算公式如下：

$$d_{AB} = \sqrt[p]{\sum_{k=1}^{n}(x_{1k} - x_{2k})^p}$$

其中 p 是变量参数。当 p=0 时，d_{AB} 表示海明距离；当 p=1 时，d_{AB} 就是曼哈顿距离；当 p=2 时，d_{AB} 就是欧氏距离；当 p 趋近无限大时，d_{AB} 就是切比雪夫距离。

6. 余弦相似度

余弦相似度是通过测量两个向量之间夹角的度数来评估向量相似度的方法，其测量结果只与向量的方向有关，与向量的长度无关。向量，***A***、***B*** 之间的余弦相似度计算公式如下：

$$\cos\theta = \frac{AB}{|A||B|} = \frac{\sum_{k=1}^{n} x_{1k} x_{2k}}{\sqrt{\sum_{k=1}^{n} x_{1k}^2}\sqrt{\sum_{k=1}^{n} x_{2k}^2}}$$

注意　夹角余弦的取值范围为 [−1, 1]，夹角间的余弦值越大，表示两个向量之间的夹角越小。当两个向量重合时，表示两个向量方向相同，夹角余弦值最大；若两个向量方向相反，夹角余弦值最小。

5.3.2　KNN 算法原理

KNN 是一种简单的机器学习算法，既可以用于处理分类问题，也可以用于处理回归问题，即给定一个包含标签的训练数据集，对于新的测试样本，先在训练数据集中找到与该测试样本距离最近的 K 个训练实例。如果是分类问题，则该测试样本被分类到 K 个训练实例所属类型最多的类别中；如果是回归问题，则该测试样本的取值可以取 K 个实例标签的平均值或加权平均值。以分类问题为例，这里引用维基百科上的图来帮助理解 KNN 分类过程，如图 5-3 所示。

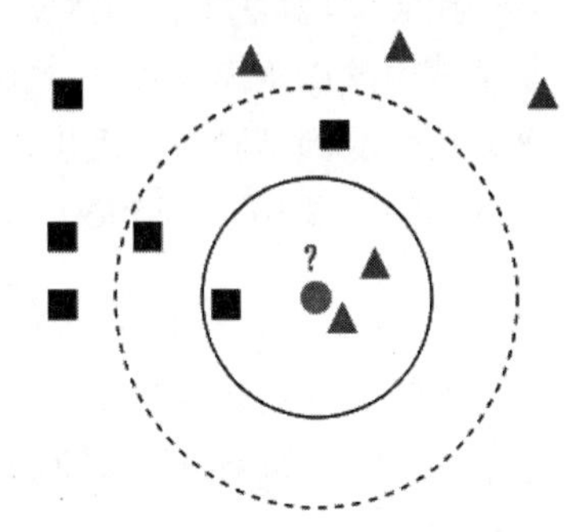

图 5-3　KNN 分类过程示意图

在图 5-3 中，圆点表示测试样本，正方形和三角形点分别表示训练集中两种不同类别的样本数据。

实线圆可以理解为当我们输入测试样本后，计算与该测试样本距离最近的 3 个训练样本，即 K = 3。可以看到，在实线圆中有一个正方形和两个三角形，根据少数服从多数的投票方式，可以判定这个圆点属于三角形类。

同理，如果 K=5，如图 5-3 中虚线圆所示，计算与该测试样本距离最近的 5 个训练样本，就会有三个正方形和两个三角形，那么可以判定这个圆点属于正方形类。

通过上面的例子可以看出，K 近邻的算法思想非常简单易懂，但也给我们带来一些疑惑：当 $K=3$ 和 $K=5$ 时，测试样本的分类结果显然不一样，那么我们应该如何选取合适的 K 值呢？

5.3.3 KNN 算法中 K 值的选取

通过前面的例子我们发现取不同的 K 值直接影响了测试样本最终的分类结果。假设 $K=1$，那么测试样本的分类结果只受距离最近的一个样本影响，这种情况下模型很容易学习到噪声，出现过拟合。如果 K 与训练样本的总数相等，那么就会出现所有测试样本分类结果都一样的情况，都被分到训练集中样本数最多的那个类别，这样的模型根本没有任何实际意义。为了避免出现以上两种极端情况，实践中我们会用到交叉验证，即从 $K=1$ 开始，使用验证集去估计分类器的错误率，然后将 K 依次加 1，每次计算分类器的整体错误率，不断重复这个过程，最后就能得到错误率最小的 K 值，这就是我们要找的合适的 K 值。需要注意的是，一般 K 的取值不超过 20，并且要尽量取奇数，以避免在最终分类结果中出现样本数相同的两个类别。

5.3.4 KNN 中的一些注意事项

在 KNN 中，有一些特别需要注意的地方，例如在构建 KNN 模型之前需要对样本数据进行归一化处理，这样可以避免不同单位刻度带来的影响。另外，为了简化整个计算过程，可以采用 KD 树进行优化等。

1. 归一化

在 KNN 算法中，通过使用不同距离度量来计算测试样本和训练样本之间的距离，连续变量常用欧氏距离计算，分类变量则通常使用海明距离计算。需要注意的是，因为欧氏距离度量会受到不同单位刻度的影响，所以一般需要先进行标准归一化。例如我们有训练样本 A[1000,0.5,10]，B[500,1,5]，则 A、B 之间的欧氏距离

$$D_{AB}=\sqrt{(1000-500)^2+(0.5-1)^2+(10-5)^2}=500.025$$

可以看到结果主要受第一个维度的影响，因为其他维度的单位刻度较小，产生的影响基本可忽略。如果我们将原始数据进行归一化之后再计算，结果如下：

$$D_{AB}=\sqrt{(1-0.5)^2+(0.5-1)^2+(1-0.5)^2}=0.86$$

对比归一化前后 A、B 两点之间的距离发现，结果确实差异较大，所以在计算距离之前最好将各维度进行标准归一化处理，当然也可以对不同维度设置不同的权重再归一化，具体可以根据实际需要进行设置。

2. KD 树

我们知道在 KNN 算法中需要计算测试样本与所有训练样本之间的距离，如果训练样

本量太大，那么整个计算过程无疑是十分耗时的，并且每次更换测试样本都需要重新计算一遍，算法复杂度较高，所以在具体实现中建议采用 KD 树进行优化，这里就不再详细展开了。

5.3.5 KNN 分类算法实现

针对分类问题，我们一般使用 sklearn 库中的 neighbors.NearestNeighbors 类进行建模。下面还是以广告投放数据为例，尝试建立一个 KNN 分类模型对用户是否点击广告进行预测，部分实现代码如代码清单 5-3 所示。

代码清单5-3 KNN分类模型对用户是否点击广告进行预测

```
from sklearn.model_selection import train_test_split
from sklearn.preprocessing import StandardScaler
from sklearn.neighbors import KNeighborsClassifier

# 测试集与训练集分离，测试集为20%的总数据
X_train, X_test, y_train, y_test = \
    train_test_split(X, y, test_size=0.2)

# 对数据进行归一化处理
standarScaler = StandardScaler()
standarScaler.fit(X_train)

X_train_std = standarScaler.transform(X_train)
X_test_std = standarScaler.transform(X_test)

# 模型训练和测试
knn_clf = KNeighborsClassifier(n_neighbors=4)
knn_clf.fit(X_train_std, y_train)
score = knn_clf.score(X_test_std, y_test)
print(score)
```

5.4 SVM

SVM（Support Vector Machine，支持向量机）是一种监督学习算法，可以用来解决分类和回归问题。就分类问题而言，其基本思想是寻找特征空间间隔最大化的线性分类器。本节将详细讲解 SVM 分类器的基本思想、原理及实现方法，带读者全面了解这个经典而强大的算法。

5.4.1 最大间隔超平面

我们知道在坐标平面上可以用 $y = kx + b$ 表示一条直线，其中 k 表示直线的斜率，b 表示直线的截距。通过这条直线就可以将平面简单分成两个部分，这是在二维平面上的情况。

类似地，我们将二维的情况推广到更高的维度，发现三维空间同样可以通过一个平面来划分，那么此时这个平面该如何用数学的方式表示呢？对于更高维度的情况，又该如何表示呢？这些都是我们将面临的问题。其实三维及更高维度空间的数学表示方法和二维平面的直线表示法相似，只是理解上有所不同。在样本空间中，划分超平面可以通过如下线性方程来描述：

$$\boldsymbol{y} = \boldsymbol{w}\boldsymbol{x} + \boldsymbol{b}$$

其中 $\boldsymbol{w}$ 为法向量，决定了超平面的方向，b 为位移项，决定了超平面与原点之间的距离。与直线方程的区别在于，$\boldsymbol{w}$、$\boldsymbol{b}$ 的维度不是一维的实数，而是高维的向量。因此，划分超平面可被线性方程的法向量和位移唯一确定，这就是 SVM 中我们要寻找的特征空间中的线性分类器。如果一个线性方程确定的超平面能够将样本完全分开，那么我们称这些样本数据是线性可分的。下面我们先看一个二维空间的例子，如图 5-4 所示。

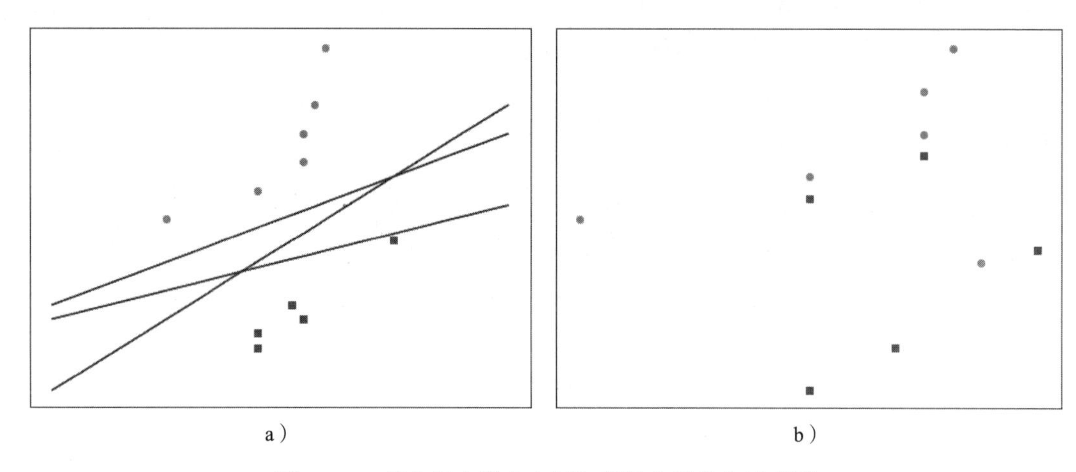

图 5-4　二维空间中样本空间与线性方程分布示意图

假设小正方形代表正类，圆形代表负类，在图 5-4a 中，很显然样本是线性可分的，且不止有一条直线可以将正负样本完全分开，而是有无数条。图 5-4b 则与之刚好相反，在二维平面上我们很难找到一条能够把正负样本完全分开的直线。针对线性可分情况，SVM 分类器要做的就是找到能将正负样本正确分类并且间隔最大的那条直线。那么，如何找出间隔最大的直线以及确定间隔的计算方法就是首先需要解决的问题。由于在超平面 $\omega x + b = 0$ 确定的情况下，平面上方的点可以定义为 $y = 1$，平面下方的点可以定义为 $y = -1$，则 $|\omega x + b|$ 就能够表示点 x 到超平面的距离，于是我们便可以得到函数间隔的计算方法，具体如下：

$$\gamma' = y(\omega x + b)$$

即可以通过观察 $y(\omega x + b)$ 的正负性来判定或者表示样本分类的正确性。当点 x 处于平面下方，即 $y = -1$，只有 $\omega x + b$ 是负数时，才能保证 $y(\omega x + b)$ 大于 0。如果 $\omega x + b$ 大于 0，那么根据超平面 $y = \omega x + b$ 进行划分时，点 x 就会被判定为正类，该超平面就不能正确划分样本，即它不是我们要找的超平面。同理，当点 x 处在平面上方，即 $y = 1$，只有 $\omega x + b$ 是正数时，才能保证 $y(\omega x + b)$ 大于 0。细心的读者可能已经发现，通过这种直接寻找最大函数间隔超平面的方法也存在问题，因为如果同比例改变 w 和 b 的值，则函数间隔的值也会同比例改变，但此时的超平面没有改变。所以 SVM 真正使用的其实是几何间隔。几何间隔的数学表达式如下：

$$\gamma=\frac{y(\omega x+b)}{\|\omega\|}$$

其中，$\|\omega\|$ 表示 ω 的二阶范数。范数可以理解为向量的模，等于向量各元素绝对值的平方和再开方。

从几何间隔的数学表达式可以看出，几何间隔就是函数间隔除以 $\|\omega\|$，可以理解为函数间隔做了标准化操作，这样就消除了 w 和 b 同比例改变带来的问题。

5.4.2　支持向量

通过二维平面的情况，我们知道在高维平面（三维及以上）空间中能够将样本数据正确分类的超平面也有无数个，而且每个样本点到超平面都分别有一个对应的几何间隔，因此我们要找出所有样本点满足几何间隔最大的那个超平面。这种超平面似乎很难找，实际上，我们并不需要所有样本点都满足几何间隔最大的要求，因为我们只关心距离超平面最近的点是否满足要求，这样问题就得到了简化：如果距离超平面最近的这些点都能被正确分类，并且几何间隔最大，那么其他样本点自然也能保证分类正确并且几何间隔最大，如图 5-5 所示。

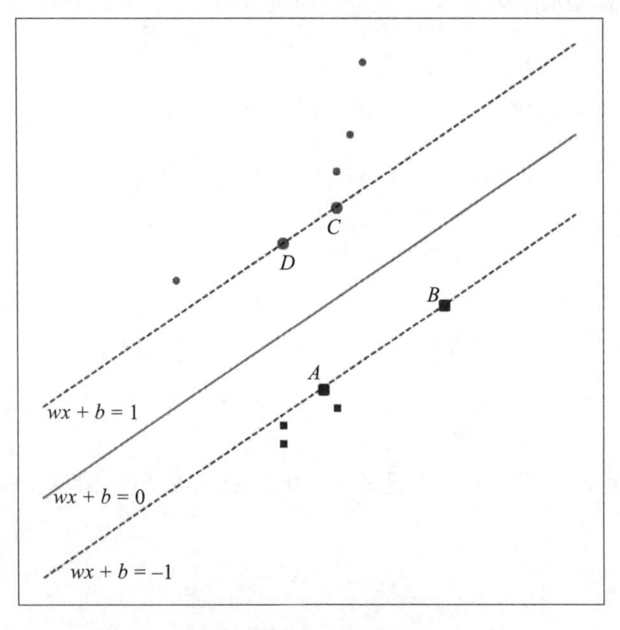

图 5-5　与超平面距离最近的样本点示意图

如图 5-5 所示，假设直线 $wx + b = 0$ 所表示的平面就是我们要找的间隔最大的超平面，那么只需要关心 A、B、C、D 这四个距离超平面最近的点即可。因为如果这四个点满足要求，那么其他点自然也能满足要求。从图 5-5 中可以看出，A、B 正好落在超平面的下方间隔边界 $wx + b = -1$ 上，并且与超平面上方间隔边界 $wx + b = 1$ 上的 C、D 两点距离正好相等，说明直线 $wx + b = 0$ 表示的平面就是我们要找的最优超平面。像 A、B、C、D 这样的点称为支持向量，这就是 SVM 也被称为支持向量机的原因。

5.4.3 目标函数

了解了 SVM 的基本思想后，我们可以用如下式子来表示 SVM 分类器：

$$\max_{\omega,b} \gamma' = \frac{y(\omega x+b)}{\|\omega\|}$$

在满足分类正确的前提下，寻找 ω、b 确定的几何间隔最大的超平面，也就是要满足以下数学表达式：

$$y^{(i)}(\omega x^{(i)} + b) \geqslant \gamma \ (i = 1, 2, \cdots, m)$$

因为函数间隔 $y(\omega x + b)$ 对整个目标函数没有影响，为了方便计算，我们直接令函数间隔等于 1，那么目标函数简化为以下数学表达式：

$$\max_{\omega,b} \frac{1}{\|\omega\|} \quad \text{其中，} y^{(i)}(\omega x^{(i)} + b) \geqslant 1 \ (i = 1, 2, \cdots, m)$$

要求目标函数最大化，即最大化 $\frac{1}{\|\omega\|}$，而这等价于最小化 $\|\omega\|$。为方便后续计算，目标函数也等价于：

$$\max_{\omega,b} \frac{1}{2}\|\omega\|^2 \quad \text{其中，} y^{(i)}(\omega x^{(i)} + b) \geqslant 1 \ (i = 1, 2, \cdots, n)$$

这里增加了一个系数 1/2 是为了求解方便，不影响结果。$\|\omega\|^2$ 是凸函数，可以采用现有的优化算法进行求解，但这个问题带有约束条件，因此我们还需要通过拉格朗日乘子将目标函数转化为无约束的最优化函数。具体操作就是通过给每一个约束条件乘上一个拉格朗日乘子，然后将结果融合到目标函数中，从而将约束条件去掉，即最后只用一个函数来表示。优化函数可以简化为以下表达式：

$$\mathcal{L}(\omega,b,\alpha) = \frac{1}{2}\|\omega\|^2 - \sum_{i=1}^{n}\alpha_i\left(y^{(i)}(\omega x^{(i)} + b) - 1\right) \quad \text{其中，} \alpha_i \geqslant 0, i = 1, 2, \cdots, n$$

容易验证在满足 $y^{(i)}(wx^{(i)} + b) = 1$ 或者 $a_i = 0$ 时 $\mathcal{L}(\omega, b, \alpha)$ 的最大值就是 $\|\omega\|^2/2$，即上式可以化简为：

$$\max_{\alpha_i \geqslant 0} \mathcal{L}(\omega,b,\alpha) = \frac{1}{2}\|\omega\|^2$$

当 $y^{(i)}(\omega x^{(i)} + b) = 1$ 时，$x^{(i)}$ 所表示的点才是我们要寻找的支持向量；当 $\alpha_i = 0$ 时，我们可以理解为非支持向量的权重为零。此时目标函数就可以写成如下形式：

$$\min_{\omega,b} \max_{\alpha_i \geqslant 0} \mathcal{L}(\omega,b,\alpha)$$

我们也可以不直接求解原问题，而是求解与原问题等价的更简单的对偶问题，当然这只有在优化函数满足 KKT 条件下才可以。具体来说，我们将最小和最大的位置调换后，会得到原问题的对偶问题，且对偶问题的最优解与原问题的最优解一致。最后我们的优化函数就变成以下表达式：

$$\max_{\alpha_i \geqslant 0} \min_{\omega,b} \mathcal{L}(\omega,b,\alpha)$$

总结一下，整个优化函数的求解过程可以分成两个步骤：首先固定 α_i，求解 $\mathcal{L}(\omega, b, \alpha)$ 对 ω、b 的偏导，令偏导等于 0，找出 ω、b、α_i 的关系；然后消除优化函数中的 ω、b，求令结果最大化的 α_i。具体步骤如下。

求解 ω、b 的偏导得到：

$$\frac{\partial \mathcal{L}}{\partial \omega} = \omega - \sum_{i=1}^{n} \alpha_i x^{(i)} y^{(i)}$$

$$\frac{\partial \mathcal{L}}{\partial b} = -\sum_{i=1}^{n} \alpha_i y^{(i)}$$

令偏导等于 0，可以得到：

$$\omega = \sum_{i=1}^{n} \alpha_i x^{(i)} y^{(i)}$$

$$\sum_{i=1}^{n} \alpha_i y^{(i)} = 0$$

将上述表达式代入优化函数 $\mathcal{L}(\omega, b, \alpha)$ 消去 ω、b，使得优化函数只有参数 α_i：

$$\begin{aligned}
\mathcal{L}(\omega,b,\alpha) &= \frac{1}{2}\|\omega\|^2 - \sum_{i=1}^{n} \alpha_i (y^{(i)}(\omega x^{(i)} + b) - 1) \\
&= \frac{1}{2}\sum_{i=1}^{n}\sum_{j=1}^{n} \alpha_i x^{(i)} y^{(i)} \alpha_j x^{(j)} y^{(j)} - \sum_{i=1}^{n} \alpha_i \left(y^{(i)} \left(\sum_{j=1}^{n} \alpha_j x^{(j)} y^{(j)} x^{(i)} + b \right) - 1 \right) \\
&= \frac{1}{2}\sum_{i=1}^{n}\sum_{j=1}^{n} \alpha_i x^{(i)} y^{(i)} \alpha_j x^{(j)} y^{(j)} + \sum_{i=1}^{n} \alpha_i - \sum_{i=1}^{n} \alpha_i y^{(i)} \left(\sum_{j=1}^{n} \alpha_j x^{(j)} y^{(j)} x^{(i)} + b \right) \\
&= \frac{1}{2}\sum_{i=1}^{n}\sum_{j=1}^{n} \alpha_i \alpha_j x^{(i)} x^{(j)} y^{(i)} y^{(j)} + \sum_{i=1}^{n} \alpha_i - \sum_{i=1}^{n}\sum_{j=1}^{n} \alpha_i \alpha_j x^{(i)} x^{(j)} y^{(i)} y^{(j)} - \sum_{i=1}^{n} \alpha_i y^{(i)} b \\
&= \sum_{i=1}^{n} \alpha_i - \frac{1}{2}\sum_{i=1}^{n}\sum_{j=1}^{n} \alpha_i \alpha_j x^{(i)} x^{(j)} y^{(i)} y^{(j)}
\end{aligned}$$

最后整个优化目标变成如下形式：

$$\max_{\alpha_i \geqslant 0} \sum_{i=1}^{n} \alpha_i - \frac{1}{2}\sum_{i=1}^{n}\sum_{j=1}^{n}\alpha_i\alpha_j x^{(i)} x^{(j)} y^{(i)} y^{(j)}$$

$$\text{其中}, \sum_{i=1}^{n} \alpha_i y^{(i)} = 0, \ \alpha_i \geqslant 0 \ (i = 1, 2, \cdots, n)$$

也就是说，只要求出上式最大化时对应的 α_i^*，就可以求出 ω^*、b^*。假设我们已经求得最优的 α_i^*，则可以根据如下式子求解 ω^*：

$$\omega^* = \sum_{i=1}^{n} \alpha_i^* x^{(i)} y^{(i)}$$

对于支持向量，由于函数间隔都为 1，所以

$$y^{(i)}(\omega^* x^{(i)} + b^*) = 1$$

任意取一个支持向量代入计算，即可求出 b^*。也可以求出所有的支持向量，然后取其平均值。分别求出 α_i^*、ω^*、b^* 后，即可确定最优超平面，同时也可确定支持向量。当 $\alpha_i^*>0$ 时，对应的样本点就是支持向量。

5.4.4 软间隔最大化

前面我们只介绍了样本线性可分的情况，在实际中，样本往往是线性不可分的。这种情况可能是线性可分数据中存在个别异常点导致，当我们忽略这些异常点时，问题就可以转化为线性可分问题。

在图 5-6 中，直线两边分别有一个小正方形和一个圆形，它们导致原本最优的超平面不能正确实现分类。这就是典型的异常点导致的线性不可分问题。

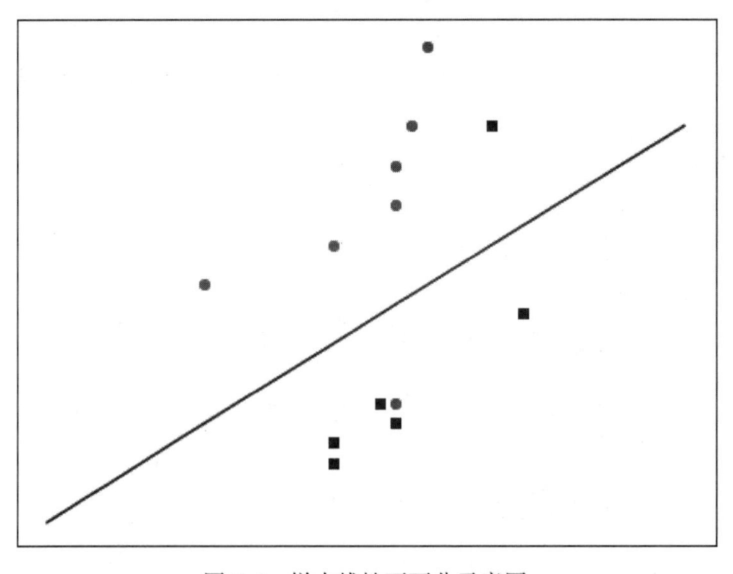

图 5-6 样本线性不可分示意图

对于这种线性不可分的情况，我们不能直接使用前面介绍的最大间隔分类器的方法来求解。SVM 处理这种线性不可分问题时借助的是软间隔最大化的方法。具体做法是在线性可分情况的约束条件中增加一个松弛变量 ξ_i，将优化目标函数变成如下形式：

$$\max_{\omega,b} \frac{1}{2}\|\omega\|^2 + C\sum_{i=1}^{n}\xi_i$$

其中，$y^{(i)}(\omega x^{(i)} + \mathrm{b}) \geqslant 1-\xi_i, \xi_i \geqslant 0\ (i = 1, 2, \cdots, n)$

这里不再要求每个样本 $(x^{(i)}, y^{(i)})$ 的函数间隔大于等于 1，而只要求大于等于一个略小于 1 的数，即 $1-\xi_i$，同时将 ξ_i 作为目标函数中的惩罚项。其中 $C>0$ 是惩罚参数，当 C 越大时，说明对误分类的惩罚越大，它与逻辑回归中正则化的作用类似。另外，软间隔的优化过程与线性可分时的情况类似，同样是利用拉格朗日乘子转化为无约束问题，转化后的函数表达式如下：

$$\mathcal{L}(\omega,b,\alpha) = \frac{1}{2}\|\omega\|^2 - \sum_{i=1}^{n}\alpha_i(y^{(i)}(\omega x^{(i)} + b) - 1 + \xi_i) - \sum_{i=1}^{n}\mu_i\xi_i$$

其中 $\mu_i \geqslant 0, \alpha_i \geqslant 0$ 就是拉格朗日乘子，同样是转换为求偶问题后对 ω、b、ξ 求偏导，并将偏导置为 0，可以得出如下的关系式：

$$\omega = \sum_{i=1}^{n}\alpha_i x^{(i)} y^{(i)}$$

$$\sum_{i=1}^{n}\alpha_i y^{(i)} = 0$$

$$C - \alpha_i - \mu_i = 0$$

通过上述关系式消去 ω、b、ξ，可以简化为以下表达式：

$$\sum_{i=1}^{n}\alpha_i - \frac{1}{2}\sum_{i=1}^{n}\sum_{j=1}^{n}\alpha_i\alpha_j x^{(i)} x^{(j)} y^{(i)} y^{(j)}$$

其中，$\sum_{i=1}^{n}\alpha_i y^{(i)} = 0$，$0 \leqslant \alpha_i \leqslant C$

可以发现，除了多了 α_i 约束条件外，该式子与线性可分情况一致。我们仍然使用 SMO 算法来求解最优的 α_i^*，并通过 α_i^* 来求解最优的 ω、b。

5.4.5　核函数

前面提到，对于个别异常点导致的线性不可分问题，我们可以通过软间隔的方法来处理。但在实践中，只是忽略个别异常点往往并不能将线性不可分问题转化为线性可分问题。这时候通过简单引入松弛变量来构建软间隔的效果就不是很好，但我们可以将低维数据映射到高维空间，寻找在高维空间中能够实现线性可分的核函数，如图 5-7 和图 5-8 所示。

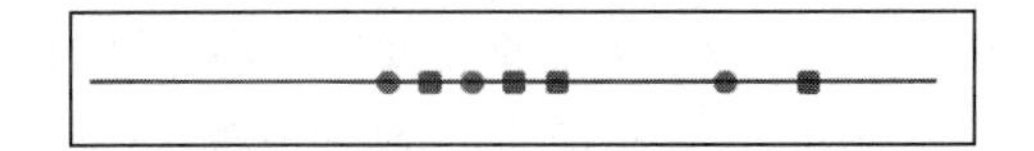

图 5-7　直线上的点

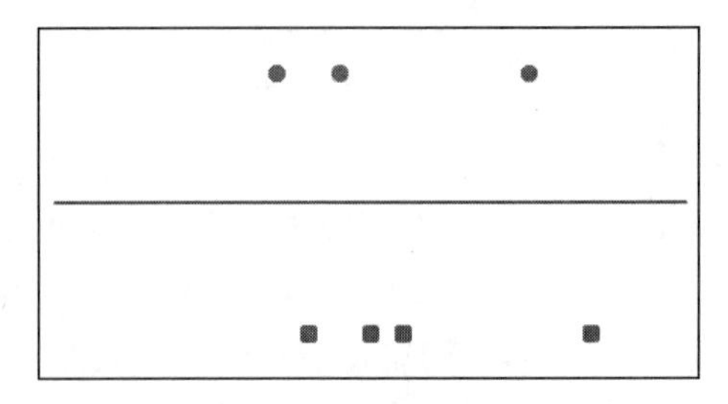

图 5-8　二维平面上的点

在图 5-7 中，如果样本点都在同一个一维空间中，也就是在一条直线上时，我们是无法找到一个点将圆形和正方形完成区分开的，但如果将样本点映射到二维平面（见图 5-8），那我们就可以找到一条直线将圆形和正方形完全区分开来。假设有这样一个从低维到高维空间的映射关系 φ，那么此时 SVM 的目标函数就变成如下形式：

$$\sum_{i=1}^{n}\alpha_i-\frac{1}{2}\sum_{i=1}^{n}\sum_{j=1}^{n}\alpha_i\alpha_j y^{(i)}y^{(j)}\varphi(x^{(i)})\cdot\varphi(x^{(j)})$$

其中，$\sum_{i=1}^{n}\alpha_i y^{(i)}=0$，$0\leqslant\alpha_i\leqslant C$

但是在高维空间中计算量会很大，所以我们需要引入核函数进行简化：

$$K(x,z)=\varphi(x)\cdot\varphi(z)$$

通过核函数 $K(x, z)$，我们可以在低维空间中直接计算高维空间中 $\varphi(x)$ 和 $\varphi(z)$ 的内积，从而避免大量的计算。以下是几种常用的核函数。

（1）线性核函数

线性核函数的表达式如下：

$$K(x,z)=x\cdot z$$

它实际就是样本线性可分时 SVM 算法的原型，数据不做高维空间映射。

（2）多项式核函数

多项式核函数的表达式如下：

$$K(x,z)=(\gamma x\cdot z+r)^d$$

其中，γ、r、d 是超参数。多项式核函数是线性不可分时常用的一种核函数，适用于样本数很多、特征数较少的情况。

(3)高斯核函数

高斯核函数的表达式如下：

$$K(x, z) = \exp(-\gamma\|x-z\|^2)$$

其中，γ 是超参数。高斯核函数是线性不可分时常用的一种核函数，也称为径向基核函数，适用于样本数一般、特征数较少的情况。

5.4.6 SVM 算法的应用

前面介绍了 SVM 算法相关的理论知识，最后我们介绍一下在 Python 中 SVM 算法的具体实现过程。在 Python 中我们可以通过 Scikit-learn 实现 SVM 分类算法，并且一般情况下可以使用 Scikit-learn 封装好的 SVC 类来实现 SVM 分类算法。

```
SVC(C=1.0, kernel='rbf', degree=3, gamma='auto', coef0=0.0, class_weight=None)
```

其中，SVC 的重要参数说明如下：

- C 表示惩罚系数，即软间隔中对松弛变量的惩罚程度，默认是 1；
- kernel 表示核函数，有四种内置的核函数可供选择，其中“linear”表示线性核函数，“poly”表示多项式核函数，“rbf”表示高斯核函数，“Sigmoid”表示 Sigmoid 核函数，默认使用“rbf”；
- degree 表示多项式核函数中的超参数 d，默认是 3；
- gamma 表示多项式核函数中的超参数 γ 或者高斯核函数中的超参数 γ；
- coef0 表示多项式核函数中的超参数 r，默认是 0；
- class_weight 表示类别不平衡时设置的类别权重。

下面我们还是以广告投放数据为例，尝试建立一个 SVM 广告用户分类模型，部分核心代码如代码清单 5-4 所示。

代码清单5-4　建立SVM广告用户分类模型

```
from sklearn.model_selection import train_test_split
from sklearn.preprocessing import StandardScaler
from  sklearn.svm import SVC
#划分训练集与测试集
X_train, X_test, y_train, y_test = \
    train_test_split(X, y, test_size=0.2)

standarScaler = StandardScaler()
standarScaler.fit(X_train)

X_train_std = standarScaler.transform(X_train)
X_test_std = standarScaler.transform(X_test)

# 模型训练和测试
svm_clf = SVC(C=0.1, kernel='rbf', gamma=2, coef0=3)
svm_clf.fit(X_train, y_train)
```

```
prediction = svm_clf.predict(x_test)

auc = roc_auc_score(y_test, prediction)
print(auc)
```

5.5 神经网络

相信很多人一定听过“深度学习”“人工智能”等机器学习相关的概念，这其中有一种很重要的网络结构被广泛应用，那就是我们常说的神经网络。神经网络其实在很早就被提出，但直到近几年才被人们熟知并广泛应用，主要是因为近几年深度学习被广泛应用在计算机视觉和自然语言处理等方面并取得巨大成功。神经网络正是深度学习的基础，所以了解神经网络的结构和相关知识很有必要。本节将主要介绍神经网络的结构特点、训练过程、激活函数、损失函数以及神经网络的实现等内容。

5.5.1 结构特点

神经网络起源于对生物神经元的研究，我们知道，当神经元接收到来自其他神经元的信息并经过处理后，满足一定条件的神经元就会被激活，并将信息传递给下一个神经元；但如果没有达到激活条件，神经元就会处于抑制状态，不能向下一个神经元传递信息。于是人们模仿生物神经元的工作原理提出人工神经元的结构。1943 年，有科学家提出 M-P 神经元，其结构如图 5-9 所示。

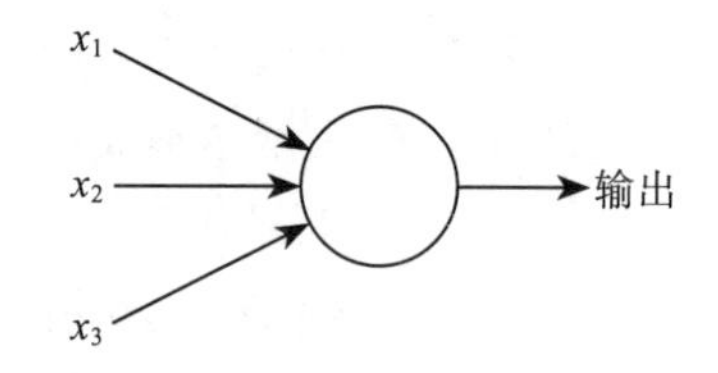

图 5-9 M-P 神经元结构图

如图 5-9 所示，M-P 神经元可以接收多个输入 x_1、x_2、x_3，每个输入与对应的权重作用后将得到该神经元的总输入，其数学表达式如下：

$$z = \sum_{i=1}^{n} w_i x_i + b$$

其中，w_i 表示第 i 个神经元的权重，b 表示偏置量。

总输入 z 经过激活函数处理后就得到输出结果。假设我们使用的激活函数是阶跃函数，其表达式为：

$$f(z) = \begin{cases} 1 & z \geqslant 0 \\ 0 & z < 0 \end{cases}$$

经过激活函数的输出结果会被转化为 1 或 0，这样就实现了分类的目的。虽然看起来单个神经元的分类模型基本可以处理与、或等常见分类问题，但是它的学习能力毕竟是很有限的。如果我们将大量这样的神经元按一定规则连接起来，形成神经网络结构，那么理论上它的学习能力就会比单个神经网络强很多，如图 5-10 所示。

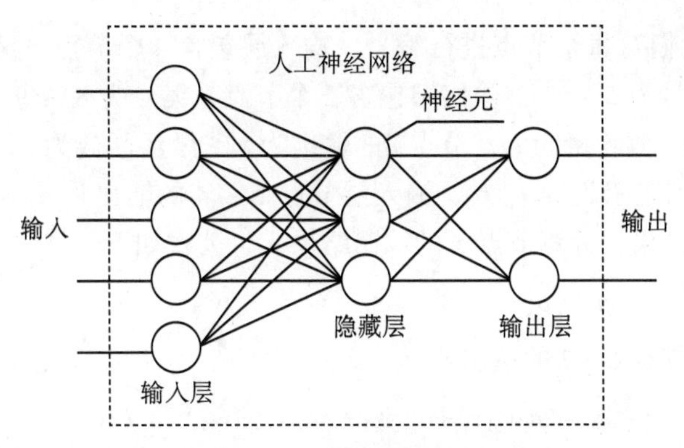

图 5-10　神经网络结构

这个神经网络结构主要包含三个部分：输入层、隐藏层和输出层。第一层包含若干个神经元结构，且同层的神经元之间不存在连接，每层的神经元只与下一层的神经元进行全连接，各层各司其职，分工明确。输入层接收外部输入，隐藏层、输出层对输入数据进行处理并输出结果。在这样的网络结构中一般只有一个输入层、一个输出层，而中间的层都称为隐藏层。像图 5-10 中这样只包含一个输入层、一个输出层和一个隐藏层的网络结构又称为三层全连接神经网络。除此之外，它还可以根据实际需要形成多层或其他结构的神经网络。

5.5.2　训练过程

神经网络的训练过程可以分为正向传播与反向传播两个过程。正向传播是从输入到输出的正向训练过程，而反向传播则是根据正向传播不断修正和迭代参数，最终获得最优参数的过程。

1. 正向传播

上文提到，正向传播是计算输入数据从输入层、隐藏层到输出层，直至得到最终输出结果的正向训练过程。下面我们通过一个计算实例来说明整个过程，如图 5-11 所示。

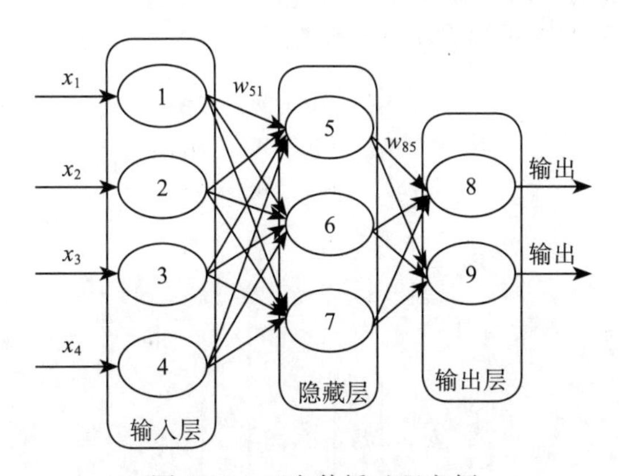

图 5-11　正向传播过程实例

在图 5-11 中，我们对每个节点进行编号，输入层包含 4 个节点，编号为 1 ～ 4；隐藏层包含 3 个节点，编号为 5 ～ 7；输出层包含 2 个节点，编号为 8 ～ 9。假设从节点 i 到节点 j 的连接权重为 w_{ji}、偏置量为 b_j，节点 i 的输出为 a_i，激活函数为 σ，那么节点 3 到节点 6 的权重和偏置量分别表示为 w_{63}、b_6，输入层节点 1 ～ 4 的输出是 a_1 ～ a_4。已知节点 5 接收节点 1 ～ 4 的输出结果，计算节点 5 的输出结果 a_5，公式如下：

$$a_5 = \sigma(w_{51}x_1 + w_{52}x_2 + w_{53}x_3 + w_{54}x_4 + b_5)$$

同理可以计算出节点 6、7 的输出值 a_6、a_7：

$$a_6 = \sigma(w_{61}x_1 + w_{62}x_2 + w_{63}x_3 + w_{64}x_4 + b_6)$$
$$a_7 = \sigma(w_{71}x_1 + w_{72}x_2 + w_{73}x_3 + w_{74}x_4 + b_7)$$

计算出全部隐藏层节点的输出值后，我们可以按照相似的方法计算输出层节点 8、9 的输出值 a_8、a_9：

$$a_8 = \sigma(w_{85}a_5 + w_{86}a_6 + w_{87}a_7 + b_8)$$
$$a_9 = \sigma(w_{95}a_5 + w_{96}a_6 + w_{97}a_7 + b_9)$$

为了方便，我们使用矩阵表示，则输入可以表示为：

$$\vec{\boldsymbol{x}} = \begin{bmatrix} x_1 \\ x_2 \\ x_3 \\ x_4 \end{bmatrix}$$

隐藏层和输出层的结果可以分别表示为：

$$\vec{\boldsymbol{a}}_1 = \begin{bmatrix} a_5 \\ a_6 \\ a_7 \end{bmatrix}, \quad \vec{\boldsymbol{y}} = \begin{bmatrix} a_8 \\ a_9 \end{bmatrix}$$

$\vec{\boldsymbol{a}}_i$ 表示第 i 个隐藏层的输出向量。

同理，连接权重 $\boldsymbol{w}$ 的矩阵可以表示为：

$$\boldsymbol{W}_1 = \begin{bmatrix} w_{51} & w_{52} & w_{53} & w_{54} \\ w_{61} & w_{62} & w_{63} & w_{64} \\ w_{71} & w_{72} & w_{73} & w_{74} \end{bmatrix}$$

$$\boldsymbol{W}_2 = \begin{bmatrix} w_{85} & w_{86} & w_{87} \\ w_{95} & w_{96} & w_{97} \end{bmatrix}$$

偏置量 b 可以表示为：

$$\vec{\boldsymbol{b}}_1 = \begin{bmatrix} b_5 \\ b_6 \\ b_7 \end{bmatrix}, \vec{\boldsymbol{b}}_2 = \begin{bmatrix} b_8 \\ b_9 \end{bmatrix}$$

最后我们可以得到每个节点的输出值和经过激活函数后的输出值，分别表示为：

$$\vec{\boldsymbol{a}}_1 = \sigma(\boldsymbol{W}_1 \cdot \vec{\boldsymbol{x}} + \vec{\boldsymbol{b}}_1)$$

$$\vec{\boldsymbol{y}} = \sigma(\boldsymbol{W}_2 \cdot \vec{\boldsymbol{a}}_1 + \vec{\boldsymbol{b}}_2)$$

通过上式可以看出，神经网络每一层的输出都可以看作上一层的输出结果乘以该层的权重矩阵，再加上该层的偏置向量，然后将激活函数应用于每个输入元素后的结果。

2. 反向传播

通过前面的介绍，我们知道了神经网络正向传播的计算方法，接下来将介绍神经网络反向传播的具体实现过程，了解神经网络是如何利用正向输出结果进行反向训练的。反向传播的核心是通过梯度下降法求解，其关键是求出损失函数对每个权重和偏置量的偏导，然后通过以下式子不断优化迭代，直到满足停止条件。

$$\boldsymbol{w}_i = \boldsymbol{w}_i - \sigma \frac{\partial E}{\partial \boldsymbol{w}_i}$$

其中 E 表示损失函数，$\boldsymbol{w}_i$ 可以看作目标函数最优时的权重。接下来的关键就是求解损失函数对权重和偏置量的偏导。还是用一个例子进行说明，假设输入样本为 $(\vec{\boldsymbol{x}}, \vec{\boldsymbol{y}})$，神经网络共有 L 层，$\vec{\boldsymbol{a}}_i$ 表示第 i 层的输出结果，$\boldsymbol{W}_i$ 表示第 i–1 层到 i 层对应的权重矩阵，$\vec{\boldsymbol{b}}_i$ 表示第 i–1 层到 i 层对应的偏置向量，激活函数 σ 是 Sigmoid 函数，损失函数使用均方差函数，则损失函数 E 可以表示为：

$$E = \frac{1}{2} \| \vec{\boldsymbol{a}}_L - \vec{\boldsymbol{y}} \|_2^2$$

对于第 L 层输出层，根据正向传播计算方法可知：

$$\vec{\boldsymbol{a}}_L = \sigma(\boldsymbol{W}_L \cdot \vec{\boldsymbol{a}}_{L-1} + \vec{\boldsymbol{b}}_L)$$

使用损失函数 E 对 $\boldsymbol{w}$ 和 $\boldsymbol{b}$ 分别求偏导：

$$\frac{\partial E}{\partial \boldsymbol{w}_L} = (\vec{\boldsymbol{a}}_L - \vec{\boldsymbol{y}})\sigma' \cdot \vec{\boldsymbol{a}}_{L-1}$$

$$\frac{\partial E}{\partial b_L} = (\vec{\boldsymbol{a}}_L - \vec{\boldsymbol{y}})\sigma'$$

其中 σ' 是激活函数的导数。

我们将公共部分记为 δ^i，即

$$\delta_i = (\vec{a}_i - \vec{y})\sigma'$$

δ_i 表示第 i 层的误差项。

对于隐藏层节点，结合求导链式法则，我们可以得到：

$$\delta_i = \boldsymbol{W}_i \delta_{i+1} \cdot \sigma'$$

根据 δ_i 的递推关系式以及输出层的结果，我们可以反向推导出任意一层的 δ_i，并可以结合以下两个式子计算出损失函数对每个权重和偏置量的偏导。

$$\frac{\partial E}{\partial \boldsymbol{w}_i}=\delta_i \cdot \vec{\boldsymbol{a}}_{i-1}$$

$$\frac{\partial E}{\partial \boldsymbol{b}_i}=\delta_i$$

最后，通过梯度下降算法不断迭代优化，就可以更新每个权重和偏置量，得到神经网络最后的权重和偏置结果。

5.5.3 激活函数

激活函数在神经网络中非常重要，它主要起到将线性结果转化为非线性结果的作用。如果没有引入激活函数，无论多么复杂的神经网络，其实都可以看作多个单层神经网络的线性叠加，最后结果依然是线性的。在实际应用中，需要根据不同的需要选择合适的激活函数。下面重点介绍几种常见的激活函数。

1. Sigmoid 激活函数

Sigmoid 激活函数也称为逻辑激活函数（Logistic Activation Function），被广泛应用于逻辑回归中。它能将一个实数值压缩在 0 到 1 的范围内，当需要输出概率时，它就可以被应用到输出层，达到输出概率的目的。Sigmoid 激活函数的最大特点是，能将很大的负数向 0 转化，将很大的正数向 1 转化。它的数学表达式如下：

$$\alpha(x)=\frac{1}{1+\mathrm{e}^{-x}}$$

图 5-12 和图 5-13 分别为 Sigmoid 激活函数图像及它的导数图像。

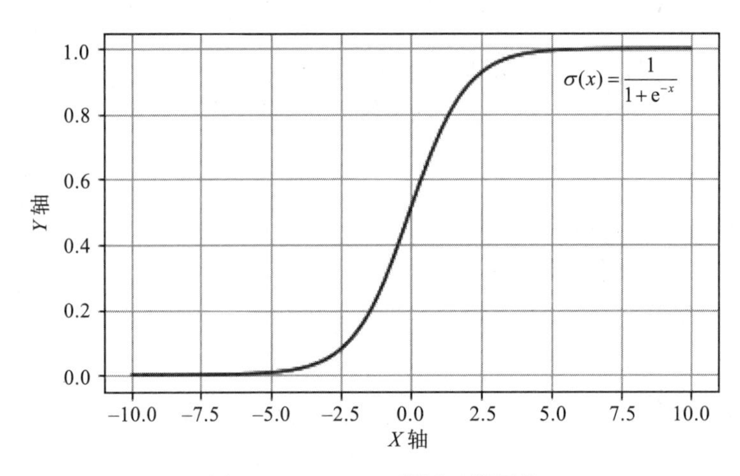

图 5-12 Sigmoid 激活函数图像

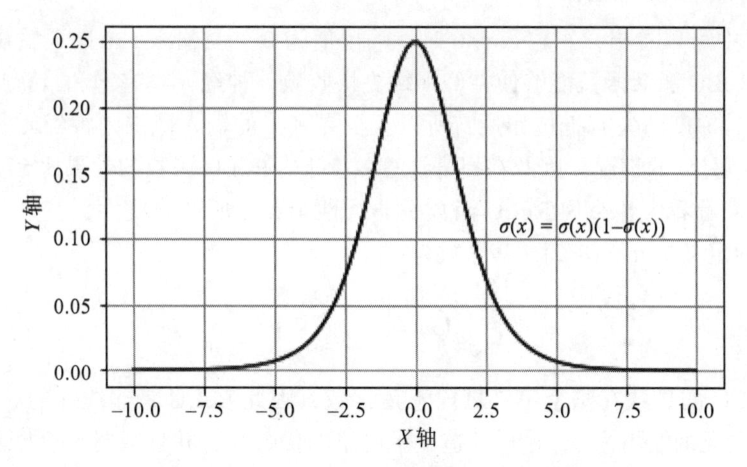

图 5-13　Sigmoid 激活函数的导数图像

从 Sigmoid 激活函数的图像（见图 5-12）可以看出，函数曲线在 0 和 1 附近是平坦的，也就是说，Sigmoid 激活函数的梯度（导数）在 0 和 1 附近均为 0。在反向传播过程中，当神经元的输出值接近 0 或 1 时，Sigmoid 激活函数的梯度接近于 0，此时神经元的权值更新将变得很慢甚至无法更新，而且与这些神经元相连接的神经元权值更新也会变得非常缓慢，这就是我们常说的梯度消失问题。此外，Sigmoid 激活函数包含指数运算，与其他非线性激活函数相比计算量相对较大，因此它在神经网络中作为激活函数使用有一些不足之处。

2. ReLU 激活函数

与 Sigmoid 激活函数相比，ReLU 激活函数在神经网络中作为激活函数使用的情况更多。在数学上，ReLU 激活函数可以用以下式子表示：

$$f(z) = \max(0, z)$$

其函数图像如图 5-14 所示。

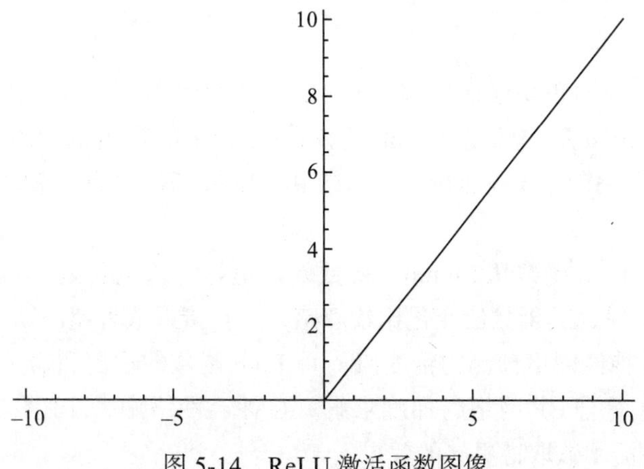

图 5-14　ReLU 激活函数图像

从图 5-14 中可以看出，当输入 $z<0$ 时，输出值为 0；当输入 $z>0$ 时，输出值就是输入 z 本身。因此 ReLU 激活函数能够使神经网络更快收敛。神经元没有饱和，意味着至少在正数范围内，它对梯度消失有抵抗作用，所以至少在一半的输入范围内神经元不会出现反向传播梯度全部都是 0 的情况。因此在提升计算效率上，ReLU 函数的效果比 Sigmoid 函数更好。下面我们来看看为什么说 ReLU 函数是非线性函数。所谓非线性，就是一阶导数不为常数。ReLU 的定义是 $\max(0, z)$，其导数为：

$$f(x)=\begin{cases}0 & x<0\\ 1 & x\geqslant 0\end{cases}$$

显然，ReLU 的导数在整个定义域内不是常数，因此 ReLU 是非线性的。另外，ReLU 会使一部分神经元的输出为 0，这样就造成了网络的稀疏性，并且减弱了参数之间的相互依赖关系，在一定程度上缓解了过拟合和梯度消失问题。不过 ReLU 激活函数也存在一定的问题，它会将所有的负数输入变为 0，这会使训练中的网络变得很脆弱，很容易导致神经元失活，使得这些神经元在任何数据点上都不会再次被激活。换句话说，ReLU 可能导致某些神经元死亡。

3. Softmax 函数

前面介绍的 ReLU 函数和 Sigmoid 函数在神经网络中都主要用于处理二分类问题，如果我们要处理多分类问题，就会使用另一种激活函数：Softmax 函数。它的数学表达式如下：

$$y_c=\frac{\mathrm{e}^i}{\sum_j \mathrm{e}^j}$$

通过 Softmax 函数可以将输出结果限制在 [0, 1] 之间，而由于包含自然对数的幂函数，Softmax 函数会使得输出结果两极化，即较大的输入通过 Softmax 后结果会更趋近于 1，较小的输入通过 Softmax 后结果会更趋近于 0。因此 Sigmoid 函数可以看作 Softmax 函数的一个特例，它们一般都用于神经网络输出层中。

4. Tanh 函数

Tanh 函数也称为双曲正切激活函数，与 Sigmoid 激活函数类似，它也是对一个实数值进行压缩，但与 Sigmoid 不同的是，Tanh 函数在 –1 到 1 的输出范围内是零均值的，可以把 Tanh 函数看作两个 Sigmoid 叠加在一起的结果。Tanh 函数图像及它的导数图像如图 5-15 所示。

在实际运用中，Tanh 函数比 Sigmoid 函数效果更好。这主要是因为在 Sigmoid 函数的输入处于 [–1, 1] 之间时，其函数值变化比较敏感，一旦接近或者超出该区间就失去敏感性，处于饱和状态，影响神经网络预测的精度值；而 Tanh 函数的输出和输入能够保持非线性单调上升和下降关系，符合 BP 网络的梯度求解。在神经网络中，在用作激活函数时，Tanh 函数通常能比其他激活函数取得更好的效果。

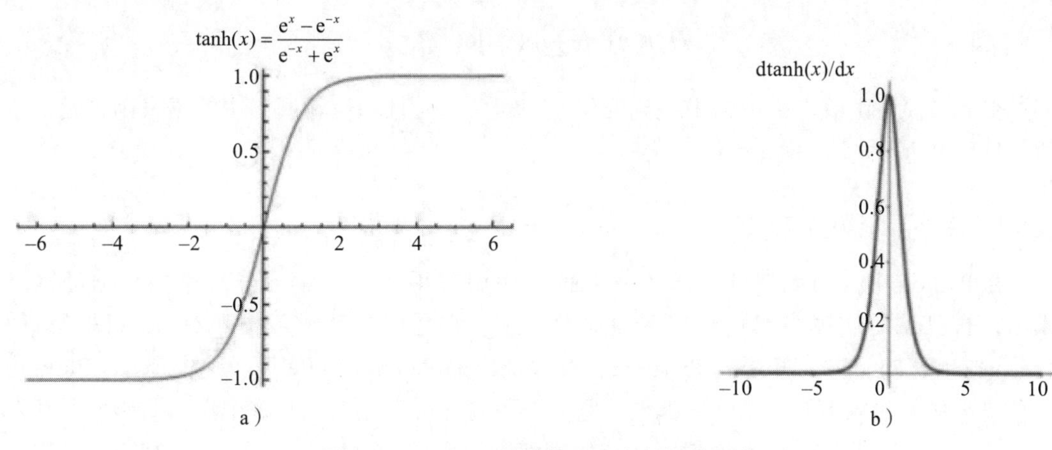

图 5-15　Tanh 函数图像以及它的导数图像

5.5.4　损失函数

前面说过，神经网络需要使用合适的损失函数来评估输出值与实际值的差异，通过不断训练，更新权重和偏置来最小化损失函数，从而达到我们训练的目的。那么如何选择合适的损失函数就显得很关键。现在假设样本数为 n，第 i 个样本的实际值为 y_i，预测值为 $\overline{y}_i$，以下是几种常见损失函数的表示方式。

1. 平均绝对误差损失函数

平均绝对误差损失函数计算的是预测值与实际值之间差的绝对值之和，它的数学表达式如下：

$$\text{MAE}=\sum_{i=1}^{n}\left|y_i-\overline{y}_i\right|$$

平均绝对误差损失函数对异常值不太敏感，但是它在零点处不可导，使得其计算梯度过程比较复杂，一般不推荐使用。

2. 均方差损失函数

均方差损失函数是回归问题中常用的损失函数，表示预测值与实际值差的平方和，其数学表达式如下：

$$\text{MSE}=\sum_{i=1}^{n}(y_i-\overline{y}_i)^2$$

均方差损失函数虽然计算梯度比较简单，但是对异常值比较敏感，所以一般也不推荐使用。

3. 交叉熵损失函数

交叉熵损失函数是分类问题中最常用的损失函数，它衡量的是真实概率分布与预测概率分布之间的差异，其数学表达式如下：

$$H(p,q)=-\sum_{i=0}^{n}p(x_i)\log(q(x_i))$$

交叉熵损失函数与决策树中提到的信息熵相关，而且和逻辑回归中的损失函数是一致的，只是表达形式不一样。

5.5.5 神经网络的实现

在 Python 中，如无特殊要求，一般推荐使用常用的深度学习框架来搭建神经网络模型，自己编写实现当然也可以，但比较麻烦。常用的深度学习框架有 Google 开源的 TensorFlow、Facebook 开源的 PyTorch、百度推出的 PaddlePaddle 等。其中 TensorFlow 是一种非常强大和成熟的深度学习框架，它具有很强的可视化功能和多个用于高阶模型开发的选项，可以帮助我们快速构建网络结构和部署模型。下面我们使用 TensorFlow 2.0 构建一个简单的 3 层神经网络分类模型，部分代码如代码清单 5-5 所示。

代码清单5-5 使用TensorFlow 2.0构建神经网络分类模型

```
#搭建神经网络结构
network = Sequential([
      layers.Dense(128, activation='ReLU'),
      layers.Dense(64, activation='ReLU'),
      layers.Dense(10)
])
# 选择合适的优化器、损失函数、评价指标
network.compile(optimizer=optimizers.Adam(lr=0.01),
             loss=tf.losses.CategoricalCrossentropy(from_logits=True),
                metrics=['accuracy']
)
# 模型训练并在测试集上进行验证
network.fit(train_db, epochs=5, validation_data=test_db,
            validation_freq=2)

network.evaluate(test_db)
```

5.6 本章小结

本章重点介绍了几种常用的分类模型，包括逻辑回归、决策树、KNN、SVM 以及神经网络。逻辑回归模型一般用于处理二分类问题，是广告 CTR 预估中的经典模型之一。决策树算法根据选择最优特征的方法不同，可以分成 ID3、C4.5、CART 三种。KNN 算法的核心是基于距离计算来进行分类。SVM 算法可以理解为在特征空间中寻找使间隔最大化的线性分类器，可以分为线性可分和线性不可分两种情况。最后重点介绍了当前比较热门的神经网络算法。损失函数用于评估神经网络输出值与实际值的差异，激活函数用于将线性输出结果转化为非线性，在实际使用时需要根据不同情况选择合适的损失函数和激活函数，这样才能达到更好的训练结果。

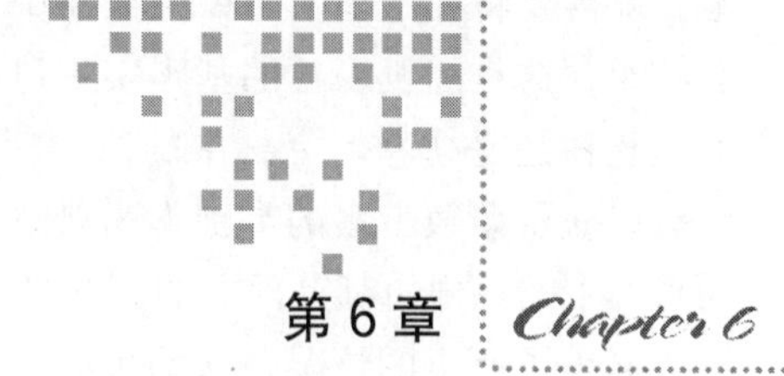

第 6 章 Chapter 6

利用 Python 建立广告集成模型

第 5 章介绍了几种常见的机器学习算法，并对每种算法的原理、特点及实现进行了具体介绍。本章将进一步介绍几种常见的集成学习算法，包括随机森林、GBDT、XGBoost、Stacking、LR+GBDT、FM 模型等。通过对本章的学习，相信读者可以更清楚地了解，集成学习的优势，了解在实际应用中如何根据任务场景选择模型，并掌握参数调优以及模型实现的方法。

6.1 随机森林

随机森林是一种典型的监督学习算法，它是在决策树基础上得到的一种集成学习（Bagging）算法。顾名思义，随机森林就是由多棵决策树组成的一种算法，它同样既可以作为分类模型，也可以作为回归模型。在现实中随机森林更常作为分类模型，当然也可以作为一种特征选择方法。“随机”主要指两个方面。

第一，随机选样本，即从原始数据集中进行有放回的抽样，得到数据子集，数据子集样本量保持与原始数据集一致。不同数据子集之间的元素可以重复，同一个数据子集的元素也可以重复。

第二，随机选特征，与随机选样本过程类似，数据子集从所有原始待选择的特征中选取一定数量的特征子集，然后再从已选择的特征子集中选择最优特征。通过每次选择的数据子集和特征子集来构成决策树，最终得到随机森林算法。

6.1.1 随机森林的 Bagging 思想

前面我们说过随机森林是由多棵决策树组成的，也就是说如果我们要预测一个输入样本，就需要将样本输入每棵决策树中去分类，通过投票或者求平均值的方法得到最后的分类结果，这是随机森林的基本实现过程。打个比方，现在要召开森林大会，讨论某棵树到底是杨树还是柳树。森林中的每棵树都要独立发表自己的意见，也就是每棵树都要投票，然后以获得票数最多的类别作为最终投票结果，进而确定这棵树到底是杨树还是柳树。因为森林中的每棵树都是独立的，并且可以将每棵树理解为精通不同领域的“专家”，其预测结果涵盖了所有的情况，这些预测结果有时候会受到噪声的影响而彼此抵消，只有少数分类树的预测结果会摆脱噪声，做出最合理的预测。对若干个分类器的分类结果进行投票，从而得到一个强分类器，这就是 Bagging 思想。

具体来说，Bagging 思想认为，要想得到的集成学习器泛化能力强，应当尽可能使其包含的各个体学习器相互独立，虽然真正的“独立”在现实任务中无法做到，但可以设法使个体学习器之间尽可能具有较大的差异。对于某个给定的训练数据集来说，一种可能的做法是对训练样本进行采样，产生若干不同的子集，再从每个数据子集中训练出单个个体学习器。由于训练数据不同，最终获得的个体学习器就有可能具有较大的差异。

另外，为了获得较好的集成效果，我们还希望个体学习器的预测能力不能太差。如果每次采样的数据子集都完全不同，会导致每个个体学习器只用到其中一小部分训练数据，以至于个体学习器不足以进行有效学习。为了解决这个问题，可以采用自助采样法（Bootstrap Sampling）：对于给定的包含 m 个样本的数据集，先随机取出一个样本放入采样集中，再把该样本放回初始数据集，使得下次采样时该样本仍有可能被选中，经过 m 次随机采样操作后，我们就可以得到含 m 个样本的采样集，而初始训练集中有的样本在采样集里多次出现，有的则从未出现。这样，我们就可以采样出 N 个含 m 个样本的采样集，然后基于每个采样集训练出基学习器再进行结合，这就是随机森林的 Bagging 思想。

6.1.2 随机森林的生成及优点

下面我们分别介绍随机森林算法的生成过程及其优点。

1. 随机森林的生成

随机森林的生成过程分为如下几个步骤。

1）从原始数据集中每次随机有放回地选取与原始数据集相同数量的样本数据，构造数据子集。

2）每个数据子集从所有待选择的特征中随机选取一定数量的最优特征作为决策树的输入特征。

3）根据每个数据子集得到相应的决策树，由多棵决策树共同组成随机森林。

4）如果是分类问题，则按照投票的方式选取票数最多的类作为结果返回；如果是回归问题，则按照平均法选取所有决策树预测的平均值作为结果返回。

2. 随机森林的优点

随机森林的优点总结如下：

1）由于随机森林是集成算法，模型精度往往比单棵决策树更高；

2）每次随机选样本和特征，提高了模型抗干扰能力，泛化能力更强；

3）对数据集的适应能力强，可处理离散数据和缺失数据，对数据规范化的要求低；

4）在每次随机选样本时均有一部分样本未被选上，这部分样本通常称为袋外数据（Out Of Bag，OOB），可以直接作为验证集，无须占用训练数据。

6.1.3　袋外误差

对于包含 m 个样本的原始数据集，对该原始数据集进行有放回抽样 m 次，任意一个样本每次被采集到的概率是 $1/m$，没有被采集到的概率是 $1-1/m$。该样本在 m 次采样后没有被采集到的概率是：

$$\left(1-\frac{1}{m}\right)^m$$

当 $m\to\infty$ 时，$\left(1-\frac{1}{m}\right)^m \to \frac{1}{e} \simeq 0.368$，因此在每轮抽样中，训练集大约有 36.8% 的数据没有被采样，这部分数据也即上文提到的袋外数据。Breiman 在其论文“Random Forests”[⊖] 中证明了袋外误差估计是一种可以取代测试集误差的估计方法，即可以认为袋外误差是测试数据集误差的无偏估计，因此可以用袋外数据检测模型的泛化能力，如图 6-1 所示。

Table 7. Error and OB Estimates

Data Set	Test Error	OB Error	PE*(tree)	Cor.
Boston Housing	10.2	11.6	26.3	.45
Ozone	16.3	17.6	32.5	.55
Servo x10-2	24.6	27.9	56.4	.56
Abalone	4.6	4.6	8.3	.56
Robot Arm x10-2	4.2	3.7	9.1	.41
Friedman #1	5.7	6.3	15.3	.41
Friedman #2x10+3	19.6	20.4	40.7	.51
Friedman #3x10-3	21.6	22.9	48.3	.49

图 6-1　随机森林袋外误差

从结果来看，测试数据集的误差和袋外误差确实很接近，基本可以用袋外误差取代测试数据集误差。

⊖ Breiman L. Random Forests[J]. Machine Learning, 2001, 45(1):5-32。

6.1.4 Scikit-learn 随机森林类库介绍

在 Scikit-learn 中，随机森林的分类类是 RandomForestClassifier，回归类是 RandomForestRegressor。随机森林需要调参的参数也包括两部分：第一部分是 Bagging 框架的参数，第二部分是 CART 决策树的参数。下面分别进行介绍。

1. Bagging 参数

首先介绍随机森林中 Bagging 框架的重要参数，由于 RandomForestClassifier 和 RandomForestRegressor 的参数大部分相同，下面会一起讲解。

（1）n_estimators

这个参数是最大弱学习器个数。一般来说，若 n_estimators 太小，模型容易欠拟合；若 n_estimators 太大，模型计算量会明显增大；而当 n_estimators 到达一定数量后，通过增加数量获得的模型提升就变得十分有限。因此建议选择一个适中的数值。默认值是 100。

（2）oob_score

这个参数是指是否采用袋外样本来评估模型的好坏。默认值是 False，但可以根据需要修改此项设置。袋外分数反映了一个模型拟合后的泛化能力。

（3）criterion

这个参数是 CART 树进行划分时对特征的评价标准。通常分类模型和回归模型的损失函数是不一样的。当随机森林用作分类模型时，对应的 CART 分类树默认是基尼系数 gini，也可以是信息增益或信息增益率；当随机森林用作回归模型时，对应的 CART 回归树默认是均方差 mse，另一个可以选择的标准是平均绝对误差 mae。一般来说按默认值即可。

2. CART 决策树的参数

CART 决策树的参数主要包括最大特征数（max_features）、最大深度（max_depth）、内部节点再划分所需最小样本数（min_samples_split）、叶子节点最少样本数（min_samples_leaf）、叶子节点最小的样本权重和（min_weight_fraction_leaf）、最大叶子节点数（max_leaf_nodes）、节点划分最小不纯度（min_impurity_split）。

（1）max_features

这个参数可以设置很多种类型的值，默认值是“auto”，意味着划分时最多考虑 $\sqrt{N}$ 个特征；如果是“log2”，意味着划分时最多考虑 $\log 2N$ 个特征；如果是“sqrt”，则与默认值“auto”类似，划分时最多考虑 $\sqrt{N}$ 个特征。一般使用默认的“auto”即可，如果特征非常多，可以灵活使用其他取值来控制划分时考虑的最大特征数，以控制决策树的生成时间。

（2）max_depth

这个参数的默认值是 None，即决策树在建立子树时不会限制子树的最大深度。一般来说，在数据量较少或者特征较少的时候可以忽略这个参数。在模型样本量非常多、特征也多的情况下，推荐限制这个参数，具体的取值取决于数据的分布。常用的取值在 10 ~ 100 之间。

（3）min_samples_split

这个参数用于限制子树继续划分的条件，如果某节点的样本数少于min_samples_split，则不会继续对其进行划分。默认值是2，如果样本量不大，可以忽略这个参数。如果样本量数量级非常大，则推荐增大这个参数。

（4）min_samples_leaf

这个参数用于限制叶子节点的最小样本数，如果某叶子节点的样本数小于这个参数，则它会和兄弟节点一起被剪枝。默认值是1，如果样本量不大，可以忽略这个参数。如果样本量数量级非常大，则推荐增大这个参数。

（5）min_weight_fraction_leaf

这个参数用于限制叶子节点所有样本的权重和的最小值，如果某叶子节点所有样本的权重和小于这个参数，则它会和兄弟节点一起被剪枝。默认值是0，即不考虑权重问题。一般来说，如果数据中有较多样本有缺失值，或者分类树样本的分布类别偏差很大，就会引入样本权重，这时就要调整这个选项参数。

（6）max_leaf_nodes

通过限制最大叶子节点数，可以防止过拟合。max_leaf_nodes的默认值是“None”，即不限制最大的叶子节点数。如果加了限制，会建立最大叶子节点数内最优的决策树。如果特征不多，可以不考虑这个参数；如果特征较多，可以对其加以限制，具体的节点数可以通过对模型进行交叉验证得到。

（7）min_impurity_split

这个参数用于限制决策树的增长，如果某节点的不纯度（基尼系数或均方差）小于这个阈值，则该节点不再生成子节点，而成为叶子节点。默认值为1e-7，如无特殊情况不建议改动。

6.1.5 随机森林模型的实现

以下实例使用Scikit-learn随机森林类库实现了一个简单的广告CTR预估随机森林算法，部分实现代码如代码清单6-1所示。

代码清单6-1 广告CTR预估随机森林算法

```
train_class_weight = 500
forest_model= RandomForestClassifier(random_state=1)
#使用网格搜索GridSearchCV寻找最优参数
param_grid = [ {'n_estimators': [10,20], 'max_features': [2, 3,4],
    'max_depth' :[2,3,4], 'class_weight':[{0:1,1:(train_class_weight-100)},
    {0:1,1:train_class_weight}]}
]
#网格搜索
grid_search = GridSearchCV(forest_model, param_grid, cv=3,scoring='roc_auc')
grid_search.fit(x_train[s_iv_name].astype('float'), y_train)
print('随机森林最佳参数:', grid_search.best_params_)
```

```
final_rf_model = grid_search.best_estimator_
print(final_rf_model)
print('\n')
rf_predictions = final_rf_model.predict_proba(x_test[s_iv_name].astype('float'))
rf_auc = roc_auc_score(y_test, rf_predictions[:,1])
print(rf_auc)
```

6.2 GBDT

GBDT（Gradient Boosting Decision Tree，梯度提升决策树）是一种迭代的决策树算法，它与随机森林类似，是由多棵决策树组成，但不同的是，GBDT 将所有树的结论累加起来作为最终结果。GBDT 在被提出之初就和 SVM 一起被认为是泛化能力较强的算法。

GBDT 中的决策树是回归树，当然调整后也可以用于分类问题。GBDT 的思想使其具有天然优势，可以发现多种有区分性的特征以及特征组合。例如，Facebook 曾经使用 GBDT 来自动发现有效的特征、特征组合，并将其作为 LR 模型中的特征选择部分，以提高广告 CTR 预估的准确性。后面会专门讲解在广告 CTR 预估中常用的 LR+GBDT 算法。

6.2.1 GBDT 算法思想

GBDT 与随机森林不同，是集成学习 Boosting 家族的成员，但它与该家族传统的 AdaBoost 又有很大区别。AdaBoost 利用前一轮迭代弱学习器的误差率来更新训练集的权重，每一轮都会不断迭代。GBDT 也会不断迭代前一轮的结果，利用加法模型和前向分步算法实现学习的优化过程，但弱学习器限定了只能使用 CART 回归树模型。此外，GBDT 的迭代思路也和 AdaBoost 有所不同。在 GBDT 的迭代过程中，假设前一轮迭代得到的强学习器是 $f_{i-1}(x)$，损失函数是 $L(y, f_{i-1}(x))$，在每轮的迭代中，目标是找到一个 CART 回归树模型的学习器 $h_i(x)$，让每轮的损失 $L(y, f_i(x)) = L(y, f_{i-1}(x)) + h_i(x)$ 最小。也就是说，每轮迭代找到的决策树都要让样本的损失尽量变得更小。GBDT 算法的大致流程如图 6-2 所示。

具体分析如下。

1）初始化：估计使损失函数最小化的常数值 γ，它是只有一个根节点的树。

2）M 轮迭代（生成 M 棵树）：

a）在第 m 轮中，对于每一个样本 i，计算损失函数的负梯度在当前模型的值 r_{im}，将它作为残差的估计；

b）利用样本集（x，r_{im}）生成一棵回归树，以拟合残差的近似值。其中 R_{jm} 为第 m 棵树的第 j 个叶子节点，J_m 为回归树的叶子节点个数；

c）利用线性搜索估计叶子节点区域的值，使损失函数最小化；

d）更新模型。

3）得到输出的最终 GBDT 模型 $f(x)$。

1. Initialize $f_0(x) = \arg\min_\gamma \sum_{i=1}^{N} L(y_i, \gamma)$.
2. For $m = 1$ to M:

   (a) For $i = 1, 2, \ldots, N$ compute

   $$r_{im} = -\left[\frac{\partial L(y_i, f(x_i))}{\partial f(x_i)}\right]_{f=f_{m-1}}.$$

   (b) Fit a regression tree to the targets r_{im} giving terminal regions R_{jm}, $j = 1, 2, \ldots, J_m$.

   (c) For $j = 1, 2, \ldots, J_m$ compute

   $$\gamma_{jm} = \arg\min_\gamma \sum_{x_i \in R_{jm}} L\left(y_i, f_{m-1}(x_i) + \gamma\right).$$

   (d) Update $f_m(x) = f_{m-1}(x) + \sum_{j=1}^{J_m} \gamma_{jm} I(x \in R_{jm})$.
3. Output $\hat{f}(x) = f_M(x)$.

图 6-2　GBDT 算法的大致流程

6.2.2　GBDT 算法原理

由于 GBDT 是通过迭代多棵回归树来共同做决策，当采用平方误差损失函数时，每一棵回归树学习之前所有树的结论和残差，拟合得到一棵当前的残差回归树，其中，残差 = 真实值 − 预测值。假设现在要训练一个 GBDT 模型来预测年龄，训练集中共有 4 个样本，它们分别是 A、B、C、D，年龄分别是 12、16、28、24。样本中有购物金额、上网时长、上网频次等特征。GBDT 提升树的具体过程如图 6-3、图 6-4 所示。

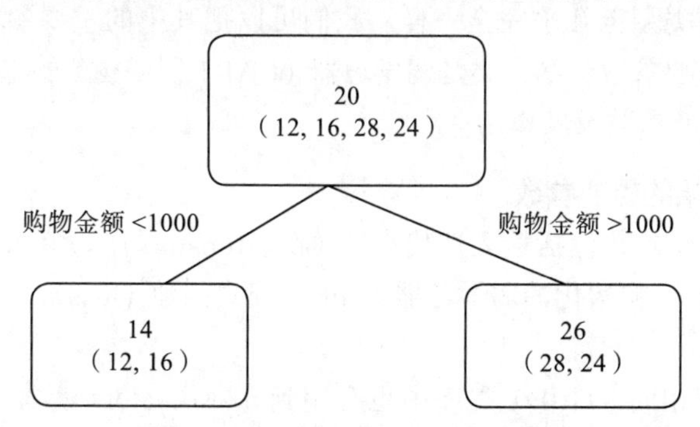

图 6-3　GBDT 提升树的具体过程（1）

如图 6-3 所示，残差：$A = 12–14 = –2$；$B = 16–14 = 2$；$C = 28–26 = 2$；$D = 24–26 = –2$

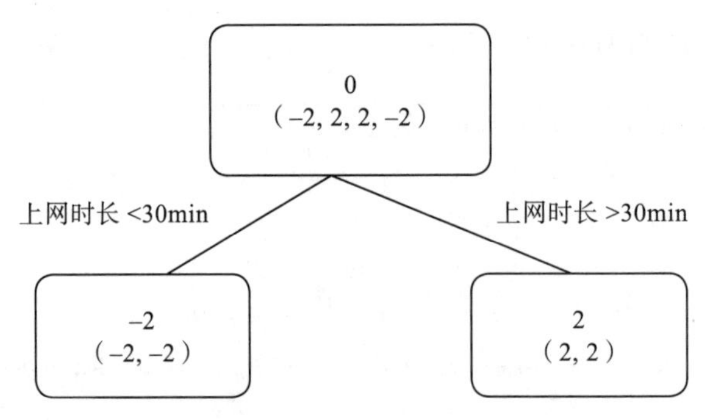

图 6-4　GBDT 提升树的具体过程（2）

如图 6-4 所示，残差：$A = -2 - (-2) = 0$；$B = 2 - 2 = 0$；$C = 2 - 2 = 0$；$D = -2 - (-2) = 0$

因此，每个样本的预测值等于所有树预测值的累加，具体如下所示。

- 样本 A 的预测年龄：$14 + (-2) = 12$。
- 样本 B 的预测年龄：$14 + 2 = 16$。
- 样本 C 的预测年龄：$26 + 2 = 28$。
- 样本 D 的预测年龄：$26 + (-2) = 24$。

通过以上内容可以看出，第二棵树是以第一棵树的残差（–2, 2, 2, –2）为样本拟合一棵回归树，得到最终的预测结果。

6.2.3 Scikit-learn GBDT 类库介绍

与随机森林类似，在 Scikit-learn 中，GBDT 也有两类：一类是用于解决分类问题的 GradientBoostingClassifier 分类类，另一类是用于解决回归问题的 GradientBoostingRegressor 回归类。两者在参数类型上几乎完全一样。我们可以把其中的重要参数分为两类：第一类是 Boosting 框架的重要参数，第二类是弱学习器（CART 回归树）的重要参数。下面简要分析这两类参数中的重要参数及其作用。

1. Boosting 框架的重要参数

Boosting 中的重要参数包括最大迭代次数（n_estimators）、学习率（learning_rate）、子采样方法（subsample）、初始化的弱学习器（init）、损失函数（loss）等。

（1）n_estimators

与随机森林类库相同，GBDT 类库中也会用到 n_estimators 参数。n_estimators 是弱学习器的最大迭代次数，或者说是最大弱学习器个数。n_estimators 太小，容易欠拟合；n_estimators 太大，又容易过拟合。可以根据实际任务情况选择一个适中的数值，默认值是 100。在实际调参过程中，我们常常要结合考虑 n_estimators 和 learning_rate。

（2）learning_rate

learning_rate 即每个弱学习器的权重缩减系数 v，也称作步长，它相当于一个正则化系数。加上权重缩减系数 v 后，强学习器的迭代公式为 $f_k(x) = f_{k-1}(x) + vh_k(x)$。$v$ 的取值范围为(0, 1]。对于同样的训练集拟合效果，较小的 v 意味着我们需要更多的弱学习器迭代次数。通常我们用步长（learning_rate）和最大迭代次数（n_estimators）一起来决定算法的拟合效果。一般来说，可以从一个较小的 v 开始调参，默认值是1。

（3）subsample

subsample即子采样方法，取值为（0, 1]。注意，这里的子采样和随机森林不一样，随机森林采用的是有放回抽样，而这里采用的是不放回抽样。如果取值为1，则全部样本都会用到，等于没有使用子采样。如果取值小于1，则只有一部分样本会去做GBDT的决策树拟合，此时可以减少方差，防止过拟合，但是会增加样本拟合的偏差，因此取值不能太小。推荐设置为[0.5, 0.8]之间，默认值是1，即不使用子采样。

（4）init

init即初始化的弱学习器，如果不输入，则用训练集样本来进行样本集的初始化分类回归预测，否则用init参数提供的学习器来进行。init一般用在我们对数据有先验知识或者之前做过一些拟合的情况，在其他情况下可忽略该参数。

（5）loss

loss即损失函数。注意，分类模型和回归模型的损失函数是不一样的。对于分类模型，有对数似然损失函数（deviance）和指数损失函数（exponential）两种输入选择。默认是对数似然损失函数（deviance）。无特殊要求时，推荐使用默认的deviance。它对二分类和多分类问题均有比较好的优化，而使用指数损失函数相当于使用了AdaBoost算法。对于回归模型，有均方差（ls）、绝对损失（lad）、Huber损失（huber）和分位数损失（quantile）。默认是ls。一般来说，如果数据集的噪声不多，用默认的ls效果较好。如果数据集的噪声较多，则推荐使用抗噪声的huber。如果我们需要对训练集进行分段预测，则应采用quantile。

2. GBDT类库弱学习器的重要参数

由于GBDT使用了CART回归决策树，因此它的参数基本与前面随机森林中的决策树的参数类似，也就是说，它与DecisionTreeClassifier、DecisionTreeRegressor的参数类似，这里不再赘述。

6.2.4　使用Scikit-learn类库实现GBDT算法

前面介绍了Scikit-learn GBDT类库的重要参数，以下是使用Scikit-learn GBDT类库实现的一个简单的广告CTR预估GBDT算法实例，部分代码见代码清单6-2。

代码清单6-2　广告CTR预估GBDT算法实例

```
from sklearn.preprocessing import OneHotEncoder
from sklearn.ensemble import GradientBoostingClassifier
```

```
gbdt_model=GradientBoostingClassifier(n_estimators=50,random_state=10,
    subsample=0.6, max_depth=7, min_samples_split=900)
gbdt_model.fit(X_train, Y_train)
train_new_feature = gbdt_model.apply(X_train)
train_new_feature = train_new_feature.reshape(-1, 50)
enc = OneHotEncoder()
enc.fit(train_new_feature)

train_new_feature2 = np.array(enc.transform(train_new_feature).toarray())
```

6.3 XGBoost

在广告 CTR 预估中，不得不说的一大利器就是 XGBoost，它是 Boosting 算法中的一种。与 GBDT 类似，XGBoost 也是一种基于 CART 回归树模型，通过不断添加树，去拟合上次预测的残差的提升树算法，可以理解为 GBDT 的升级版。XGBoost 在 GBDT 基础上进行了一系列优化，比如损失函数采用了二阶泰勒展开式、目标函数加入正则项、支持并行和缺失值自动处理等，但二者在核心思想上没有大的差异。

6.3.1 XGBoost 算法思想

XGBoost 的算法思想就是通过不断进行特征分裂来生长多棵树，每生成一棵树，其实是学习一个新函数，去拟合上次预测的残差。当训练完成得到 k 棵树时，我们要预测一个样本的分数，只需要根据该样本特征在每棵树中对应叶子节点的分数得到每棵树对应的分数，这就是该样本的预测值。

$$\hat{y} = \phi(x_i) = \sum_{k=1}^{K} f_k(x_i),\quad f_k \in \mathcal{F}$$

其中，$\mathcal{F} = \{f(x) = \omega_{q(x)}\}(q : \mathbb{R}^m \to T, \omega \in \mathbb{R}^{T})$

注意 $\omega_{q(x)}$ 为叶子节点 q 的分数，$f(x)$ 为其中一棵回归树。

我们以陈天奇博士在论文[⊖]中的例子为例，假设现在训练得到两棵决策树 tree1 和 tree2，根据前面的介绍，我们知道小孩的预测分数就是两棵树中小孩所落到的节点的分数相加。爷爷的预测分数与此同理，如图 6-5 所示。

⊖ Tianqi Chen, Carlos Guestrin.XGBoost: A Scalable Tree Boosting System[J]. KDD Knowledge Discovery and Data Mining, 2016.

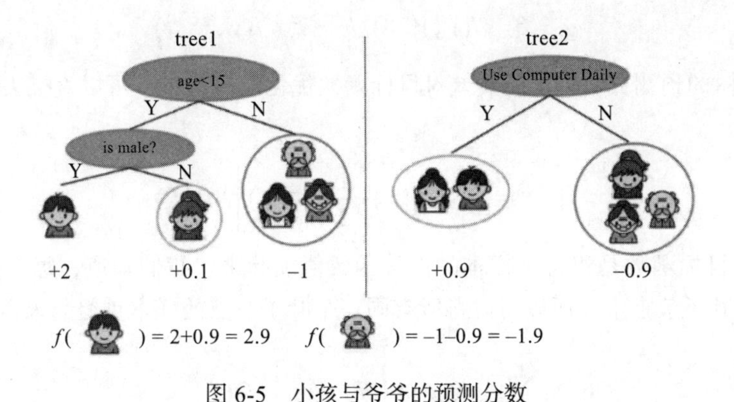

图 6-5　小孩与爷爷的预测分数

6.3.2　XGBoost 算法原理

要理解 XGBoost 算法原理，首先需要知道 XGBoost 目标函数。XGBoost 目标函数包含训练损失与正则化两部分，其目标函数如下：

$$\text{Obj} = \sum_{i=1}^{n} l(y_i, \hat{y}_i) + \sum_{k=1}^{K} \Omega(f_x),$$

$$\Omega(f) = \gamma T + \frac{1}{2}\lambda \| \omega \|^2$$

其中，第一部分 $\sum_{i=1}^{n} l(y_i, \hat{y}_i)$ 用来衡量预测值与真实值之间的差距，第二部分 $\sum_{k=1}^{K} \Omega(f_x)$ 表示正则化。正则化项中同样包含两部分，T 表示叶子节点的个数，ω 表示叶子节点的分数，γ 和 λ 分别用来控制叶子节点的个数和分数，使其不会过大，防止过拟合。

正如前面所述，每次新生成的树都要拟合上次预测的残差，即当第 t 棵树生成后，预测分数可以写成：

$$\hat{y}_i^{(t)} = \hat{y}_i^{(t-1)} + f_t(x_i)$$

同时，可以将目标函数改写为：

$$\text{Obj}^{(t)} = \sum_{i=1}^{n} l(y_i, \hat{y}_i^{(t-1)} + f_t(x_i)) + \Omega(f_t)$$

我们的目标就是找到一个能够最小化目标函数的 $f(t)$。XGBoost 的做法是利用其在 f_t=0 处的泰勒二阶展开式去近似它，所以目标函数可以近似为：

$$\text{Obj}^{(t)} \simeq \sum_{i=1}^{n} \left[l(y_i, \hat{y}_i^{(t-1)} + g_i f_t(x_i) + \frac{1}{2} h_i f_t^2(x_i) \right] + \Omega(f_t)$$

其中，g_i 为一阶导数，h_i 为二阶导数，即

$$g_i = \partial_{\hat{y}_i^{(t-1)}} l(y_i, \hat{y}_i^{(t-1)}),\ h_i = \partial^2_{\hat{y}_i^{(t-1)}} l(y_i, \hat{y}_i^{(t-1)})$$

前 t–1 棵树的预测分数与 y 的残差对目标函数优化没有影响，可以直接去掉，于是目标函数简化为：

$$\text{Obj}^{(t)} = \sum_{i=1}^{n}\left[g_i f_t(x_i) + \frac{1}{2}h_i f_t^2(x_i)\right] + \Omega(f_t)$$

简化后的目标函数是将每个样本的损失函数值加起来。我们知道，每个样本最终都会落到其中一个叶子节点上，所以可以将所有同一个叶子节点的样本重组起来，即

$$\begin{aligned}\text{Obj}^{(t)} &\simeq \sum_{i=1}^{n}\left[g_i f_t(x_i) + \frac{1}{2}h_i f_t^2(x_i)\right] + \Omega(f_t)\\ &= \sum_{i=1}^{n}\left[g_i \omega_{q(x_i)} + \frac{1}{2}h_i \omega_{q(x_i)}^2\right] + \gamma T + \frac{1}{2}\lambda\sum_{j=1}^{T}\omega_j^2\\ &= \sum_{j=1}^{T}\left[\left(\sum_{i\in I_j} g_i\right)\omega_j + \frac{1}{2}\left(\sum_{i\in I_j} h_i + \lambda\right)\omega_j^2\right] + \gamma T\end{aligned}$$

其中 q 表示每棵树映射每个样本到相应的叶子节点的分数，即 q 表示树的模型，输入一个样本，就根据模型将样本映射到叶子节点输出预测的分数；$Wq(x)$ 表示树 q 的所有叶子节点的分数组成的集合；T 是树 q 的叶子节点数量。

通过改写，我们可以将目标函数改成关于叶子节点分数 w 的一元二次函数，这样求解最优 w 和目标函数值的问题就变成求解一元二次函数的最小值问题，直接用顶点公式即可。因此，最优的 w 和目标函数公式为：

$$\omega_j^* = -\frac{G_j}{H_j + \lambda}$$

$$\text{Obj} = -\frac{1}{2}\sum_{j=1}^{T}\frac{G_j^2}{H_j + \lambda} + \gamma T$$

其中，$G_j = \frac{1}{2}\left(\sum_{i\in I_j} g_i\right), H_j = \left(\sum_{i\in I_j} h_i + \lambda\right)$。

6.3.3 XGBoost 算法的优点

XGBoost 算法之所以能成为机器学习的“大杀器”，广泛用于数据科学竞赛和工业界中，是因为它有如下优点。

- ❑ 使用策略（如正则化项）去防止模型过拟合。
- ❑ 目标函数优化利用了损失函数的二阶导数。
- ❑ 添加了对稀疏数据的处理。

- 支持并行化，这是 XGBoost 的突出特点，虽然树与树之间是串行关系，但是同层级节点之间可以并行训练。对于某个节点，节点内选择最佳分裂点，候选分裂点计算增益用多线程并行，训练速度快。
- 使用交叉验证和提前停止（Early Stopping）策略，当预测结果已经很好时可以提前停止建树，加快训练速度。
- 支持设置样本权重，该权重体现在一阶导数 G 和二阶导数 H，通过调整权重可以实现更关注某些样本的目的。

6.3.4 XGBoost 类库参数

XGBoost 调参方法与 GBDT 调参方法类似，XGBoost 类库参数主要包括 XGBoost 框架参数、弱学习器参数以及其他参数。

1. XGBoost 框架参数

对于 XGBoost 框架来说，最主要的 3 个参数是 booster、n_estimators 和 objective。

- booster 决定了 XGBoost 使用的弱学习器类型，默认值是 gbtree，也就是 CART 决策树，还可以是线性弱学习器 gblinear 及 DART。一般来说，我们使用 gbtree 就可以了，不需要调参。
- n_estimators 是非常重要的参数，它关系到 XGBoost 模型的复杂度，表示决策树弱学习器的个数。这个参数对应于 Scikit-learn GBDT 的 n_estimators。前面我们说过，n_estimators 太小，模型容易欠拟合，n_estimators 太大，模型容易过拟合，一般需要通过调参来确定一个合适的弱学习器个数。
- objective 代表了我们要解决的问题是分类、回归还是其他问题，以及对应的损失函数。具体取值很多，一般我们只关心是分类和回归问题时使用的参数。在回归问题中 objective 一般使用 reg:squarederror，即 MSE 均方误差。在二分类问题中一般使用 binary:logistic。在多分类问题中一般使用 multi:softmax。

2. XGBoost 弱学习器参数

这里我们只讨论使用 gbtree 默认弱学习器的参数，即主要是决策树的相关参数，具体介绍如下。

（1）max_depth

max_depth 用来控制树结构的深度，数据少或者特征少的时候可以忽略这个参数。如果模型样本量多，特征也多，则需要限制模型的最大深度，具体的取值一般要结合网格搜索来进行调参。这个参数对应 Scikit-learn GBDT 的 max_depth。

（2）min_child_weight

这个参数表示最小的叶子节点权重阈值，如果某个树节点的权重小于这个阈值，则不会再分裂子树，这个树节点就是叶子节点。

(3) gamma

gamma 表示 XGBoost 的决策树分裂所带来的损失减小阈值。

(4) subsample

这个参数是子采样参数，表示不放回抽样，与 Scikit-learn GBDT 的 subsample 作用一样。取值小于 1 时可以减少方差，即防止过拟合，但是会增加样本拟合的偏差，因此取值不能太低。训练初期可以取值为 1，如果发现模型出现过拟合，可以通过网格搜索进行调参以寻找一个相对合适的数值。

(5) colsample_bytree/colsample_bylevel/colsample_bynode

这三个参数都是用于特征采样的，默认都不做采样，即使用所有的特征建立决策树。colsample_bytree 控制整棵树的特征采样比例，colsample_bylevel 控制某一层的特征采样比例，而 colsample_bynode 控制某一个树节点的特征采样比例。

(6) reg_alpha/reg_lambda

这两个正则化参数，reg_alpha 是 L1 正则化系数，reg_lambda 是 L2 正则化系数。

以上参数都是需要调参的，不过在日常应用中，一般重点调整 max_depth、min_child_weight 和 gamma 这三个参数即可。如果发现有过拟合的情况，再尝试调整后面几个参数。

3. XGBoost 的其他参数

XGBoost 还有一些其他参数需要注意，首先来看下 learning_rate。

learning_rate 控制每个弱学习器的权重缩减系数，与 Scikit-learn GBDT 的 learning_rate 类似，较小的 learning_rate 意味着我们需要更多的弱学习器的迭代次数。通常我们用步长和迭代最大次数一起来决定算法的拟合效果，所以一般参数 n_estimators 和 learning_rate 要一起调参才有效果。当然也可以先固定 learning_rate，在调整完 n_estimators 和其他所有参数后，再来一起调整 learning_rate 和 n_estimators。

此外，n_jobs 控制算法的并发线程数；scale_pos_weight 用于表示类别不平衡时负例和正例的样本权重，类似于 Scikit-learn 中的 class_weight；importance_type 则可以查询各个特征的重要程度，可以选择"gain""weight""cover""total_gain"或者"total_cover"，最后可以通过调用 booster 的 get_score 方法来获取对应的特征权重。其中，"weight"通过特征被选中作为分裂特征的计数来计算特征的重要性，"gain"和"total_gain"则通过分别计算特征被选中作为分裂特征带来的平均增益和总增益来计算特征的重要性，"cover"和"total_cover"通过计算特征被选中作为分裂特征的平均样本覆盖度和总体样本覆盖度来计算特征的重要性。

6.3.5 使用 Scikit-learn 类库实现 XGBoost 算法

下面以广告 CTR 预估问题为例，使用 Scikit-learn 类库实现一个 XGBoost 算法实例，部分代码见代码清单 6-3。

代码清单6-3　使用Scikit-learn类库实现一个XGBoost算法

```
#网格搜索寻找最优参数
xgb_params={
'n_estimators':[100,150],'max_depth':[1,2],'scale_pos_weight':[{0:1,1:10},
    {0:1,1:100}]
}
xgb_grid = GridSearchCV(clf4,xgb_params,scoring='roc_auc',cv=3)
xgb_grid.fit(x_train[s_iv_name].astype('float'),y_train)
print('最佳参数',xgb_grid.best_params_)
print('-' * 80)

n_estimators = xgb_grid.best_params_['n_estimators']
max_depth = xgb_grid.best_params_['max_depth']
scale_pos_weight = xgb_grid.best_params_[' scale_pos_weight ']

# 最优参数模型
xgb_model=xgb.XGBClassifier(booster='gbtree',objective='binary:logistic',
    learning_rate=0.1, random_state=1, n_estimators=n_estimators,
    max_depth=max_depth, subsample=1, eval_metric='auc', colsample_bytree=1,
    seed=123, scale_pos_weight=scale_pos_weight, n_jobs=1)

xgb_model.fit(x_train[s_iv_name].astype('float'),y_train)
print(xgb_model)
print('\n')
xgb_pre = xgb_model.predict_proba(x_test[s_iv_name].astype('float'))
xgb_auc = roc_auc_score(y_test,xgb_pre[:,1])
print('auc', xgb_auc)
```

6.4　Stacking

前面我们介绍过的随机森林、GBDT、XGBoost 都属于集成学习算法。有读者可能会问，到底什么是集成学习？集成学习是相对于第 5 章所介绍的逻辑回归、决策树、KNN 等单个基础算法而言的，简单来说，它是通过合并多个基础算法来提升机器学习的性能，这种方法能够比单个基础算法获得更好的预测效果。这也是集成学习算法在众多比赛或者实际应用中被首先推荐使用的原因之一。当然它在广告 CTR 预估中也是非常适用的。

一般来说，主流的集成学习算法可以分为三类：第一类是用于减少方差的 Bagging 算法，其主要代表是随机森林；第二类是用于减少偏差的 Boosting 算法，其主要代表是 GBDT、XGBoost；第三类是用于提升预测效果的堆叠模型，其主要代表是 Stacking。

其中，随机森林、GBDT、XGBoost 前面都已经详细介绍过了，本节要重点介绍的是 Stacking。严格来讲，Stacking 不能称为一种算法，只能说是一种堆叠模型。它与随机森林、GBDT、XGBoost 最大的区别在于，它是通过整合多个不同的分类模型或者回归模型的集成学习技术。

6.4.1 Stacking 算法思想

大部分集成学习模型都是通过一个基础学习算法来生成一个同质的基础学习器，即同类型的学习器，也叫同质集成。Bagging 和 Boosting 都是采用同质集成的思想：Bagging 使用装袋采样的方法来获取数据子集训练得到的基础学习器，通过投票或者求平均值的方式来得到最后的输出结果，这种集成思想最大的好处在于可以减少模型的方差，但是对整体泛化性能而言没有太大的帮助；Boosting 则是采用将不同的弱学习器转换为强学习器的思想（这里说的弱学习器是指比随机猜测好一些的模型），通过前向分步学习的方式，不断生成新的树模型来拟合上次预测的残差，从而达到更好的预测效果。既然有同质集成，就有异质集成，为了得到更好的集成效果，异质基础学习器需要尽可能准确并且差异性够大。Stacking 的基本思想是使用多种基础学习器，并使用其中一种或其他新的学习器作为次级学习器，进一步训练基础学习器的预测结果来得到最终预测结果，其主要目的是降低泛化误差，因此 Stacking 是异质集成。Stacking 算法的伪代码如图 6-6 所示。

Algorithm Stacking

1: Input: training data $D = \{x_i, y_i\}_{i=1}^{m}$
2: Ouput: ensemble classifier H
3: *Step 1: learn base-level classifiers*
4: **for** $t = 1$ to T **do**
5: learn h_t based on D
6: **end for**
7: *Step 2: construct new data set of predictions*
8: **for** $i = 1$ to m **do**
9: $D_h = \{x'_i, y_i\}$, where $x'_i = \{h_1(x_i), ..., h_T(x_i)\}$
10: **end for**
11: *Step 3: learn a meta-classifier*
12: learn H based on D_h
13: return H

图 6-6 Stacking 算法的伪代码

具体分析如下：

1）输入训练数据集 D；

2）输出集成分类结果 H；

3）**步骤 1，学习基础分类器**；

4）依次分为 T 次进行训练和预测；

5）根据训练数据集 D，输出训练结果 h_t；

6）循环训练直到结束；

7）**步骤 2，连接 T 次不同的预测结果**；

8）对 m 个基础分类器依次重复上述训练过程；

9）得到每个基础分类器训练结果 D_h；

10）循环训练直到结束；

11）**步骤3，训练一个次级分类器；**

12）根据 D_h 得到总的分类结果 H；

13）返回分类结果 H。

6.4.2　Stacking算法原理

前面我们说过，Stacking通过整合多个不同的分类或回归学习器来达到更好的训练效果。以分类问题为例，Stacking算法通常分为两级：第一级是用不同的算法形成 m 个基础分类器，同时产生一个与原数据集大小相同的新数据集，利用这个新数据集和新的算法来得到第二级分类器；在训练第二级分类器时采用各个基础分类器的输出作为输入。第二级分类器的作用就是对基础分类器的输出进行集成。具体来说，就是将训练好的所有基模型对整个训练集进行预测，第 j 个基模型对第 i 个训练样本的预测值将作为新的训练集中第 i 个样本的第 j 个特征值，然后基于新的训练集进行训练。同理，预测的过程也要先经过所有基模型的预测形成新的测试集，然后再对测试集进行预测，但是由于Stacking模型复杂度过高，比较容易造成过拟合，所以在模型融合过程中通常会做交叉验证。大致流程如图6-7所示。

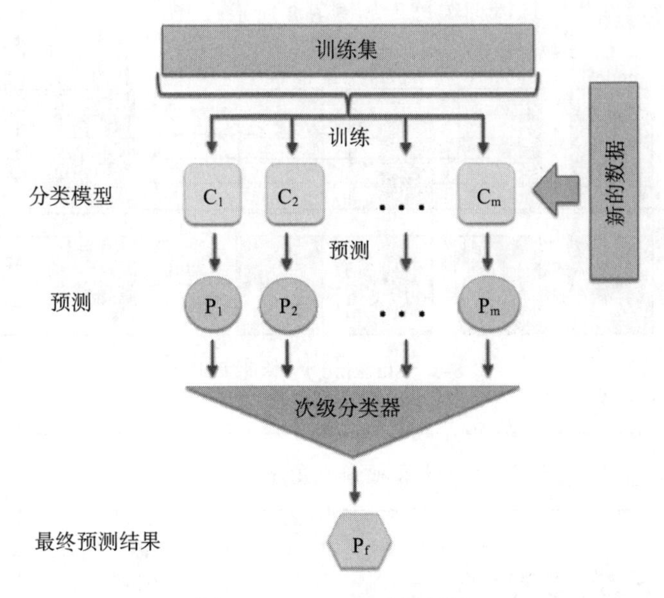

图6-7　Stacking大致流程

下面通过一个例子来加深对Stacking训练过程的理解。假设现在要做一个广告用户分类任务，训练数据train_data有1000行，测试数据test_data有300行，我们用5折交叉验证来训练数据，即model1要做5次不同的训练和预测。

第一次，model1拿train_data中的800行作为训练集，剩余的200行作为验证集，然后预测出 200 行的数据 a1。

第二次，model1 拿 train_data 中的 800 行作为训练集，剩余的 200 行作为验证集，然后预测出 200 行的数据 a2。

第三次，model1 拿 train_data 中的 800 行作为训练集，剩余的 200 行作为验证集，然后预测出 200 行的数据 a3。

第四次，model1 拿 train_data 中的 800 行作为训练集，剩余的 200 行作为验证集，然后预测出 200 行的数据 a4。

第五次，model1 拿 train_data 中的 800 行作为训练集，剩余的 200 行作为验证集，然后预测出 200 行的数据 a5。

将 a1 到 a5 拼接起来，最后得到一列共 1000 行的数据。需要注意的是，若有多个基础分类器，其他基础分类器同样需要按以上方法依次进行训练和预测。

针对测试集，用前面 5 折交叉验证训练出来的 5 个 model1 进行预测，一共得到 5 次 300 行的数据，然后求平均，最终得到一列 300 行的数据。假设有 5 个基模型，那么根据 train_data 会得到一个包含 5 列数据（特征）的新训练集 meta_train，同理 test_data 也会得到一个新测试集 meta_test。最后将 meta_train 和 meta_test 放到次级分类器中，分别进行训练和预测得到最终的结果。具体训练过程如图 6-8 所示。

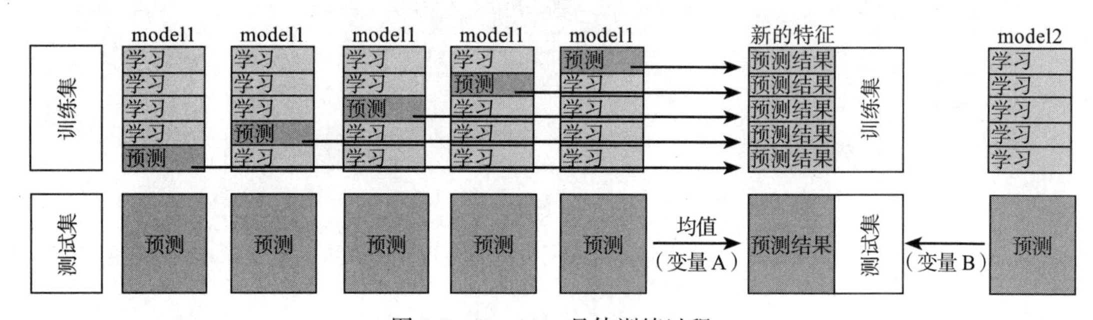

图 6-8 Stacking 具体训练过程

model1、model2 表示其中一种基础分类器算法。

6.4.3 Stacking 算法实现

现在我们选用前面介绍过的逻辑回归、决策树、KNN、SVM 和随机森林作为 Stacking 的基础分类器，使用逻辑回归作为次级分类器，同样使用 5 折交叉验证来构建一个广告 CTR 预估的融合模型 Stacking，部分核心代码如代码清单 6-4 所示。

代码清单6-4　广告CTR预估的融合模型Stacking代码

```
def get_Stacking(clf, x_train, y_train, x_test, n_folds=5):
    train_num, test_num = x_train.shape[0], x_test.shape[0]
    second_level_train_set = np.zeros((train_num,))
    second_level_test_set = np.zeros((test_num,))
    test_nfolds_sets = np.zeros((test_num, n_folds))
# 使用K-fold的方法进行交叉验证，将每次验证的结果作为新的特征进行处理
    kf = KFold(n_splits=n_folds)

    for i,(train_index, test_index) in enumerate(kf.split(x_train)):
        x_tra, y_tra = x_train[train_index], y_train[train_index]
        x_tst, y_tst =  x_train[test_index], y_train[test_index]
        clf.fit(x_tra, y_tra)
        second_level_train_set[test_index] = clf.predict_proba(x_tst)[:,1]
        test_nfolds_sets[:,i] = clf.predict_proba(x_test)[:,1]

    second_level_test_set[:] = test_nfolds_sets.mean(axis=1)
    return second_level_train_set, second_level_test_set


train_sets = []
test_sets = []
#逻辑回归、决策树、KNN、SVM和随机森林作为Stacking的基础分类器
for clf in [lr, decision_tree, knn, svm, rf]:
    train_set, test_set = get_Stacking(clf, x_train_arr, y_train_arr, x_test_arr)
    train_sets.append(train_set)
    test_sets.append(test_set)

meta_train = np.concatenate([result_set.reshape(-1,1) for result_set in train_
    sets], axis=1)
meta_test = np.concatenate([y_test_set.reshape(-1,1) for y_test_set in test_
    sets], axis=1)

#使用逻辑回归作为次级分类器
meta_model = LogisticRegression(random_state=1)
meta_model.fit(meta_train, y_train)
prediction = meta_model.predict_proba(meta_test)
#打印预测结果
print(prediction)
```

6.5　LR+GBDT

本质上LR+GBDT是一种具有Stacking思想的二分类器模型，它最广泛的应用场景是广告CTR点击率预估，即预测向用户推送的广告会不会被用户点击。广告点击率预估模型涉及的训练样本一般较大，特征数也较多，因此常采用训练速度较快的LR模型。不过LR是一种线性模型，学习能力有限，要想在LR模型中取得较好的训练效果，就一定要十分重视特征工程。现有的人工特征工程主要集中在寻找有区分度的特征、特征组合，但人工特

征工程严重依赖人的经验，费时费力，且未必能提升效果。GBDT 算法的特征正好可以用来挖掘有区分度的特征、特征组合，减少特征工程中的人力成本。因此，目前 LR+GBDT 在广告 CTR 预估中发挥了非常重要的作用。

6.5.1 LR+GBDT 原理

LR+GBDT 由两部分组成，其中 GBDT 主要用来提取训练数据的特征，并将其作为新的训练输入数据，LR 则作为新的训练输入数据的分类器。具体来说就是，GBDT 首先对原始数据进行训练，得到一个二分类器，但与通常做法不同的是，GBDT 在进行训练预测时，输出的并不是最终的二分类概率值，而是把 GBDT 模型中的每棵树计算得到的预测概率值所属的叶子节点位置置为 1。这样构造好新的训练数据后，下一步就要将其与原始训练数据中的 label 数据一起输入 LR 分类器中进行训练并输出最终的训练结果。

2014 年 Facebook 发表论文“Practical Lessons from Predicting Clicks on Ads at Facebook”，在论文中介绍了通过 GBDT 构造组合特征，通过 LR 对组合特征进行训练，从而达到对预测样本进行分类的目的。随后该方法在 Kaggle 竞赛中得到了验证，引起了人们的广泛关注。图 6-9 为 Facebook 的这篇论文中 GBDT 与 LR 的融合示意图。

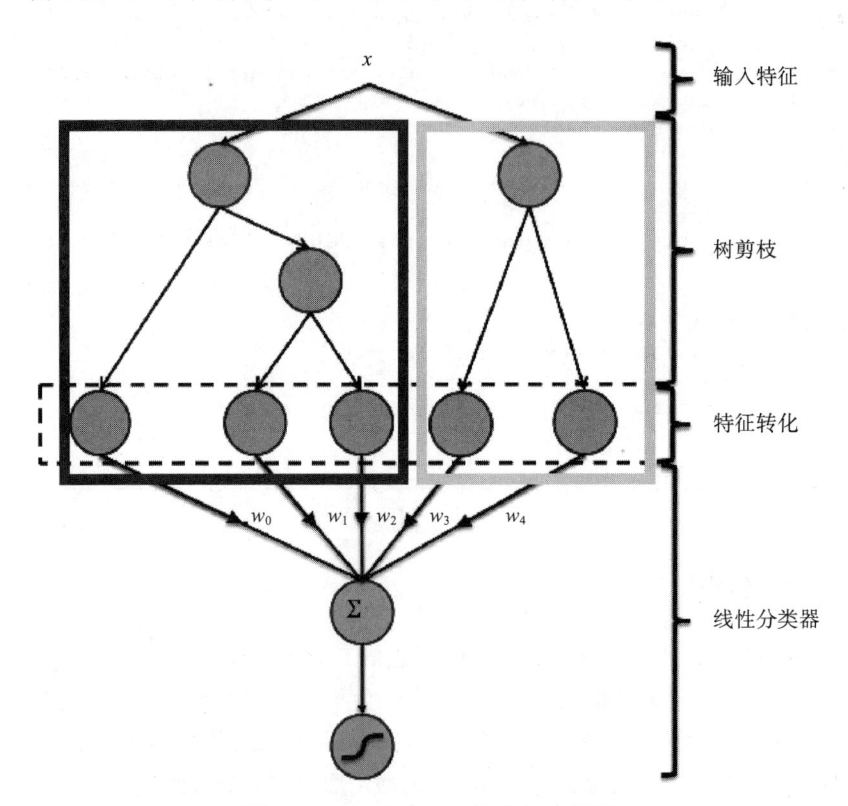

图 6-9 GBDT 与 LR 的融合示意图

在图 6-9 中 x 为输入特征，经过两棵树后走到叶子节点。图中左边的树有三个叶子节点，右边的树有两个叶子节点，因此对于输入 x，假设其在左子树落在第一个节点，在右子树落在第二个节点，那么在左子树的独热编码（One-Hot Coding）为 [1, 0, 0]，在右子树的独热编码为 [0, 1]，最终的特征为两个独热编码的组合 [1, 0, 0, 0, 1]。最后将转化后的特征输入 LR 线性分类器，即可训练得到一个基于组合特征的线性模型。

在进行特征转化的时候，GBDT 模型中所包含树的棵数即为后面组合特征的数量。每一个组合特征的向量长度不等，该长度取决于所在树的叶子节点数量。举例来说，假设训练得到 100 棵树之后，就可以得到 100 个组合特征。这里有两个关键点。首先，为什么要采用集成决策树而非单棵树？因为一棵树的表达能力很弱，不足以表达多个有区分性的特征组合，而多棵树的表达能力更强一些。GBDT 每棵树都在学习前面树存在的不足，迭代多少次就会生成多少棵树。通过 LR+GBDT 融合的方式，多棵树正好满足 LR 每条训练样本可以通过 GBDT 映射成多个特征的需求。其次，为什么采用 GBDT 而非随机森林？因为虽然随机森林也是多棵树，但实践证明其效果不如 GBDT。并且在 GBDT 中，对于前面的树，特征分裂主要体现对多数样本有区分度的特征；对于后面的树，主要体现经过前 N 棵树，残差仍然较大的少数样本。优先选用在整体上有区分度的特征，再选用针对少数样本有区分度的特征，设计更加合理。

6.5.2 LR+GBDT 在广告 CTR 中的应用

“LR+ 海量人工特征”是业界流传已久的做法，这种方法简单，可解释性强，因此仍广泛用于工业界中。在广告 CTR 预估中，应用 LR 模型的重点在于特征工程。实践证明 LR 模型适用于高维稀疏特征，因此对于广告中的分类特征，可以通过独热编码使其变得高维且稀疏。而对于连续特征，可以先对特征进行分箱以将连续特征转化为分类特征再进行独热编码，最后进行特征组合或特征交叉来获得更有效的特征。GBDT 与 LR 刚好相反，GBDT 不适用于高维稀疏特征，因为这样很容易使训练出来的树的数量和深度均较大，导致过拟合。因此一般输入 GBDT 的特征都是连续特征。而在广告 CTR 预估中会存在大量的 ID 特征，对于这种离散特征，GBDT 一般有两种做法。

1）对离散特征不直接输入 GBDT 中进行编码，而是通过独热编码后直接输入 LR 中；对于连续特征，先通过 GBDT 进行离散化和特征组合以使输出具备独热编码的特征，最后结合这两种独热特征直接输入 LR。大致过程如图 6-10 所示。

2）将离散特征输入 GBDT 中进行编码，但是只保留出现频率高的离散特征，这样输入 GBDT 中独热特征的维度会变低，同时通过 GBDT 对原始的独热特征进行了组合和交叉。

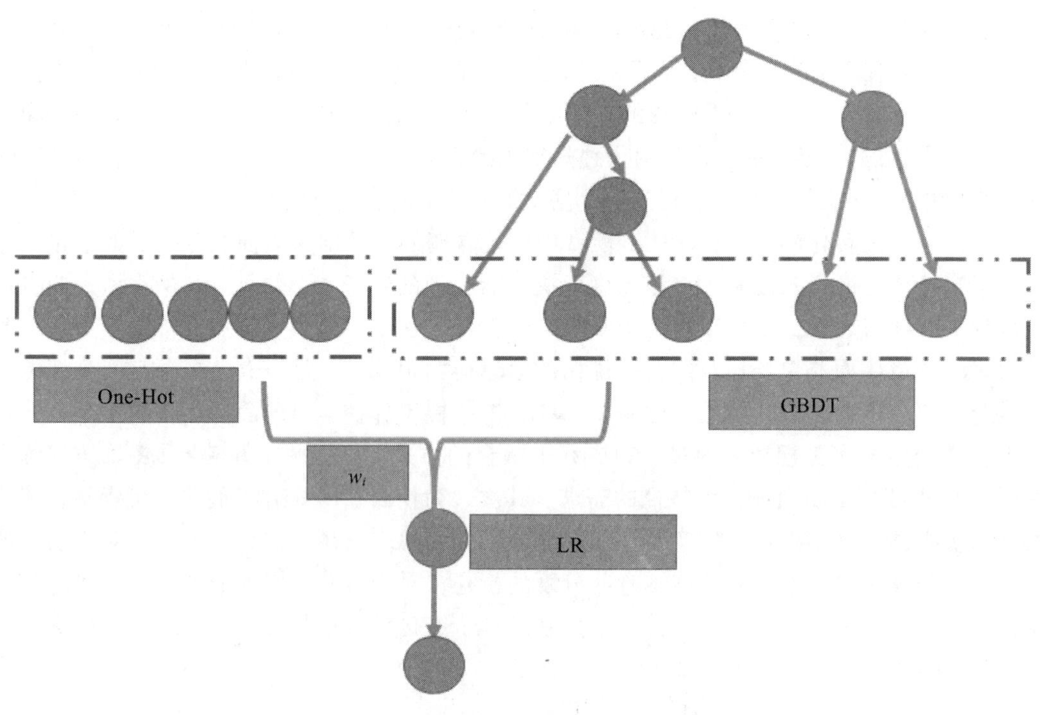

图 6-10 GBDT 处理离散特征大致过程

6.5.3 LR+GBDT 算法实现

在广告 CTR 点击率预估应用中，LR+GBDT 应用实践的部分核心代码如代码清单 6-5 所示。

代码清单6-5 LR+GBDT应用实践的部分核心代码

```
import numpy as np
from sklearn.ensemble.gradient_Boosting import GradientBoostingClassifier
from sklearn.linear_model.logistic import LogisticRegression
from sklearn.metrics.ranking import roc_auc_score
from sklearn.preprocessing.data import OneHotEncoder

class GradientBoostingWithLR(object):
    def __init__(self):
        self.gbdt_model = None
        self.lr_model = None
        self.gbdt_encoder = None
        self.X_train_leafs = None
        self.X_test_leafs = None
        self.X_trans = None

    def gbdt_train(self, X_train, y_train):
        """定义GBDT模型
```

```
        """
        gbdt_model = GradientBoostingClassifier(n_estimators=10,
                                                max_depth=6,
                                                verbose=0,
                                                max_features=0.5)
        # 训练学习
        gbdt_model.fit(X_train, y_train)
        return gbdt_model

    def lr_train(self, X_train, y_train):
        """定义LR模型
        """
        lr_model = LogisticRegression()
        lr_model.fit(X_train, y_train)     # 预测及AUC评测
        return lr_model


    def gbdt_lr_train(self, X_train, y_train, X_test):
        """训练LR+GBDT模型
        """
        self.gbdt_model = self.gbdt_train(X_train, y_train)

        # 使用GBDT的apply方法对原有特征进行编码
        self.X_train_leafs = self.gbdt_model.apply(X_train)[:,:,0]

        # 对特征进行独热编码
        self.gbdt_encoder = OneHotEncoder(categories='auto')
        self.gbdt_encoder.fit(self.X_train_leafs)
        self.X_trans = self.gbdt_encoder.fit_transform(self.X_train_leafs)

        #采用LR进行训练
        self.lr_model = self.lr_train(self.X_trans, y_train)
        return self.lr_model

    def gbdt_lr_pred(self, model, X_test, y_test):
        """预测及AUC评估
        """
        self.X_test_leafs = self.gbdt_model.apply(X_test)[:,:,0]

        (train_rows, cols) =self.X_train_leafs.shape
        X_trans_all = self.gbdt_encoder.fit_transform(np.concatenate((self.X_
            train_leafs, self.X_test_leafs), axis=0))

        y_pred = model.predict_proba(X_trans_all[train_rows:])[:, 1]
        auc_score = roc_auc_score(y_test, y_pred)
        print('GBDT+LR AUC score: %.5f' % auc_score)
        return auc_score

    def model_assessment(self, model, X_test, y_test, model_name="GBDT"):
        """模型评估
        """
        y_pred = model.predict_proba(X_test)[:,1]
        auc_score = roc_auc_score(y_test, y_pred)
```

```
    print("%s AUC score: %.5f" % (model_name, auc_score))
    return auc_score
```

6.6 FM

FM（Factorization Machine，因子分解机）也广泛应用于广告 CTR 预估中，它主要用于解决高维数据稀疏情况下特征组合的问题。具体来说，对于高维稀疏数据，FM 通过引入隐变量完成对特征的参数估计，再通过两两特征组合，引入交叉项特征，提高模型表达能力。因此，FM 模型在数据高度稀疏的情况下能够更好地挖掘数据特征间的相关性，尤其是对于在训练样本中没有出现过的交叉数据，而且 FM 可以在计算目标函数和随机梯度下降做优化学习时在线性时间内完成。

6.6.1 FM 的原理

FM 最早是由 Konstanz 大学的 Steffen Rendle[⊖]于 2010 年提出的，旨在解决稀疏数据下的特征组合问题。假设现在有一个广告分类的问题，根据用户和广告位相关的特征，预测用户是否点击了广告，数据源如表 6-1 所示。

表 6-1 广告分类数据

Clicked	City	Day	Position
1	Beijing	25/10/17	Mid
0	Shenzhen	3/6/18	High
1	Shenzhen	11/2/19	High

“Clicked” 是 label，1 表示用户点击，0 表示用户未点击。City、Day、Position 是三种特征。由于这三种特征都是分类类型的，需要经过独热编码转换成数值型特征。表 6-2 为三种分类特征经过独热编码后的输出形式。

表 6-2 广告分类数据经过独热编码后

Clicked	City=Beijing	City=Shenzhen	Day=25/10/17	Day=3/6/18	Day=11/2/19	Position=Mid	Position=High
1	1	0	1	0	0	1	0
0	0	1	0	1	0	0	1
1	0	1	0	0	1	0	1

由表 6-2 可以看出，经过独热编码之后，大部分样本数据特征是比较稀疏的。在上面的样例中，每个样本有 7 维特征，但平均仅有三维特征具有非零值。实际上，这种情况在

⊖ 相关内容请参见 https://www.csie.ntu.edu.tw/~B97053/paper/rendle2010fm.pdf.

真实应用场景中普遍存在。例如，在进行 CTR/CVR 预测时，用户的性别、职业、教育水平等数据经过独热编码转换后都会导致样本数据的稀疏性。由此可见，独热编码会使低维稠密矩阵转化为高维稀疏矩阵，样本特征空间变大，而且数据变得非常稀疏，直接导致计算量过大和特征权值更新缓慢。因此需要对高维稀疏特征进行一定的特征组合，降低特征维度。FM 可以对特征进行两两交叉组合，二元交叉的 FM 目标函数如下：

$$\Phi(\omega,x)=\omega_0+\sum_{i=0}^{n}\omega_i x_i+\sum_{i=1}^{n}\sum_{j=i+1}^{n}<\boldsymbol{v}_i,\boldsymbol{v}_j>x_i x_j$$

其中，w 是输入特征的参数，$<v_i, v_j>$ 是输入特征 i, j 间的交叉参数，$\boldsymbol{v}$ 是 k 维向量。

FM 表达式的求解核心在于对交叉项的求解。组合部分的特征相关参数共有 $n(n-1)/2$ 个。在数据很稀疏的情况下，能同时满足 x_i，x_j 都不为 0 的情况非常少，这样将导致 ω_{ij} 无法通过训练得出。为了求出 ω_{ij}，我们对每一个特征分量 x_i 引入辅助向量 $\boldsymbol{V}_i=(\boldsymbol{v}_{i1}, \boldsymbol{v}_{i2}, \cdots, \boldsymbol{v}_{ik})$。然后，利用 $\boldsymbol{V}_i\boldsymbol{V}_j^{\mathrm{T}}$ 对 ω_{ij} 进行求解，如图 6-11 所示。

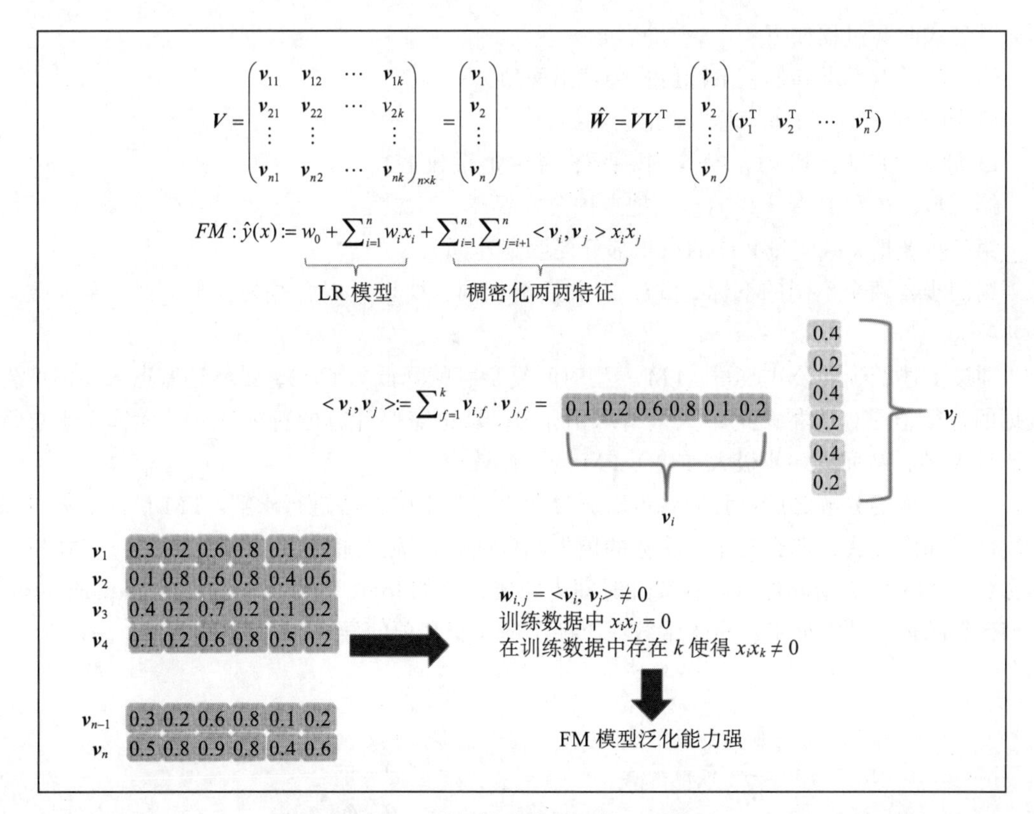

图 6-11　引入辅助向量后的 FM 模型

FM 对每个特征都学习一个大小为 k 的一维向量，本质上是在对特征进行 Embedding 化表征。于是，两个特征 x_i 和 x_j 的特征组合的权重值，可以通过特征对应的向量 v_i 和 v_j 的内积来表示。

FM 被广泛采用并成功替代 LR 模型的一个关键是，它可以通过数学公式的改写降低计算复杂度。那么 FM 是如何实现公式的改写以及如何求解 v_i 和 v_j 的呢？主要采用了如下公式。

$$\sum_{i=1}^{n}\sum_{j=i+1}^{n} < v_i, v_j > x_i x_j = \frac{1}{2}\left(\sum_{i=1}^{n}\sum_{j=i}^{n} < v_i, v_j > x_i x_j - \sum_{i=1}^{n} < v_i, v_i > x_i x_i\right)$$

$$= \frac{1}{2}\left(\sum_{i=1}^{n}\sum_{j=i}^{n}\sum_{f=1}^{k} v_{i,} f v_j, f x_i x_j - \sum_{i=1}^{n}\sum_{f=1}^{k} v_{i,} f v_j, f x_i x_j\right)$$

$$= \frac{1}{2}\sum_{f=1}^{k}\left(\left(\sum_{i=1}^{n} v_{i,} f x_i\right)\left(\sum_{j=1}^{n} v_{j,} f x_j\right) - \sum_{i=1}^{n} v_i^2, f x_i^2\right)$$

$$= \frac{1}{2}\sum_{f=1}^{k}\left(\left(\sum_{i=1}^{n} v_{i,} f x_i\right)^2 - \sum_{i=1}^{n} v_i^2, f x_i^2\right)$$

其公式改写过程如下。

第一步，改变求和的上下标后，会多出两项：

- 原来没有 $<V_i, V_i>$，现在要把它去掉；
- 原来 $<V_i, V_j>$ 和 $<V_j, V_i>$ 算作一项，并乘上系数 1/2。

第二步，V_i 和 V_j 是 k 维向量，把点积公式展开。

第三步，把 k 维向量共同的点积部分提取到外部。

第四步，两个不同的下标 i 和 j，求和后值相同，所以可以合并为一个下标，乘积改为平方项。

通过上述四步的公式改写，FM 模型时间复杂度就降低为 $O(n)$，虽然还有点大，但广告数据的特征值是极为稀疏的，大量 x_i 取值是 0，真正需要计算的特征数 n 是远远小于总特征数目 N 的，从而进一步极大加快了 FM 的运算效率。

经过这样的分解之后，我们就可以通过随机梯度下降方法进行求解。FM 目标函数可以在线性时间内完成，那么对于大多数的损失函数而言，通过随机梯度下降的方法，FM 里面的参数 w 和 v 的更新同样可以在线性时间内完成，比如 logit loss、hinge loss、square loss。模型参数的梯度计算如下，对于常数项、一次项、交叉项的导数分别为：

$$\frac{\partial}{\partial\theta}\hat{y}(x) = \begin{cases} 1, & \theta = w_0 \\ x_i, & \theta = w_i \\ x_i\sum_{j=1}^{n} v_j, f x_j - v_i, f x_i^2, & \theta = (v_i, f) \end{cases}$$

$\sum_{j=1}^{n} v_j, f x_j$ 这部分求和跟样本 i 是独立的，因此可以预先计算好。

FM与GBDT的区别

前面在介绍LR+GBDT时说过，GBDT的主要用途也是解决特征组合问题，与FM有相似之处但又不完全相同。具体来说，FM与GBDT的区别有以下几点：

- FM更适合用于处理高维稀疏数据，而GBDT在处理高维稀疏数据时容易产生过拟合；
- GBDT可以做高阶特征组合，而FM只能做二阶特征组合。

在广告CTR预估中，大多数情况下我们面对的都是稀疏特征数据，这时候FM就显得更有优势；但FM只能做二阶特征组合，对高阶特征组合无能为力，只能借助其他深度模型（如DNN等）进行处理。可见FM与GBDT各有优缺点，而我们可以根据具体业务需要进行选择。

6.6.2 FM的改进

FFM（Field-aware Factorization Machine，场感知因子分解机）是对FM模型的改进。通过引入field的概念，FFM把相同性质的特征归于同一个field，相当于把FM中已经细分的特征再次拆分进行特征组合。

在上面的广告点击案例中，“Day=25/10/17”“Day=3/6/18”“Day=11/2/19”这三个特征都是代表日期的，可以放到同一个field中。同理，“City”也可以放到一个field中。简单来说，同一个分类特征经过独热编码生成的数值特征都可以放到同一个field，例如用户城市、日期、职位等。

在FFM中，对于每一维特征 x_i，针对其他特征的每一种field f_j，都会学习一个隐向量 v_{i,f_j}。因此，隐向量不仅与特征相关，也与field相关。也就是说，“Day=25/10/17”这个特征与“City”特征及“Position”特征进行关联时使用的是不同的隐向量，这与“City”及“Position”的内在差异相符，也是FFM中“field-aware”的由来。

假设样本的 n 个特征属于 f 个field，那么FFM的二次项有 nf 个隐向量。而在FM模型中，每一维特征的隐向量只有一个。FM可以看作FFM的特例，是把所有特征都归属到一个field下的FFM模型。根据FFM的field敏感特性，可以导出其模型方程。

$$y(x)=\omega_0+\sum_{i=0}^{n}\omega_i x_i+\sum_{i=1}^{n}\sum_{j=i+1}^{n}<v_{i,f_j},v_{j,f_i}>x_i x_j$$

可以看到，如果隐向量的长度为 k，那么FFM的二次参数有 nf_k 个，远多于FM模型的 nk 个。此外，由于隐向量与field相关，FFM的二次项并不能够化简，其预测复杂度是 $O(kn^2)$。

6.6.3 FM的Python实现

FM模型实现的核心代码如代码清单6-6所示。

代码清单6-6 FM模型实现代码

```
import numpy as np
from random import normalvariate
from sklearn.preprocessing import MinMaxScaler as MM
import pandas as pd
data_train = pd.read_csv('diabetes_train.txt', header=None)
data_test = pd.read_csv('diabetes_test.txt', header=None)


def preprocessing(data_input):
    standardopt = MM()
    data_input.iloc[:, -1].replace(0, -1, inplace=True)
    feature = data_input.iloc[:, :-1]
    feature = standardopt.fit_transform(feature)
    feature = np.mat(feature)#传回来的是array，如果是dataframe，则用dataframe
    label = np.array(data_input.iloc[:, -1])
    return feature, label


def sigmoid(x):
    return 1.0/(1.0 + np.exp(-x))


def sgd_fm(datamatrix, label, k, iter, alpha):
    '''
    k：分解矩阵的长度
    '''
    m, n = np.shape(datamatrix)
    w0 = 0.0
    w = np.zeros((n, 1))
    v = normalvariate(0, 0.2) * np.ones((n, k))
    for it in range(iter):
        for i in range(m):
            inner1 = datamatrix[i] * v
            inner2 = np.multiply(datamatrix[i], datamatrix[i]) * np.multiply(v, v)
            jiaocha = np.sum((np.multiply(inner1, inner1) - inner2), axis=1) / 2.0
            ypredict = w0 + datamatrix[i] * w + jiaocha
            yp = sigmoid(label[i]*ypredict[0, 0])
            loss = 1 - (-(np.log(yp)))
            w0 = w0 - alpha * (yp - 1) * label[i] * 1
            for j in range(n):
                if datamatrix[i, j] != 0:
                    w[j] = w[j] - alpha * (yp - 1) * label[i] * datamatrix[i, j]
                    for k in range(k):
                        v[j, k] = v[j, k] - alpha * ((yp - 1) * label[i] * \
                                    (datamatrix[i, j] * inner1[0, k] - v[j, k] * \
                                    datamatrix[i, j] * datamatrix[i, j]))
        print('第%s次训练的误差为：%f' % (it, loss))
```

```
    return w0, w, v

def predict(w0, w, v, x, thold):
    inner1 = x * v
    inner2 = np.multiply(x, x) * np.multiply(v, v)
    jiaocha = np.sum((np.multiply(inner1, inner1) - inner2), axis=1) / 2.0
    ypredict = w0 + x * w + jiaocha
    y0 = sigmoid(ypredict[0,0])
    if y0 > thold:
        yp = 1
    else:
        yp = -1
    return yp


def calaccuracy(datamatrix, label, w0, w, v, thold):
    error = 0
    for i in range(np.shape(datamatrix)[0]):
        yp = predict(w0, w, v, datamatrix[i], thold)
        if yp != label[i]:
            error += 1
    accuray = 1.0 - error/np.shape(datamatrix)[0]
    return accuray

datamattrain, labeltrain = preprocessing(data_train)
datamattest, labeltest = preprocessing(data_test)
w0, w, v = sgd_fm(datamattrain, labeltrain, 20, 300, 0.01)
maxaccuracy = 0.0
tmpthold = 0.0
for i in np.linspace(0.4, 0.6, 201):
    print(i)
    accuracy_test = calaccuracy(datamattest, labeltest, w0, w, v, i)
    if accuracy_test > maxaccuracy:
        maxaccuracy = accuracy_test
        tmpthold = i
print(accuracy_test, tmpthold)
```

6.7 本章小结

本章主要介绍了在广告CTR预估中几种常用集成模型的思想、原理、调参方法及实现方式。其中，随机森林是基于Bagging思想的一种由多棵决策树组成的模型，可以用于解决分类或者回归问题。GBDT是一种基于Boosting思想的集成模型，它与随机森林一样，也是由多棵决策树组成的，但它通过不断拟合前一次预测残差来得到最后的预测结果。

XGBoost 可以理解为 GBDT 的升级版。Stacking 是一种堆叠模型，通常由初级分类器和次级分类器两层结构组成，同时具备了多个基础分类器的优点。LR+GBDT 是广告 CTR 预估中非常经典的一种模型组合，它最大的特点是通过 GBDT 进行特征组合，节省了传统 LR 因需要大量人工特征工程而产生的人工和时间成本。FM 与 GBDT 有相似之处，主要作用都是进行特征组合，但 FM 模型比 GBDT 更适合应用在广告 CTR 等大量稀疏特征数据的应用场景中。

第 7 章 Chapter 7

移动广告常用数据分析方法

第 5 章和第 6 章介绍了广告数据挖掘中的一些常用算法，主要向读者阐述广告数据挖掘算法方面的内容。本章将主要介绍移动广告常用的数据分析方法，包括 App 下载数据分析、游戏行业用户分析、电商类 App 用户转化分析、工具类 App 用户分析、本地 O2O 婚纱摄影行业分析以及品牌广告与效果广告等相关的分析方法和技巧，帮助读者快速理解每种场景下广告投放的常见问题及其解决方案。

7.1 App 下载数据分析

在移动广告投放中，需要做 App 推广的客户非常多。在我们的实际业务中，App 主要分为游戏类 App、电商类 App、工具类 App 等。不同的应用类型对应不同的人群特征，但需求方平台（DSP）都是重点围绕应用转化（激活 / 付费）成本来进行分析的，其中客户最关注的是产品推广过程中的实际投资回报率。

总体来说，App 应用下载数据分析的方法有很多，但具体都可以从以下五个方面入手：

1）分析产品类型；

2）确定定向人群；

3）选择好的创意、素材；

4）找到合适的广告位；

5）注意曝光频控。

首先，我们需要知道将要分析的产品属于什么类型，是游戏类 App、电商类 App，还是工具类 App。如果是游戏类 App，还需要进一步了解这款产品到底是什么样的游戏，是动作射击类、角色扮演类还是休闲益智类。因为每款产品的目标人群不同，对应的人群特征也就不一样。比如，动作射击类、角色扮演类游戏一般以男性用户居多，而休闲益智类或者恋爱养成类游戏则比较受女性用户欢迎。如果是电商类 App 应用下载类产品，因为电商类 App 主要是指一些网上商城或者垂直电商类 App，其主要功能是将用户吸引到平台进而使其在应用中进行购买活动，所以目标用户一般都是女性，并且不同的电商类 App 也有不同的细分人群。例如，小红书 App 的主要目标人群是 35 岁以下的年轻女性用户，而母婴类垂直商城 App 的主要目标人群则是处于妊娠期、哺乳期或者育儿期的女性用户。所以，我们在进行 App 应用下载数据分析时，首先需要清楚分析的产品到底属于哪种类型，有什么明显的人群特征。

清楚了需要分析的产品的类型后，就需要确定目前投放的定向人群是什么类型，做个简单分析，判断是不是存在明显的定向偏差。如果定向人群存在明显偏差，就要及时查看模型算法是不是在建模的哪个环节出现了问题，是不是定向维度刚好反过来了，或者模型的打分有问题。如果模型算法的各环节无误，且定向人群无明显偏差，就要进一步检查创意和素材等方面因素的影响。

除了定向人群要准确无误以外，投放广告创意和素材对整体投放效果的影响也较大。那么到底什么是广告创意和素材呢?

广告创意是介于广告策划与广告表现制作之间的艺术构思活动。根据广告主题，经过精心思考和策划，结合艺术手段，对所掌握的材料进行创造性组合，以塑造一个意象的过程。广告创意在广告宣传中起到很特殊的作用，它既可以是有形的，也可以是无形的。好的创意能打动人心，广告创意水平的高低决定了广告质量的好坏。

素材是指在设计或者设计实施的过程中使用的图片及物品，例如在制作游戏广告时，我们嵌入广告中的与游戏相关的特效视频或者图片就是广告素材。例如寿司广告，普通创意广告和好的创意广告分别如图 7-1a、图 7-1b 所示。

a）普通创意广告

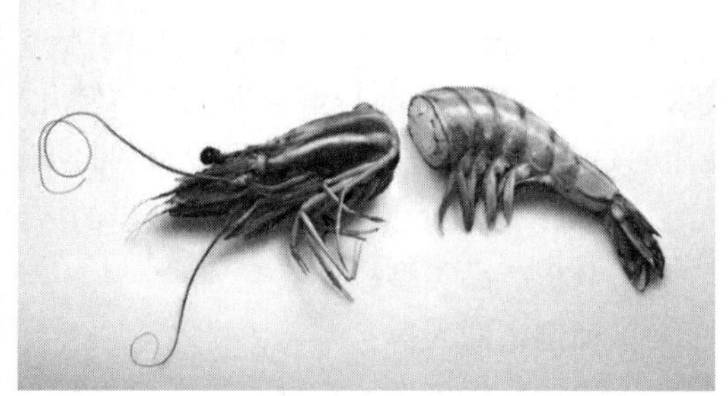

b）好的创意广告

图 7-1　不同广告创意

如图 7-1 所示，普通创意广告只是对素材的简单堆积，并没有根据广告主题对广告素材进行思考和重新塑造，所以广告看起来没有什么特别之处。而好的创意则是根据广告主题，重点突出了寿司“鲜美”的特点，更能加深受众的印象，达到广告推广的目的。

广告创意和素材的好坏会直接影响广告投放的效果，对于同一产品、同一定向人群，使用不同的创意和素材可能会使最终投放效果相差很大，而好的广告创意和素材能大大提升投放的转化效果，所以除了要注重人群的精准定向以外，还需要注意使用好的广告创意和素材来吸引用户。另外，我们也需要注意不同广告位、不同流量时段对广告转化效果的影响。一般来说，对于较大的媒体资源，例如今日头条、微博、知乎等，其广告位数量往往不止一个，而不同广告位之间的转化差别又是客观存在的。根据笔者的经验，在搜索广告中，位于北区的广告位往往比南区和东区的广告位转化效果要好。如果在广告投放过程中，我们能尽量多地拿到较好的广告位流量，那么对最终转化效果会很有帮助。另外，不同的流量时段，转化效果可能也有明显的差别，例如在凌晨投放广告，转化效果可能略微逊色于在下午时段投放，因为凌晨大部分人在睡觉，而下午大家可能会有时间刷广告。

除了考虑定向人群、广告创意和素材、广告位以及不同时段对广告投放效果的影响以外，还需要注意曝光频控对广告投放的影响。因为一般来说，在一定时间内每个平台用户池中的用户是相对固定的，如果广告算法经常命中部分用户，比如用户池中的高活跃用户或高转化用户，那么必然会导致对这部分用户的广告投放频率迅速达到曝光频控的限制，使系统自动过滤这部分用户，进而导致最后真正能投放的用户并不是算法挖掘出的最具潜力的用户，这是广告投放效果不佳的重要原因之一。所以在实际投放过程中，我们要兼顾广告投放效果和用户体验，也就是说，不能不顾用户体验而对用户的广告曝光次数不加以限制，也不能为了过分保护用户体验而设置非常严格的广告曝光频控。通常情况下，这两者需要做一个平衡。关于广告曝光频控的内容，我们会在第 9 章详细讲解。

最后，在分析了所有可能的原因以后，如果仍然不能找到投放效果不佳的原因，此时可以考虑是不是客户激活回调延迟或者回调链接有误导致数据异常，从而产生广告投放效果不佳的错觉。首先要明确的是，需求方平台需要得到客户或者第三方回调数据才能知道广告投放具体产生了多少激活或者付费用户，并且客户或第三方在回调数据之前一般会进行归因，目前常用的归因策略是根据最近一次点击行为来进行归因。也就是说，距离用户激活行为最近的一次点击行为是由哪个平台产生的，那么就将此次激活归因到哪个平台。目前行业默认的归因期限一般是 7 天，即 7 天内产生的点击行为可以算归因，超过 7 天的点击行为算作用户自然流量产生的效果，而不属于广告投放产生的效果。所以如果是客户激活回调延迟，可以与客户方协商确认。其次，如果是回调链接有误导致的回调数据失败，可以与客户方进行沟通后做一个测试验证，及时修改错误的链接，这样需求平台方就能正常收到回调数据了，这也是我们在广告投放过程中不能忽略的效果广告数据分析关键点。

7.2　游戏行业用户分析

说到游戏，相信大家都不陌生，近十年来我国的游戏行业发展势头十分迅猛。目前中国移动游戏市场拥有全球规模最大的用户群体，这是移动游戏市场发展的根本，而对游戏行业用户的分析是移动游戏厂商洞察市场发展趋势的重要方式之一。根据用户的年龄、偏好、消费等维度进行分析，可以看到移动游戏的用户分群趋势越来越明晰，不同的细分群体的特点越来越明显。

7.2.1 游戏行业数据分析的作用

广告需求方平台需要做的就是代表广告主（客户）的利益，围绕客户提出的各项考核指标，通过各种数据分析和挖掘的方法，制定合理的投放策略来帮助客户实现产品广告投放效果最大化。所以在游戏行业中，数据分析的作用主要包括以下几点。

1）对游戏用户画像数据进行分析，包括对用户属性及行为数据的分析，制定合理的广告投放策略。

2）根据历史投放数据，找到每个广告产品合适的投放人群，制定合理的出价策略，实现精准营销和产出最大化。

3）监控广告投放效果，帮助运营人员及时发现问题，优化素材内容和形式，使投放效果达到客户预期。

7.2.2 游戏行业的关键数据指标

针对游戏行业客户，要帮助其实现产品投放效果最优化，首先要知道游戏用户从接触到游戏广告到最终转化的整个过程。一般来说，游戏用户的大致活动过程如图 7-2 所示。

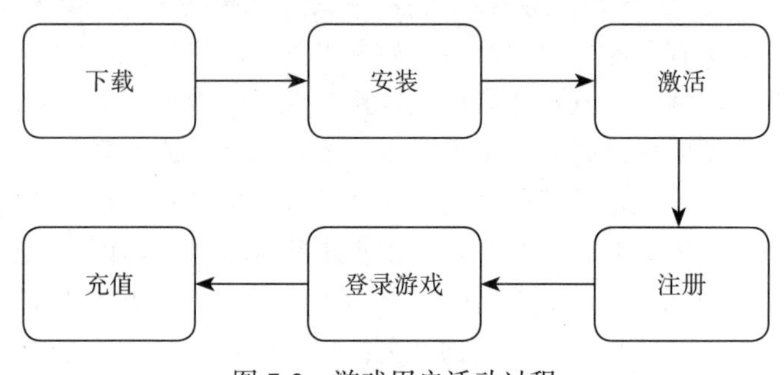

图 7-2 游戏用户活动过程

针对客户的考核指标转化（激活、付费）成本、ROI、留存率等，我们需要知道各指标的含义及计算方式，并根据客户的 KPI 要求，合理制定广告投放策略。

1. 转化率

需求方平台在游戏广告投放过程中通常是按以下方式计算产品激活率及付费率的：

$$激活率 = 激活人数 / 曝光人数$$

$$付费率 = 付费人数 / 曝光人数$$

而对客户方而言，他们则通常是按以下方式来计算产品激活率及付费率的：

激活率 = 激活量 / 安装量

付费率 = 付费人数 / 活跃人数

虽然需求方平台与客户方对转化率的计算方式不同，但这并不会产生太大影响，毕竟最终大多是按 CPM（千次曝光价格）或 CPC（点击价格）来进行广告效果结算的。当然有时候也会按转化成本（激活成本 / 付费成本）来进行结算。

2. 客户考核 KPI

目前效果广告的结算方式通常包括 CPM、CPC、CPA 等，下面我们来具体了解下每一种结算方式。

- CPM（Cost Per Mille）。按千次展示计费（千次展示价格），这种结算方式一般比较适合品牌广告主。其计算公式为：

  CPM=（广告投入总额 / 展示量）×1000

- CPC（Cost Per Click）。按点击计费（平均点击价格），即单个点击用户的成本，关键词广告一般采用这种定价模式。其计算公式为：

  CPC= 广告投入总额 / 所投的广告带来的点击用户数

- CPA（Cost Per Action）。按成果数计费，即平均每个激活用户的成本，游戏客户一般会采用这种考核方式。其计算公式为：

  CPA= 广告投入总额 / 所投广告带来的激活用户数

另外，大部分游戏客户也会比较关注以下几个指标。

- ARPPU（Average Revenue Per Paying User）。ARPPU 表示平均每付费用户收入，反映的是每个付费用户的平均付费额度，部分游戏客户也会以这种方式进行考核。其计算公式为：

  ARPPU= 付费金额 / 付费人数

- ROI（Return On Investment）。ROI 即投资回报率，是指投资后所得的收益与成本间的百分比。其计算公式为：

  ROI= 利润 / 投资总额 ×100%

- 留存率。留存率是指新增用户在一段时间内再次登录游戏的比例，一般分为日留存率、周留存率、月留存率。其中日留存率使用较多，且日留存率又可以分为次日留存率、7 日留存率、30 日留存率。
  - 次日留存率。次日留存率指的是新用户在首次登录后的次日再次登录游戏的比例，其计算公式为：

    次日留存率 = 第 1 天新增用户在第 2 天登录过的人数 / 第 1 天新增用户数

- 7 日留存率。7 日留存率指的是新用户在首次登录后的第 7 天再次登录游戏的比例，其计算公式为：

  7 日留存率 = 第 1 天新增用户在第 7 天登录过的人数 / 第 1 天新增用户数

- 30 日留存率。30 日留存率指的是新用户在首次登录后的第 30 天再次登录游戏的比例，其计算公式为：

  30 日留存率 = 第 1 天新增用户在第 30 天登录过的人数 / 第 1 天新增用户数

7.2.3 游戏用户数据分析方法

数据分析工作贯穿整个广告投放过程，它是为广告投放与优化服务的，而广告投放和优化是围绕客户的 KPI 要求来进行的。因此，通过 KPI 发现问题之后，需要对数据进行深入分析，抽丝剥茧，定位问题产生的原因并提出相应的解决方案，指导后续的广告优化调整工作。

广告数据分析的一般过程包括发现问题、分析问题、提出解决方案。

围绕客户 KPI 需求整理和解读数据，从中发现问题是数据分析工作的第一步。发现问题有时候比较容易，特别是在围绕客户 KPI 的数据分析中，问题一般是 KPI 指标的结果呈现。比如 KPI 未达到客户要求，客户要求产品激活成本为 20 元，而目前的投放激活成本是 30 元，对客户来说，转化成本高就是问题，需要我们帮助运营人员进行问题分析并提出优化方案。

在数据解读过程中可能会发现各种各样的问题，需要通过分析数据，发现问题产生的根本原因。因此数据分析人员需要有严谨的分析能力，有条不紊地对各种维度和指标进行层层剖析，找出原因并分析，提出问题解决方案。当然，有经验的运营人员也可以凭借经验快速得出问题产生的原因，但仍然需要对可能产生的原因进行一一验证，这同样需要严谨的分析思考能力。在游戏数据分析中，常用的数据分析方法有对比、细分、关联三种。

1. 对比分析法

数据分析人员在进行数据分析时，如果只是单看某个数据指标是没什么意义的，这样根本分析不出它到底是正常还是异常。我们必须对整体数据进行对比分析，找出差异，认真研究合理与不合理的地方并做出相应的优化调整。即便是凭经验判断出某个数据确实是异常数据，也是基于当前数据与经验中的常规数据认真比较得出的。另外，根据维度和指标的不同，可以将对比分析法分为横向比较和纵向比较两种。横向比较是指对同一维度级别，分析不同维度成员各个指标的分布并进行比较；纵向比较是指对同一维度成员的同一指标级别，对不同时间粒度的趋势走向进行比较。其中分布和趋势分析又是对比分析的关键。

- 分布：主要是分析广告投放数据在各个维度是如何分布的。品牌程序化广告投放中经常要分析的维度有地域分布、频次分布、年龄分布等。比如地域维度中消耗的分布情况如何，是否符合投放要求，哪个地区投放消耗最大，该地区对应的点击率或转化率是高还是低。

- 趋势：趋势是基于时间维度的数据走向。通过趋势可以看出广告投放中各个数据值的整体走向，分析投放量是否符合广告排期，投放效果是否达到 KPI 要求。同时，还要分析数据波动和变化幅度，发现异常数据（异常是指异于平常数据，可能是好的数据发展趋势，也可能是坏的数据发展趋势）。

另外，在时间维度上，还可以有同比和环比两种对比分析方法。简单来说，同比是本期与同期比，如 2018 年 1 月与 2017 年 1 月相比较；环比是本期与上期比，如 2018 年 2 月与 2018 年 1 月相比较。

2. 细分分析法

在进行对比分析时，如发现异常数据，就需要进一步分析异常产生的原因。比如，某天的投放效果比前一天差，这就需要进一步细分不同维度查找原因：是哪个媒体的数据变差了，哪个时段的流量变差了，还是哪个人群的效果数据变差了，又或者是调整了哪个投放策略导致效果数据变差了。同时，细分分析法是为了更合理地比较，在不同细分类别上进行比较得出来的数据更加客观公正。比如，A 媒体比 B 媒体的转化效果好并不代表 A 媒体比 B 媒体好，细分分析后可能会发现 B 媒体的某个人群效果差拉低了整体转化效果。此时可以考虑通过过滤该人群进行优化调整，或者进一步分析该人群效果差的原因，是因为哪些细分维度还是其他，通过层层细分进行维度关联，从而挖掘出优化空间。

细分分析主要从以下几个维度进行。

- 人群特征细分：根据用户的需求、性别、年龄、行为、兴趣、消费水平或者用户旅程中的不同阶段等粒度将用户划分为不同人群，可以是单一粒度，也可以综合多个粒度，然后进一步分析不同细分人群的数据。比如，按照性别可以将人群细分为男性用户和女性用户，按照消费水平可以把人群细分为高消费用户、普通消费用户和低消费用户等。
- 时间细分：针对不同时间维度和粒度进行细分，比如上午时段、下午时段、晚上时段和凌晨时段等。
- 媒体细分：针对广告渠道、媒体、广告位等进行数据细分。
- 创意细分：针对投放的多套创意和版本进行细分。
- 其他维度细分：如地区、频次等。

3. 关联分析法

关联分析是指通过数据观察发现规律或数据之间的因果关联，在此基础上推断原因并验证。一般可以通过建立归因模型分析广告投放效果。归因模型可以从用户转化过程中提取，并为不同渠道或不同创意分配不同权重。归因分为广告归因和站内归因，其中广告归因又可以分为渠道归因和创意归因。

渠道归因是指在广告投放过程中各个渠道对转化的贡献率，这些渠道包括广告交易平台（AdX/SSP）或其他推广方式，再进一步细分查看百度 BES、阿里 Tanx、腾讯 AdX 等资源对转化的贡献率。

创意归因是指在广告投放过程中各个创意及素材对转化的贡献率。

常见的归因模型有末次转化归因模型、平均分配归因模型、时间衰减归因模型、价值加权归因模型和自定义归因模型。

- 末次转化归因模型：把转化（点击、激活、付费等行为）功劳全部归于末次触点对应的渠道或创意。这是比较直接的归因模型，但忽略了其他节点的功劳。
- 平均分配归因模型：把转化功劳平均分配给每个触点（用户从看到广告到产生转化过程中的各个触点）。这是比较简单的多渠道归因模型，但可能会高估中间节点的功劳。
- 时间衰减归因模型：根据用户转化过程中的时间轴，将功劳倾向于划分给最接近转化的触点，也就是首次触点的功劳最小，中间多个触点的功劳依次变大。末次触点的功劳最大。这种方式相对合理一点。
- 价值加权归因模型：对不同渠道的位置价值或不同创意的内容价值进行加权，根据权重对转化功劳进行划分。这种方式需要合理划分不同渠道及不同创意的价值。
- 自定义归因模型：自定义各个渠道或各个创意的权重，根据权重对转化功劳进行划分。

7.3 电商类 App 用户转化分析

在互联网产品和运营的分析中，转化分析是最为核心和关键的场景。以电商网站购物为例，一次成功的购买行为包括搜索、浏览、加入购物车、修改订单、结算、支付等多个环节，任何一个环节出现问题都可能导致用户最终购买行为的失败。在精细化运营的背景下，如何做好转化分析就显得尤为重要。

所以，当你想要做转化分析的时候，首先需要清楚产品的核心功能是什么，然后去监测这个核心功能的转化率。每个行业都有相应要重点监测的转化率，比如游戏类 App 里更加关注付费率，电商类 App 更加关注购买率。对于广告需求方平台来说，不管是游戏类 App 还是电商类 App，通常考核的主要指标都是激活成本。因为游戏付费情况与客户产品的关系较大，所以客户一般考核的是激活成本或者 ROI，当然也有部分游戏客户要求考核付费成本。而对于电商类 App 来说，在广告投放过程中，客户主要考核的也是 App 激活成本，但也有很多电商客户会考核互动和点击成本。所以在电商类 App 数据分析过程中，我们通常采用的分析方法是漏斗转化法和对比分析法。

漏斗分析是最常见的数据分析手段之一，被广泛应用于网站用户行为分析和 App 用户行为分析的流量监控、产品目标转化等日常数据运营与数据分析工作中。图 7-3 是某电商网站的漏斗分析图示例。

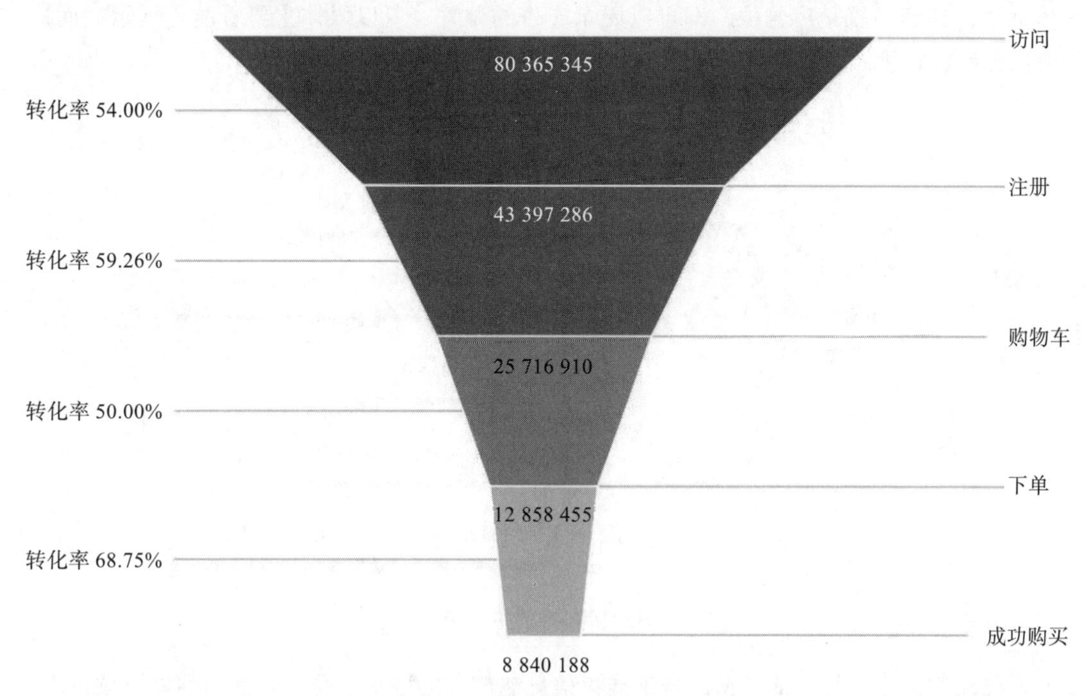

图 7-3　某电商网站漏斗分析图

图 7-3 体现的是电商网站产品运营的一般分析思路。一般来说，我们不需要做如此精细的广告投放过程分析，因为广告投放毕竟不会深入客户产品内部，我们只需要按照曝光→点击→下载→激活的基本流程对数据进行具体分析即可。

假设现在有这样一个案例：某电商类 App 产品同时在需求方平台和某官方平台投放，通过比较两个投放效果发现，同一个时间段内某官方平台的投放效果明显优于需求方平台。分析发现，两者曝光量和 CPM 相差不大，但需求方平台的点击成本和激活成本明显高于某官方平台。发现问题之后我们决定进行漏斗转化分析，大致的漏斗转化过程为展示（曝光）→点击→激活，其中展示（曝光）对应展示量，点击对应点击量，激活对应激活量，清楚每个过程的主要影响因素是此次分析的关键。

1. 展示量

展示量即广告的曝光次数。在广告投放过程中，保持曝光量（展示量）的稳定是广告投放的前提。而信息流广告的展示量主要受广告主的广告计划预算和客户所属行业影响。在前面的案例中，需求方平台和某官方平台的广告展示量相当，可以暂时忽略展示量对广告投放效果的影响。另外，CPM（广告千次展示成本）是目前广告的主要结算方式之一。主流媒体的信息流广告均以 CPM 来衡量一条广告的竞争力，即 CPM 越高，广告竞争力越强，反之越低。在以上案例中，两家平台投放的 CPM 相差不大，基本上也可以排除 CPM 对广告效果的影响。有读者可能会问，为什么媒体会用 CPM 来评价广告的竞争力呢？因为对于媒体来说，其商品就是广告位，即可以展示广告的位置，所以媒体主要看的是展示，而广告主则主要看转化。展示量高低的主要影响因素如图 7-4 所示。

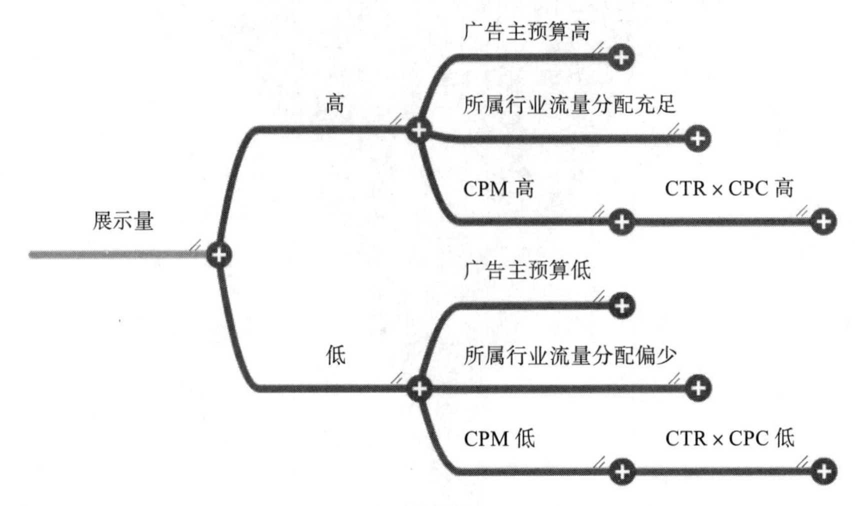

图 7-4 展示量高低的主要影响因素

需要说明的是，与其他类型广告不同，信息流广告的展示量受广告计划预算影响很大，因为媒体会根据预算分配流量。比如 A 计划的日预算是 1 万，B 计划的日预算是 10 万，那么媒体会预判 B 计划流量需求更大，从而将更多的流量分配给 B 计划，让其有足够的空间展现广告。另一个重要的影响因素是，有时候媒体对不同行业的流量分配也是不均衡的，比如双 12 大促期间，媒体会将更多的流量分配给电商行业。

2. 点击量

点击量是指广告的点击次数，它的主要影响因素有两个：CTR（广告点击率，即点击量 / 展示量）与 CPC（广告单次点击成本，即广告消耗 / 点击量）。几乎所有的广告主都希望以最低的 CPC 来获取最高的 CTR。因为 CPC 代表的是广告主的推广成本，而 CTR 代表的是广告主的广告质量好坏。所以对于广告主来说，优化的主要方向是 CTR，即在广告预算一定的情况下，通过提高 CTR 来降低 CPC。而对于媒体来说，优化的主要方向是 CPM。CPM、CTR 和 CPC 三者的影响关系如图 7-5 所示。

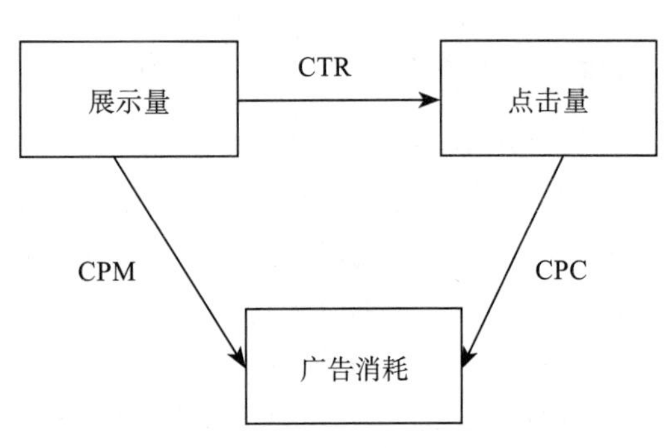

图 7-5 CPM、CTR 和 CPC 三者的影响关系

CTR 的影响因素主要从投放前和投放后两个阶段来分析。在广告投放前，CTR 主要受其预估机制的影响。信息流广告的 CTR

为系统预估机制，就是在一个广告投放前媒体就会对其 CTR 进行预估，而影响媒体对广告 CTR 预估的因素主要有广告创意吸引力、创意内容、产品相关度以及图片素材清晰度等。在广告投放后，受众的精准度是影响 CTR 的一个重要因素，精准度虽然对 CTR 预估影响很小，但是在后期投放中影响非常大。比如投放的产品为女性化妆品，如果在受众设置时不限性别，那么在投放时就会因为男性用户对广告不感兴趣而导致整体 CTR 偏低，所以需要对受众进行提前设置来过滤不相关人群，减少无效损失，同时提升整体 CTR。

CPC 的主要影响因素有行业竞争程度、出价和 CTR。当竞争对手增多时，大家为了抢占更多的流量势必会提升广告出价，此时无论是竞争对手的竞争还是广告主自身出价的提升都会导致 CPC 明显上涨。另一个因素为 CTR，由于 $CPM = CTR \times CPC \times 1000$，媒体会根据 CPM 来综合评判一条广告的竞争力，进而与其他广告主竞争展现机会。所以当 CTR 下降时，为了保证广告的竞争力，对应计划的 CPC 就会相应上涨；当 CTR 提升时，对应 CPC 就会下降。CTR 与 CPC 的主要影响因素如图 7-6 所示。

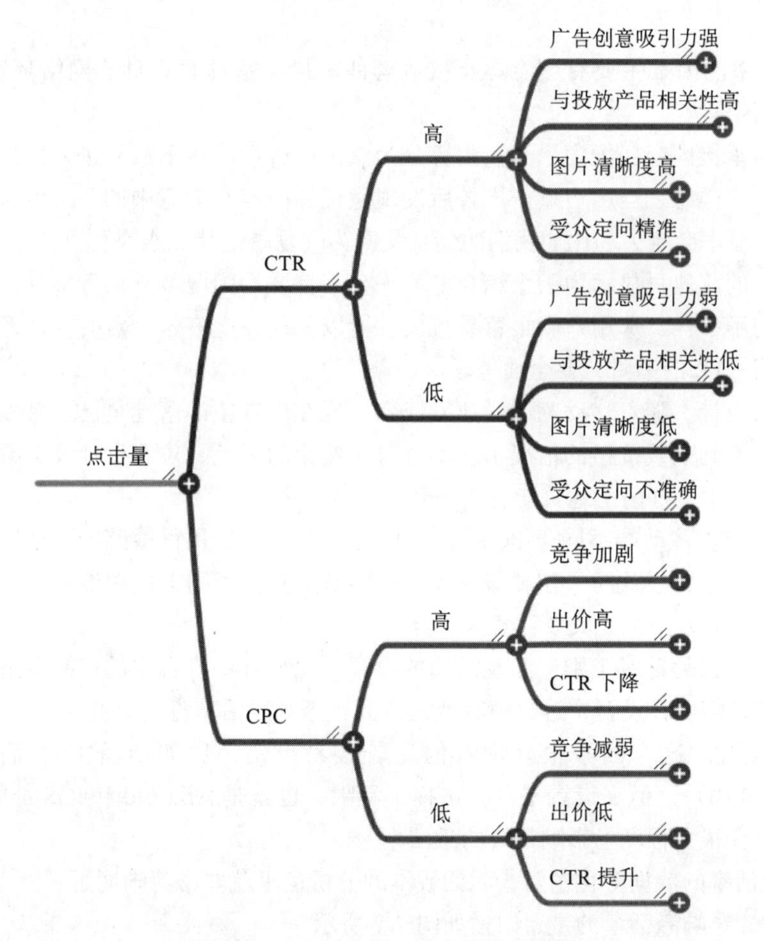

图 7-6　CTR 与 CPC 的主要影响因素

3. 激活量

这里的激活定义为用户下载 App 后在联网的状态下打开 App，激活量即为激活 App 的用户数量。由激活可以得到两个概念：

激活成本 = 广告消耗 / 激活量

激活率 = 激活量 / 点击量

前面我们已经介绍过激活成本，几乎所有 App 产品做营销推广时都要考核激活成本，对于客户来说，激活成本当然是越低越好。所以对于激活成本的分析思路也可以由激活成本的计算公式得到，即：

激活成本＝广告消耗 / 激活量＝广告消耗 /（点击量 × 激活率）＝ CPC / 激活率

由这个公式可知，激活成本受两个因素影响：CPC 和激活率，当 CPC 越低、激活率越高时，激活成本越低。在前面我们已经分析了 CPC 的影响因素，下面重点分析激活率的影响因素。

影响激活率的因素主要有创意与承接内容匹配度、落地页设计、网络环境、运营商、平台设置 5 个因素。

- 创意与承接内容匹配度。承接内容分为点击广告后直接下载和进入落地页两种，但逻辑是一样的。当用户点击广告后发现呈现的内容与创意中的不一致时，该用户就有很大概率会流失。比如我们的创意文案为“夏季吃什么水果可以抗氧化”，但点击广告后的落地页显示为一个综合电商平台，首屏均为服装鞋帽等商品，与用户希望看到的不一样，那用户就很容易流失。所以我们在上广告创意时要注意这点，不能陷入高 CTR 的陷阱，要全面考虑。
- 落地页设计。随着移动互联网愈发成熟，现在广告主的落地页已经基本不会出现在首屏找不到下载按钮的情况了，不过对于按钮的配色、位置设计及文案呈现等还需要不断摸索，好的落地页能有效提升整体激活率。
- 网络环境。移动端不同于 PC 端，用户对于手机流量是很敏感的，特别是投放 App 下载的广告，投放时一定要设置 Wi-Fi 环境限制，否则会白白浪费很多点击，安装包较大的游戏产品尤其要注意这一点。
- 运营商。这是针对个别产品及活动的设置，比如有些广告主的产品只适用于移动用户，那就需要在设置中过滤掉其他运营商，否则激活率肯定会低。
- 平台设置。这个因素很好理解但比较容易出错，比如产品主要面向的群体为 Android 用户，但在设置平台时选择了不限，也就是 Android 和 iOS 都能看到广告，这样也会很大程度上影响最终的激活率。

清楚了激活率的数据变化逻辑，激活成本的分析逻辑就非常清晰明了了。

总体来说，影响激活量的主要因素如图 7-7 所示。

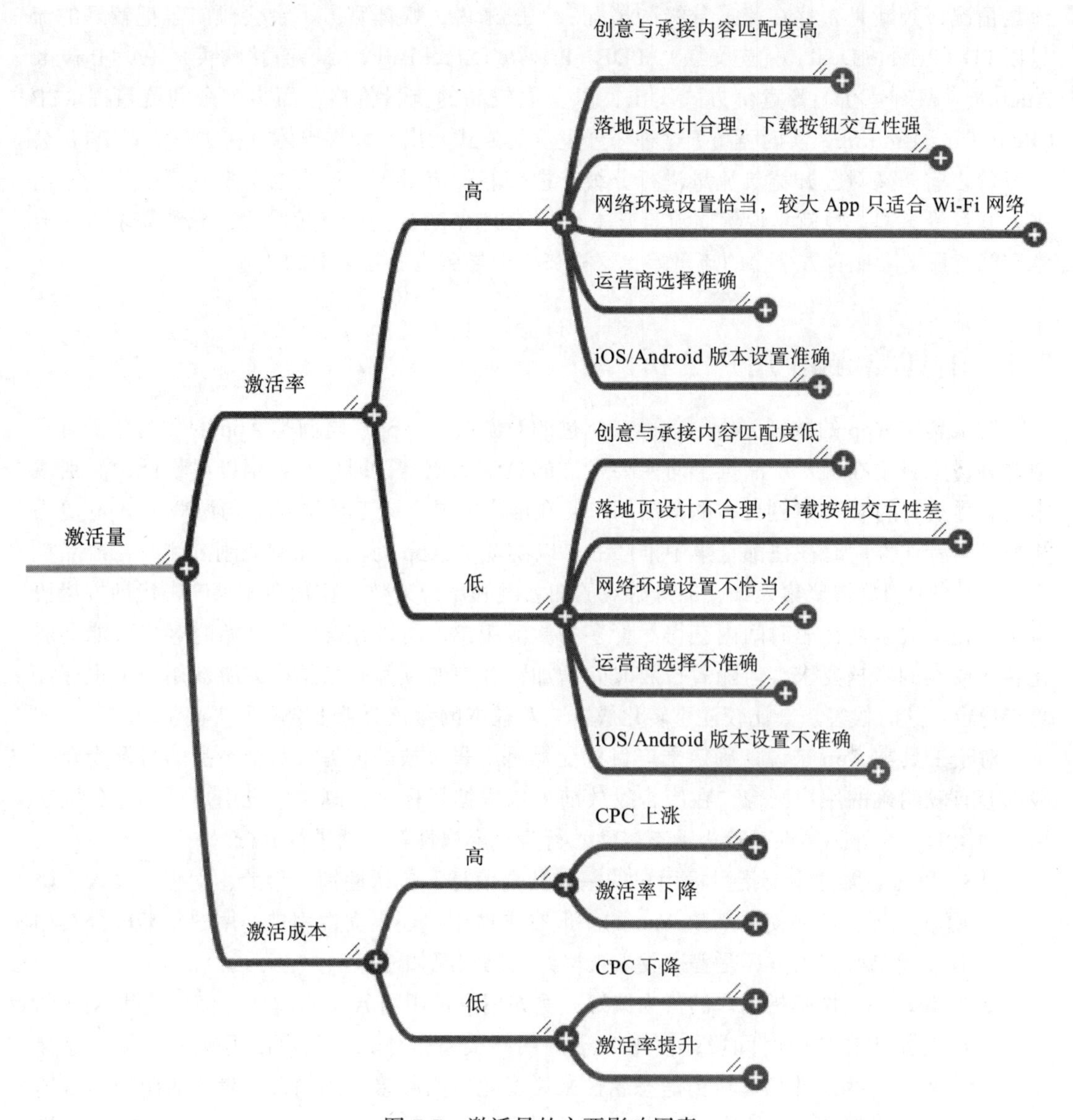

图 7-7　激活量的主要影响因素

在前面的案例中，需求方平台点击成本和激活成本明显比某官方平台高，结合点击量和激活量影响因素分析，可以基本确定 CPC 上涨了。而 CPC 上涨的原因主要是市场竞争加剧，CTR 有所下降，所以需求方平台优化的方向可以从 CTR 方向着手，重点考虑以优化广告创意和素材来提升 CTR，当然也可以通过优化算法来提升定向受众的精准度进而提升 CTR。CTR 提升之后，CPC 自然就可以降下来了。

除了进行漏斗转化分析以外，在以上案例中，还可以对比需求方平台和某官方平台的流量情况，判断是否存在流量分级的情况。一般来说，媒体官方平台会倾向于把较好的流量以 PD（Private Deal，优先交易）、PDB（Private Direct Buy，私有直接购买）、PA（Private Auction，私有竞价）等竞价方式卖出，以获取较高的流量价格，而将剩余的流量以 RTB（Real Time Bidding，实时竞价）这种公开竞价的方式卖出。如果媒体方在进行流量 RTB 公开竞价之前，又对公开竞价流量进行分级，把较好的流量预留给自己，把剩下的流量拿出来公开竞价售卖，也就是说优质流量基本很少能进入 RTB 公开竞价阶段，导致需求方平台拿到的流量实际比官方平台的流量差，这样势必会导致投放效果上的差异。

7.4 工具类 App 用户分析

对工具类 App 的数据分析与前面介绍过的对游戏类 App、电商类 App 的数据分析有类似之处，广告主在进行产品推广时主要考虑的是激活成本，即他们希望以尽量低的激活成本或者尽量高的 ROI 拿到更多的激活用户。在推广方式上，工具类 App 与游戏类 App 更为相似，两者在推广时往往都是集中推广的。以游戏类 App 为例，在游戏刚公测时，产品推广方（客户）想尽快聚集人气，提升游戏的知名度和用户人数，往往会要求广告代理方尽快将预算花出去以便在短时间内获得尽量多的激活用户，所以在推广刚开始时客户可能会弱化转化成本的考核要求，但随着投放时间增加，客户的预算越来越少，游戏用户量也逐渐趋于稳定，这时候客户会比较注重转化成本，对成本的考核要求也会有所提高。

对于工具类 App 来说，确定推广目标受众是广告投放的前提。每个产品的目标受众一般都会有较明确的用户画像，在广告投放前可以根据目标用户画像预设用户群体，分别从用户画像的行为静态属性、行为动态属性、行为兴趣属性等方面进行分析。

- 行为静态属性主要指目标用户的基本社会信息，包括性别、年龄、学历、收入、婚姻状况等。例如使用某款 App 的一般是男性用户还是女性用户，用户年龄段分布如何，是高收入人群还是普通收入人群，婚姻状况如何等。
- 行为动态属性是指用户的行为偏好，例如用户常用的 App 有哪些，使用这些 App 的时间集中在哪个时间段，使用 App 的网络类型是什么，用户使用 App 的场景是什么等。这些属性相比行为静态属性来说变化更为频繁。例如喜欢游戏的用户的常用 App 是微信和虎扑体育，使用 App 的时间一般是早上的 8 点到 9 点，使用 App 的场景一般是在地铁、公交车上。
- 行为兴趣属性分析是分析这些属性人群在产品广告投放中是否有明确的行为特点。比如中年男性用户整体比中年女性用户对投资更感兴趣，并且比中年女性用户更喜欢尝试新鲜事物；30 ~ 45 岁的用户整体比 20 ~ 30 岁的用户更注重养生；高学历人群整体比低学历人群在自我提升方面投入更多。

明确了目标受众的用户画像之后，就可以进行常规的产品推广了，但这只是根据广告主的要求初步确定的用户画像，对广告投放来说不一定精准。而越到广告投放后期，对用户的精准定向要求就会越高，这时候可以通过模型算法等手段来挖掘目标用户潜在人群，达到精准营销的目的。

为了帮助提升广告定向人群的精准度，有些广告主往往会向广告代理方提供一些种子用户数据，方便广告代理方进行产品目标受众人群的定向挖掘。特别是对于一些新产品，广告代理方前期缺乏相关的数据积累，很难实现产品用户的精准定向挖掘，这时如果广告主能提供一些自身积累的种子用户数据，无疑会对产品目标受众人群定向挖掘起到非常重要的作用。不过不是每款产品的广告主提供的种子用户数据都是可用的，特别是对于第三方广告需求平台来说，在拿到广告主提供的种子数据后往往还要与自身的数据管理平台（DMP）进行数据匹配，匹配到的用户才能用于精准定向挖掘。实际上，大部分广告主提供的种子用户数据对需求方平台来说匹配度都是极低的，可用性非常有限。

另外，广告主在对一些已经具有一定知名度的工具类 App 进行推广时，例如腾讯视频、优酷等在线视频平台，往往比较注重广告投放的实际效果。因为在产品推广的前期，这类产品已经积累了一定基数的用户量，为了区分广告投放的实际转化效果与产品自然流量转化效果，有些广告主往往会在广告开始投放之前就要求广告代理方进行一定的流量区分，方便对比两者的实际转化效果。例如在某产品定向挖掘人群包中，客户要求在广告投放前另外做一个定向人群排除包，用于对比正常的广告投放数据包与排除包（自然流量）的实际转化效果。需要注意的是，定向人群排除包中的用户一定要是根据广告投放数据包随机抽取而来的，否则就难以区分两者的实际转化效果了。

对于工具类 App 用户分析，广告主除了注重产品的激活成本以外，也比较注重互动和点击等行为的转化成本。例如在春节期间，产品推广方会推出一些活动来吸引用户，这时候就需要通过广告投放来推广产品。活动的参与情况，例如用户的点赞、评论、转发等行为就是客户在此次产品推广活动中比较关注的行为，虽然这些行为不是最终的转化行为，但却是客户进行本次推广的重要目的。所以在活动期间，广告代理方平台可以根据用户点赞、评论、转发等行为的转化行为来有针对性地获取种子数据从而挖掘定向人群包，实现精准营销，帮助客户实现活动目的。

7.5　本地 O2O 婚纱摄影行业分析

O2O 即 Online To Offline（线上到线下），是指将线下的商务机会与互联网结合，让互联网成为线下交易的引流平台。通俗地说，O2O 就是从线上引流，吸引用户到线下消费的模式。目前采用 O2O 模式交易的行业非常多，包括婚纱摄影、生活服务、教育类等，每个行业均有各自的特点。随着移动互联网的普及，这些行业越来越倾向于采用移动互联网广告的形式进行产品推广，特别是婚纱摄影行业，利用 O2O 模式进行推广成为其最成熟的网络推广形式。

根据历史广告投放数据目标受众分析可知，婚纱摄影行业产品的目标用户年龄分布主要在 20 ~ 39 岁之间，女性用户居多，用户主要集中在北上广深等一线城市以及江苏、浙江、四川、山东等地，并且用户社交性特点非常明显，比较适合在微信、微博等大众社交平台上进行产品广告投放。当然在广告投放前，一定要根据目标用户群体的特点，有针对性地进行推广。与其他行业不同，婚纱摄影行业更注重“艺术性”，也就是说，除了要进行用户的精准定向以外，还要特别注意广告创意和素材对用户的吸引力。例如，一组惊艳的婚纱照素材往往比文字更能吸引用户的注意力。

7.5.1 精准人群定向

在进行婚纱摄影类产品广告投放之前，首先需要对目标人群进行精准定向。精准人群定向往往需要一定数量的种子用户数据，这一方面可以通过广告代理方，例如通过需求方平台自身的历史投放数据来获取；另一方面可以通过广告主拿到部分种子用户数据，利用模型算法对人群进行精准定向挖掘。婚纱摄影类产品采用 O2O 的模式进行推广，其线上推广一般是通过表单填写的方式进行，根据线上填单再到线下完成消费的用户才算是种子用户，因此广告代理方需要广告主配合进行数据回传才能拿到真正的种子用户数据。遗憾的是，由于种种原因，现实中的大部分广告主不愿意将产品的真实种子用户数据回传，导致在很多情况下，婚纱摄影类产品的人群定向只能通过某些中间转化行为（如点击、评论、关注等）来进行挖掘，但这样挖掘出来的定向人群往往精准度不高，这也是婚纱摄影类产品在广告投放中难以达到较好转化成本的重要原因之一。据了解，目前大部分婚纱摄影类产品的填单用户转化成本在 100 ~ 200 元之间，甚至更高。

7.5.2 广告创意素材

前面我们说过，婚纱摄影行业用户非常注重“艺术性”，所以，好的广告创意和素材对整体广告投放转化效果影响非常大。可以从两个方面优化广告素材提升广告效果：一是创意形式，二是用户交互方式。

创意形式就是素材的展现形式，比如图片、文字、图文、视频、表单等。在不同的媒体平台和广告位，哪种形式更能吸引受众，这是首先需要考虑的。目前普遍认为适合婚纱摄影行业广告创意的展现形式有大图加文字、视频、图文九宫格、原生博文、多图博文等。图 7-8 就是一组图文加九宫格的展现形式样例。

用户交互是指在素材上进行什么动作，如点击切换动态创意、在创意上填写注册信息、点击广告后扩展素材，以及语音提交信息等。选择什么样的交互方式才能让用户拥有最佳体验，这也是在考虑广告投放效果时需要重点关注的内容。关于广告素材优化，我们有以下几点建议。

- 提高不同风格素材的投放精准度，这需要结合历史数据和实时数据的特征分析，不断学习和优化。除了要进行单一维度的用户数据、创意、广告位分析外，还要对它们进行交叉分析，比如某个广告创意素材效果较好，可能仅限于吸引某一类特征的用户，对其他用户作用不大。

- 广告位上的素材内容和编排设计决定了用户的转化意愿，如果能利用程序化创意平台，通过技术自动生成海量创意，通过算法和数据对不同受众动态展示广告并进行创意优化，使每个人看到的创意都不一样，即广告创意实现“千人千面”（即使同一个人，在不同场景下看到的广告创意也是不一样的），会大大提升广告投放效果。
- 用户转化路径的合理性。广告位的创意素材和用户到站后看到的页面内容需要保持一致，以便用户在页面看到符合预期甚至超乎预期的内容。如果用户对广告内容感兴趣，点击进入页面后还需要经过搜索进行信息查找或者商品购买，这就会妨碍用户的转化，甚至导致用户流失。

图 7-8 婚纱摄影广告创意展现形式样例

除了精准人群定向和广告创意素材以外，婚纱摄影类产品还要注意时间和空间等因素对产品推广的影响。例如对于婚纱摄影行业，上半年一般是旺季，7 ~ 9 月由于天气等因素影响，广告投放效果也会受到一定的影响，但商家可以在此期间推出一些团购活动来吸引用户转化。另外，婚纱摄影行业作为本地 O2O 行业的典型代表，对广告投放地域性限制非常严格，例如某婚纱摄影产品只适合针对上海地区的用户进行投放，如果投放到其他地区，即使用户看到了广告并完成了表单填写，也不会到线下进行转化，这就会造成广告资源的浪费。所以，对于本地 O2O 类产品要特别注意产品的地域性限制，在广告正式投放之前就要检查基础定向是否正确，是否存在定向区域错误等问题。

最后，要适当控制广告频次。广告频次控制主要是指广告主设置同一个用户在一定时间内看到特定广告的总次数。广告频次控制可以在预算有限的情况下，尽量覆盖到更多的用户，并且在一段时间内对同一用户进行大量曝光或者大量重复同一广告素材的意义不大，合理的广告频次控制能在一定程度上提升广告点击率和转化率。

7.6 品牌广告与效果广告

在广告行业中，常见的两种广告形式是品牌广告和效果广告。品牌广告主要是进行品牌营销的广告，往往注重的是广告的长期效果和用户心智的培养，它是一种由来已久的广告形式，而效果广告是一种比较注重短期效果的广告形式，在此之前我们主要介绍的都是效果广告。在过去，品牌广告一直存在粗放式投放、“放水养鱼”的现象，但自从 2020 年以来，品牌广告已经全面进入“存量竞争”的局面，品牌广告主越来越重视品效合一，并开始借鉴效果广告的营销策略来帮助自己突出重围，保持市场竞争优势。

下面我们分别从品牌广告和效果广告的推广目的、广告费来源、媒介选择以及投放策略几个方面来进行对比分析。

首先是推广目的不同。品牌广告的推广目的是让用户对品牌形成认知和好感，让用户在购买决策的第一时间联想到品牌的产品或者服务。所以品牌广告主一般不直接考核销售转化，而是考核总曝光量、互动成本、点击成本、CTR 等。在广告投放后，一般会有第三方监测公司为其提供专门的数据监测报告，例如友盟 +、TalkingData、热云、秒针、AdMaster、GrowingIO 等都是比较有名的第三方的监测机构。典型的做品牌广告的行业代表比较多，例如日化行业代表企业有宝洁、联合利华、欧莱雅等，餐饮行业代表企业有百盛餐饮和麦当劳等，快消品行业代表企业有康师傅、统一、红牛等。而效果广告的推广目的是帮助客户（广告主）销售产品或者为其提供销售机会。效果广告主一般考核的是广告销售转化，例如 CPC、CPA、ROI 等，他们会对产品营销的全过程指标都进行量化，当然更注重的还是广告效果带来的转化和销售机会。典型的做效果广告的行业代表也很多，比如游戏行业有《斗罗大陆》《王者荣耀》《和平精英》《恋与制作人》等，电商行业有唯品会、拼多多、京东等，金融行业有你我贷、众安保险等。推广目的不同是品牌广告与效果广告最大的区别。

其次是广告费用来源不同。品牌广告的广告费用一般是从企业的市场营销费用中拆分而来的，根据每年销售目标的一定比例来制定，而效果广告的广告费用一般直接来源于企业销售费用。相比品牌广告预算，效果广告预算具有一定的及时性，可以根据市场销售情况灵活调整。

除了推广目的和广告费用来源不同，品牌广告和效果广告在媒介选择方面也不尽相同。品牌广告媒介代理平台首先会根据广告主的基本要求，比如品牌曝光、招商加盟等，优先选择一些大流量平台做推广。例如在传统媒体中，一般会选择央视 + 优质地方媒体的策略；在互联网媒体中，一般会在门户网站开屏、首页 Banner、朋友圈等场景进行推广，购买方式一般是保量购买，例如以 CPM、CPT 固定价格、RTB 竞价等方式进行购买。效果广告的媒介选择重点是完成广告主 KPI 考核，也就是说任何可以做流量变现的平台都适合做效果广告，例如百度的 SEO、腾讯的广点通、今日头条、快手等，流量购买的方式一般是实时竞价。

最后是投放策略不同。品牌广告的投放策略主要是引导广告主全程参与，包括市场分析、营销目的及策略制定等，一般会有专业的广告公司负责媒体资源的整合，并且所有的营销策略都是围绕客户的营销目的来进行的。而效果广告的投放策略主要是通过不断进行运营优化来达到客户的 KPI 要求，帮助广告计划顺利度过冷启动时期。前期对于各个渠道的运营来说，一般都是采用 A/B 测试策略，即多维度尝试不同的广告素材和人群定向，然后不断总结和优化整个营销过程的各个环节，逐渐提升转化效率，最终达到客户 KPI 要求。

前面我们说过，过去品牌广告主要追求的是长期收益，即品牌提升；效果广告则主要追求的是短期收益，即销售提升。而如今品效合一才是产品营销的正道，即品牌广告不能单纯追求品牌提升而忽视销售提升，效果广告也不能单纯追求销售提升而忽视品牌提升。也就是说，品牌广告和效果广告从来都不是“非此即彼”的单项选择，两者需要互相借鉴，取长补短。

品牌广告要想提升广告投放的效果，就需要借助大数据技术手段来进行产品营销。因为大数据为品牌广告提供了技术基础，通过对海量用户数据的搜集、存储、管理、分析、挖掘可以得到用户的精准画像，而根据用户的精准画像进行精准营销是品牌广告提升转化效果的关键。

例如，Facebook 拥有海量的消费者数据，超过 12 亿用户，每个用户随时都可能会更新个人状态，分享图片以及他们喜欢的内容。通过收集、存储和分析用户的个人数据，可以从这些数据中分析出用户的行为方式。例如在互联网上通过追踪 cookies 来追踪它的用户。如果用户在登录 Facebook 的同时浏览网页，它就能跟踪到当前用户正在访问的网站地址；通过 Facebook 里添加的标签，就能对用户图像进行画面处理和面部识别；通过分析用户点过的“赞”，就能精准预测出其在一定范围内的个人特性，比如用户的性别、年龄、学历、情感状态等方面的信息。广告主可以通过预测出来的用户信息，进一步绘制品牌受众地图并进行品牌内容评估，从而实现精准的一对一营销，实现准确的广告推送和客户开发。社交网络分析研究表明，可以通过其中的群组特性发现用户的属性，比如通过分析用户的 Twitter 信息，可以发现用户的消费习惯、个人喜好等，这都是大数据助力精准营销的典型应用。

7.7 本章小结

本章主要介绍常用的广告数据分析方法，包括移动 App 应用在广告投放实践中的主要分析思路和方法等，并根据广告投放中各类 App 产品的不同，分别从游戏类、电商类、工具类 App 等产品角度进行具体分析，介绍了每种产品在广告投放中考核的要点以及重点分析方法。然后以本地 O2O 婚纱摄影类行业为例，从精准人群定向以及广告创意素材两个角度对广告投放的影响进行分析，最后对品牌广告和效果广告进行对比分析，举例说明了大数据技术对品牌广告实现精准营销的重要性。

第 8 章 Chapter 8

广告数据分析报告

在第 7 章，我们对常见的广告投放场景进行了具体讲解，并重点分析了各个行业不同产品推广的主要特点和分析思路。下一步就是如何将我们的数据分析结论以报告的形式呈现出来，让其他人了解我们的分析思路和问题解决方案了。本章将重点介绍如何写一份令人满意的数据分析报告，但并不准备对数据分析报告的具体形成过程展开详细讲解，只是针对数据分析报告中经常出现的问题进行举例分析，并给出相应的改善建议。具体将结合下面三个案例展开介绍。

- 【案例一】某 DSP 平台 2018 年第二季度消耗为 1800 万，而 2017 年同期消耗为 3000 万，同比下降 40%，需要分析 2018 年第二季度平台消耗下降的原因。
- 【案例二】某超市举行 10 周年庆典活动，全场商品 8 折出售，活动当天共带来 1000 人的客流量，需要分析本次活动在客流量及购买转化效果方面的好坏。
- 【案例三】某 O2O 配送公司在全国的平均用户好评率为 3.8%，而重庆地区的用户好评率仅为 2.49%，需要分析该公司在重庆地区用户好评率低的具体原因。

8.1 分析观点明确，逻辑清晰

首先，既然是数据分析，一定要有分析结果，也就是说分析必须有观点、有结论，而且一定要在数据分析报告中把分析结论呈现出来。分析结论是基于当前的数据，基于数据分析结果的逻辑推理，没有结论的分析报告，不能称为一份合格的数据分析报告。所以数据分析师一定要敢于下结论，并且分析逻辑要清晰，分析观点要明确。这就意味着我们必须深入分析，解读数据背后的业务意义以及隐藏的规则。有时由于我们的业务知识不足，得到的结论可能不对或者是明显的常识性结论，不要胆怯，作为数据分析师，要敢基于数据下结论，即使结论有误，但可以因此发现自己的不足，及时调整，积累经验，进而不断提升自己的分析能力。

在案例一中，我们的主要任务是分析出平台整体消耗下降的原因。导致平台整体消耗下降的原因可能有很多，我们不可能把所有可能的原因都列出来当作结论，所以要根据现有数据以及数据背后隐藏的业务规律去找原因。经过分析我们发现，平台 2018 年第二季度游戏客户数下降，线上教育和本地 O2O 婚纱摄影类客户数占比上升，但这两类客户在平台的投放效果普遍难达到客户 KPI 要求，导致平台整体消耗下降。因此我们可以得出两个重要原因：第一，平台一直以来对游戏客户依赖较大，但从 2018 年第二季度开始，国内游戏版本号暂停审批发放，导致平台游戏客户明显减少，平台整体消耗也明显受到冲击；第二，第二季度平台的产品结构转型升级，为了弥补游戏客户消耗下降带来的损失，平台转向大力发展线上教育和本地 O2O 婚纱摄影类客户，但线上教育和本地 O2O 婚纱摄影类客户产品在平台上的投放效果不佳，导致平台整体消耗下降。有明确的分析观点是数据分析工作的第一步。

另外，在进行数据分析之前，一定要清楚你的报告受众是谁，不同受众对于报告的期望是完全不一样的。

- 高层关注方向，例如基于数据分析或者数据洞察来做决策，基于方向决定相关资源的投入。
- 中层关注策略，例如基于数据分析结果可以制定什么样的策略，以用户转化为例，他们更关注转化用户的特征以找出对应的优化策略。
- 员工关注执行，例如针对不同的用户群体应该采取何种出价和定向策略，根据分析结果执行什么样的运营方案等。

8.2 汇报结果，用数据说话

在案例二中，我们只知道某超市今天有 1000 人的客流量，你会怎么分析呢？首先，我们可以用今天超市的客流量数据与昨天的进行对比，这样就可以知道今天的客流量相比昨天到底是多了还是少了，也可以与附近超市的客流量进行横向对比（这都是对比分析）；可以进一步分析今天这 1000 人的客流量中产生实际购买的顾客比例是多少（这是转化分析）。当然还可以进行一些其他维度的分析，但需要注意的是，我们的分析结论一定是通过前面的对比或者转化分析得来，并且要通过数据来说明，才更有说服力。比如相比昨天超市的客流量，今天增加了 50%，转化率提升了 20% 等，这样今天超市的 1000 人的客流量才有了明确的分析结果。有了明确的分析结果，我们还可以进一步分析其中的原因。比如今天超市客流量增加是因为超市举行了 10 周年庆活动，全场商品 8 折销售。

经过这样分析之后，不仅分析结论更加明确，而且有数据说明的分析结论要比案例一中没有数据说明的分析结论更具说服力。所以，在分析报告中，我们不仅要给出明确的分析结论，还要善于借助数据说明我们的分析结论。但这是不是说有明确的分析结论和数据说明的分析报告就是最好的分析报告了？当然不是。除了可以借助数据说明我们的分析结论以外，还可以加上一些事实依据来说明我们的分析过程。经过充分论证的分析观点会让我们的分析结论更丰满，也会让他人更清楚地了解我们的整体分析思路，有理有据的分析往往更容易让人接受。

8.3　分析过程有理有据

以案例三为例，分析一家 O2O 配送公司在重庆地区的用户好评率低的主要原因是什么。这个问题需要进行深入分析，比如是商家的问题还是配送员的问题？具体一些，这是一直存在的问题还是近期出现的问题？可以利用同比分析及环比分析来具体定位原因。当然这些都是常规的分析手段，有时候常规的分析手段并不能分析出问题的根本原因，这就需要跳出常规思维模式，结合实际情况进行分析。比如经过分析我们知道，重庆地区的用户好评率低是因为重庆属于山城，路面高低落差比较大，很多外卖人员的电瓶车上不了坡，导致送货效率及订单的及时送达率低。通过这样有理有据的分析，同时结合后期数据验证，分析结论就会变得更有说服力。

再回过头来看案例一。2018 年第二季度平台整体消耗低的主要原因有两个方面。第一是游戏客户相比去年同期减少 40%，游戏客户减少的主要原因是相关部门对国内游戏版本号暂停审批发放，导致很多游戏客户的产品拿不到游戏版本号，不能发布进而无法在平台继续投放广告，因此平台第二季度游戏产品的消耗明显减少。第二是由于第二季度平台的产品结构进行了转型升级，之前主要依赖游戏产品带来消耗，但由于第二季度游戏客户明显减少，导致平台不得不转向线上教育行业客户和本地 Q2O 行业客户。据统计，第二季度季度这两类客户在平台所有消耗客户中的占比高达 70%，但由于我们前期对这些行业客户的投放较少，缺乏数据积累和投放经验，再加上这些客户主要考核填单成本，无法给我们回传种子用户数据，导致平台只能用互动类数据进行建模。经过对比，缺乏准确种子用户的模型效果会比正常建模效果低 60% ~ 70%，使这类产品在我们平台投放的最终成本高于客户考核 KPI，最终导致客户放弃续费投放。

8.4　图表说明

俗话说，字不如表，表不如图。一份数据分析报告中如果能加上适当的图表，会让我们的数据结果和分析结论更清晰易懂。还是以前面的案例一为例，如果可以把相关数据通过图表来呈现，那么我们的结论将会更加清晰，也让人更容易理解和接受。

表 8-1 展示了 2017 年和 2018 年第二季度季度平台整体消耗的具体数据，图 8-1 用柱形图对该平台整体消耗情况做了对比。

表 8-1　平台整体消耗

季度	总消耗	备注
2017.Q2	3000	单位：万
2018.Q2	1800	

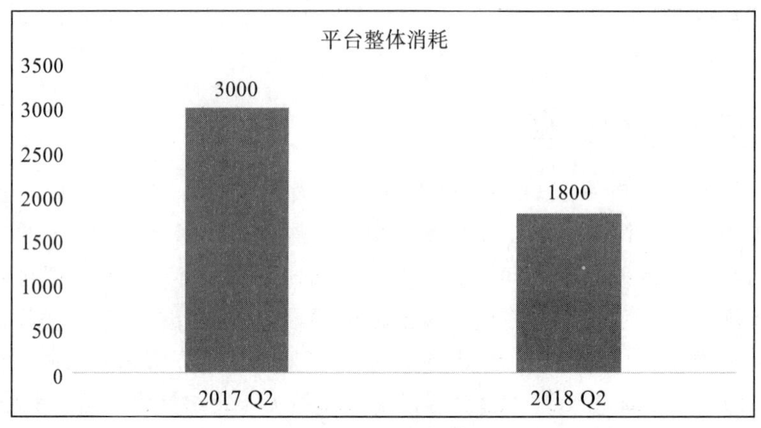

图 8-1　平台整体消耗

同样，案例二中的游戏客户数下降数据也可以通过图表来呈现，如表 8-2、图 8-2 所示。

表 8-2　游戏客户数据

季度	分类	客户数
2017 Q2	游戏客户	55
	非游戏客户	27
2018 Q2	游戏客户	22
	非游戏客户	57

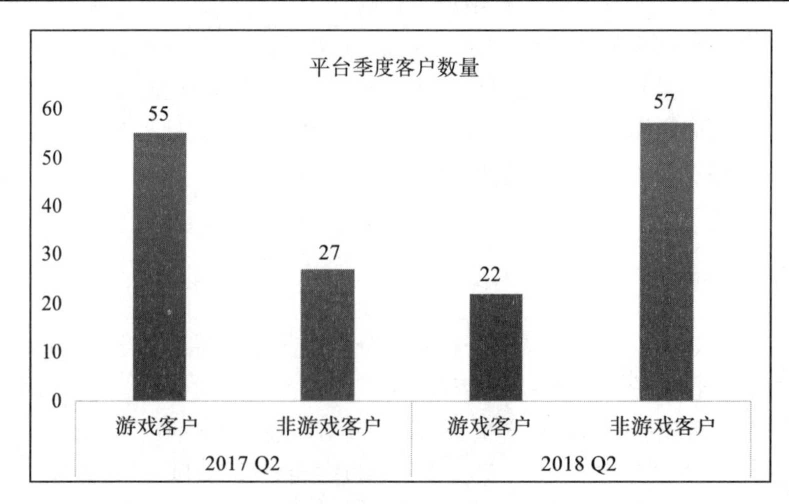

图 8-2　平台客户数据

其他数据也可以通过合适的图表来呈现，这样会比单纯列数据更直观，分析结论也更容易让人接受。另外，我们的分析结论最好有一些数据验证，也就是说，针对分析得出的具体结论，需要有数据支撑，证明它们不是我们的臆测，这点也很重要。

8.5　数据验证

前面三个案例似乎都把问题产生的原因找出来了，那么我们如何确定这些原因的准确性呢？除了可以用一些事实依据加以佐证以外，还可以通过数据验证来进一步证明我们的观点。

例如在前面的案例一中，如何验证平台的整体消耗下降主要是由产品结构升级导致的而不是其他原因呢？可以通过数据验证，例如取近一年来我们平台的主要产品构成、各类产品消耗数据以及各行业产品的投放效果对比数据加以说明。需要注意的是，有时候数据验证并不容易，甚至很难找到相关的数据来加以验证，但可以借助一些间接数据来证明，这样也能达到数据验证的目的。数据验证需要注意控制变量，即在同一个对比验证中，尽可能控制其他变量不变来对比单一变量带来的影响。比如，在案例三中，我们认为重庆地区用户好评率低的主要原因是重庆地区地势高低不平，商品配送不及时。那么我们就要在控制其他因素不变的情况下，重点分析用户评论内容，验证是否大部分差评是由配送不及时导致。这样我们才能进一步准确定位问题的根本原因——地势问题。其他情况同理，请读者注意具体问题具体分析。

8.6　分析建议

经过数据验证之后，接下来我们就要进行数据分析的总结，给出问题的解决方案和建议了。很多数据分析师往往会犯这样的错误：问题产生的原因分析出来了，却没有相应的解决方案和建议，或者结论建议难以落地，又或者对实际问题解决意义不大。对于前面的三个案例，可以分别针对分析结论给出相应的分析建议，具体如下。

【案例一】**分析结论：**

1）平台对游戏类客户产品依赖较大，国内游戏版本号暂停审批发放，直接导致游戏客户数明显减少，对平台整体消耗冲击较大；

2）第二季度平台的产品结构进行了转型升级，平台转向大力发展线上教育和本地 O2O 婚纱摄影类客户，但这些客户产品投放效果不佳，导致平台整体消耗减少。

分析建议：

1）复盘目前所有的游戏客户，针对前期投放效果较好的游戏产品，了解客户复投计划和复投意愿；

2）继续加大力度开发其他类型的客户，例如 App 应用下载、电商应用下载类产品客户，因为这些类型的客户与游戏类 App 客户比较类似，都是考核应用下载成本，并且我们前期也有一定的投放数据积累，所以这些客户投放效果相对好把握。

3）针对前期线上教育和本地 O2O 考核填单类的客户进行投放复盘，找到提升效果的关键点，并鼓励客户回调填单种子用户数据，帮助我们提升整体投放效果。

【案例二】**分析结论：**

超市 10 周年庆活动可以带来明显的客流量增长及购买转化率提升。

分析建议：

1）定期举行线下活动以增加新顾客数，同时挽留老顾客；

2）定期举行商品的促销活动提升购买转化率。

【案例三】**分析结论：**

重庆地区地势原因导致配送员配送难度大，商品准时送达率较低。

分析建议：

1）鼓励用户就近点餐，根据点餐距离合理设计补贴力度；

2）增加重庆地区超时配送赔付机制。

到这里，我们已经基本了解了整个数据分析过程中的关键点，了解了具备明确分析观点、逻辑清晰和可落地的问题解决方案的分析报告往往更容易得到他人的认可。需要注意的是，有时候我们的分析报告即使给出了可落地的问题解决方案，后续方案的具体落实情况还是要自己去定期跟进，有问题时及时优化调整，这样才能真正解决问题。

8.7 本章小结

本章主要介绍了如何写一份令人满意的数据分析报告。首先，分析报告一定要观点明确，逻辑清晰。其次，在写数据报告时，要有数据思维，让数据帮助我们说明问题。分析过程要有理有据，最好结合问题进行深入剖析。另外，在分析过程中可以利用相关的数据结合图表加以呈现，并且最好有相应的数据验证。最后，分析报告应该有分析结论和问题的解决方案，并且需要持续推动方案落地执行。

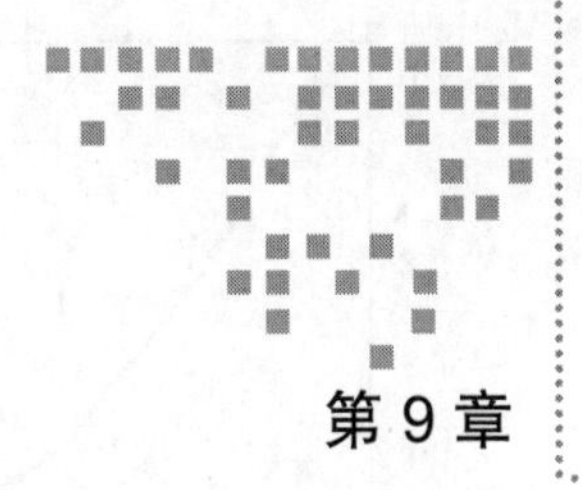

第 9 章 Chapter 9

广告用户数据挖掘与分析

本章主要介绍广告数据挖掘与分析技术在广告投放中的具体应用场景，包括广告用户曝光与响应率、点击率分析，广告订单消耗与延时性分析，以及 Lookalike 技术的原理与应用。在广告投放中，不同的曝光次数对用户的响应行为是有影响的，其中用户响应行为又包括用户激活率与点击率等。基于用户响应率与用户体验的实际情况，可以对广告进行适当的频次控制，减少广告资源浪费情况。另外，在广告投放中，通过自动化出价可以提升广告投放的实际效果，其中 oCPM 技术是目前众多 DSP 平台在广告投放中最常采用的自动化出价技术。另外，广告曝光延迟会影响广告订单的实际消耗，可以通过适当的手段防止广告跑超预算的情况。通过 Lookalike 相似用户扩展技术可挖掘相似用户行为，提升广告投放效果，该技术是目前广告行业研究的重点，也是当前广告投放中的一个难点问题。

9.1 广告用户曝光与响应率分析

经过大量的数据分析我们发现，在广告投放过程中，对用户进行多次广告曝光后，用户响应率（比如应用激活、点击等行为）一般都会有所下降。也就是说，同一个用户，向他曝光的广告次数越多，用户的响应率下降就越快。比如第一次向某个用户曝光，该用户的响应率为 0.0008，当第二次向该用户曝光的时候其响应率可能只是第一次曝光响应率的 90%，曝光次数与响应率的大致衰退曲线如图 9-1 所示。

注意 这里定义的衰退率，都是指后续的转化率与第一次转化率的比值。

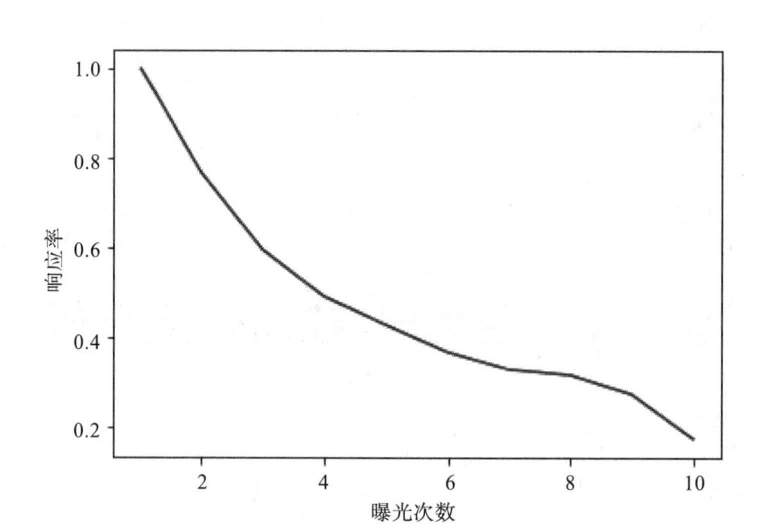

图 9-1 响应率衰退曲线

为什么会这样？其实很好理解，因为大部分用户都会对广告有一定排斥，如果我们向用户曝光的广告刚好是他感兴趣的内容，用户可能不太容易产生反感情绪；但问题是，我们很难保证每次向用户推荐的东西都是用户感兴趣的，其中总会有一些是用户不感兴趣的内容，这就很容易激发用户的反感情绪。如果我们经常向该用户曝光他不感兴趣的广告，久而久之，不仅会使用户从活跃用户变成沉默用户，无法使其转化，甚至可能失去该用户。所以，目前广告平台为了顾及用户体验，普遍做法是对广告曝光次数进行一定限制，也就是对广告进行频次控制（下文简称频控）。当超过一定的频控范围时，我们就不会再对该用户曝光广告，至少在一段时间内不再对其进行曝光。这样可以最大限度保护平台用户的稳定性和广告投放的持续性。

可以将广告频控设置为固定值，比如对于一周内曝光次数大于 7 次的用户，在进行广告投放时我们会自动将其过滤，不再对其进行广告曝光，这是比较简单的频次控制方法。另外，我们也可以像前面介绍的那样，通过用户对广告不同曝光次数的响应衰退率进行频次控制。比如，当用户对广告曝光的响应率衰退为第一次的 30% 时，我们就停止对其进行广告曝光，因为此时用户对广告的响应率已经变得很低了，再对其进行曝光是浪费资源，还可能会引起用户反感。当然频控的阈值是可以根据业务的实际情况灵活调整的，比如可以设置频控一周内大于 7 次、10 次、15 次或者响应率下降到第一次的 30%、20%、10% 就不再进行曝光。

在广告投放过程中，用户响应率与曝光次数的关系不仅可以用于频次控制，还可以用在自动出价方面。在广告投放过程中，常见的自动出价技术有 oCPM、oCPC、oCPA 等，至于这几个概念的具体含义，我们在这里做个简单说明。

在 CPM、CPC、CPA 前面分别加上字母 o 表明这些广告投放的出价方式是经过优化了的。CPM、CPC、CPA 分别指按照“展示”“点击”“激活（行为）”来为广告的投放定价，这意味着广告投放系统会为实现可被该系统追踪到的最优化的效果来进行广告投放的人群圈定和出价。而所谓的“最优化”其实是通过我们的广告挖掘算法来完成的，即按照广告主希望的目标受众进行精准定向，并作为媒体调整广告投放策略和流量分配的依据。通过数据挖掘算法来实现广告受众的精准定向的好处是能够实现自动化，比人工手动控制更加优化地完成广告投放。不过，最终实际的结算还是按照 CPM、CPC 或者 CPA 来进行的。据了解，在目前的广告投放中最常用的自动出价技术还是 oCPM，也就是按照 CPM（展示）进行结算的比较多。

下面我们看看如何通过用户响应率与曝光次数的关系来实现自动优化出价（oCPM）。以某产品用户激活率与曝光次数的衰退关系为例，我们仅研究对同一个用户曝光 10 次、每次的用户激活衰退率，如表 9-1 所示。

表 9-1　激活衰退率

曝光次数	衰退率
1	1
2	0.9
3	0.8
4	0.7
5	0.6
6	0.5
7	0.4
8	0.3
9	0.2
10	0.1

假设某游戏产品客户考核的激活成本（KPI）为 100 元，现在我们准备对某个之前已经曝光过 5 次的用户再次进行曝光，那么对照表 9-1 可以知道本次用户激活衰退率为 0.5，用户理论响应率为 0.0004，利用 oCPM 出价技术我们可以得到对该用户的出价 Pr 的计算公式为：

$$Pr = \alpha \times P \times \mathrm{KPI} \times 1000$$

其中：Pr 为某产品订单对应某用户的出价，P 为某产品订单对应某用户的激活率，KPI 为客户对某产品的 KPI，α 为不同曝光次数对应的用户衰退率。

可以算出本次对该用户的出价 $Pr=0.5 \times 0.0004 \times 100 \times 1000=20$ 元。所以本次平台对 ADX/SSP（广告交易市场）的报价就是 20 元。需要注意的是，这种做法只是目前众多平台自动化出价方式中的一种，并且我们假设对用户预测的理论激活率 P 与用户激活衰退率 α 是准确的。使用这种出价方式理论上是可以达到很好的投放效果的，比较适合效果类 DSP 作为其平台自动化出价方式。以上只是单纯从曝光次数方面研究用户激活率与曝光次数的衰退率关系，但在实际的广告投放过程中影响用户响应率的因素较多，这里就不一一举例了，有兴趣的读者可以尝试从其他方面进行研究。代码清单 9-1 是研究激活衰退率与曝光次数关系的部分代码。

代码清单9-1 激活衰退率与曝光次数关系

```
#显示曝光次数与用户激活衰退率关系
plt.figure(figsize=(10,8))
plt.rcParams['font.sans-serif']=['SimHei']
X=df[' expo_time ']
y=df[' decay_rate ']
plt.scatter(X,y,color='blue')
plt.xlabel('active_times')
plt.ylabel(' decay_rate ')
plt.xlim(0,1.4)
plt.ylim(0,1)
plt.show()
#构建关系模型
for i in range(0,25):
    j=list(set(df[' product_id ']))[i]
    if j in product_list:
        df1=df[df[' product_id ']==j]
X=df1['expo_time ']
y=df1['decay_rate']
    lr=LinearRegression()
    lr.fit(X.reshape(-1, 1),y)
    y_pred=lr.predict(X.reshape(-1,1))
    r2=r2_score(y,y_pred)
```

9.2 广告用户曝光与点击率分析

前面我们主要研究了用户激活衰退率与曝光次数的关系，这主要是针对考核 App 应用下载（工具、游戏等产品）转化成本的客户，但我们经常也会遇到一些考核点击、互动等用户行为转化成本的客户，特别是品牌类客户，此时就不能直接套用前面的用户激活衰退率与曝光次数的模型结果了。我们需要重新研究点击、互动等行为用户响应率与曝光次数的关系。本节将重点介绍用户响应率（点击）与曝光次数的关系，尝试找出不同曝光次数下用户点击衰退情况与曝光次数的关系。

在我们的广告投放过程中，点击行为或者说点击率 CTR 是经常要研究的重要指标，它是体现广告投放效果好坏的重要指标之一，甚至有时候比激活率指标更常用。毕竟激活率只针对 App 应用下载类的客户，而点击响应率却是普遍适用于任何类型的客户。要研究不同曝光次数与点击衰退率的关系，首先要知道对于同一个产品，同一个用户点击、互动等行为可以计算多次，而激活只能计算一次。搞清楚这一点后，我们还需要了解广告投放的具体流程，再研究不同广告曝光次数与点击衰退率的关系。

对于RTB广告来说，流量出卖方（媒体）把访客（用户）的每次广告请求通过实时竞价的形式卖给广告主，谁出价高就把用户的此次广告曝光机会卖给谁，然后显示胜出广告主的广告，此时用户就能看到相应广告。具体来说，RTB过程中主要的三个参与者为AdExchange、SSP（供给方平台）和DSP（需求方平台）。

首先媒体将SSP代码嵌入网站或App中，由SSP代码来控制广告的展示。在大多数情况下，SSP和AdExchange属于同一家公司，下面详细介绍其中的原理和流程。

1）用户浏览媒体网站，媒体网站通过添加的SSP代码向AdExchange发起广告请求。

2）AdExchange将此次请求的关键信息（如域名URL、IP、Cookie等）同时发送给多家DSP，我们把这个请求称为Bid Request。

3）DSP收到请求后通过URL、IP、Cookie等信息决定是否参与竞价，DSP可以通过Cookie来查询此用户在自己系统中的历史行为，进而推算人口属性和兴趣爱好，如果DSP没有这个能力，则可以通过第三方DMP协助来判断用户特征，以便更合理地出价。如若出价，则向AdExchange返回所出价格、要展示的广告、跳转链接等信息，我们把这次信息返回称为Bid Response。

4）AdExchange选出出价最高的DSP，通知这个DSP赢得了竞价，并告诉它此次展示的费用（因为在RTB中是采用第二高出价机制，所以DSP并不知道实际的费用，需要AdExchange再通知一次），同时，AdExchange返回给媒体要展示的广告的HTML内容。

5）广告的静态资源（图片、Flash等文件）一般存储在DSP的服务器中，所以在加载广告代码时需要去DSP请求静态资源。

6）DSP返回静态资源，完成广告的渲染和展示。

> 注意 SSP、DSP分别表示供给方平台和需求方平台，即它们分别代表媒体和广告主的利益。而AdExchange表示广告交易市场，主要作用是聚合流量和进行广告竞价。

到此我们已经知道了RTB广告投放的基本流程，如图9-2所示。当竞价胜出的DSP把广告曝光给用户后，用户看到广告后会决定是否进行点击以及后续的下载、激活等行为。这就与广告投放的效果密切相关，如果我们向用户曝光的广告刚好是用户感兴趣的，那该用户很有可能会进行后续行为。反之，用户可能不会点击我们的广告。

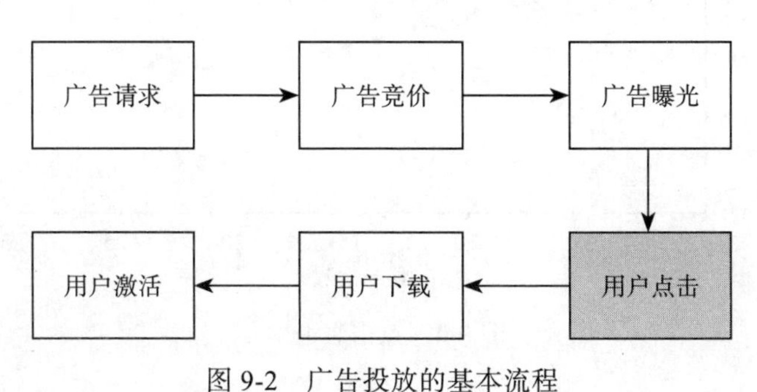

图9-2 广告投放的基本流程

当然，我们也不能单纯通过一次广告曝光的用户行为就判定用户是否对我们的广告感兴趣，因为用户对广告信息的接受过程包括曝光→关注→理解→接受→保持→决策这几个阶段，如图 9-3 所示。

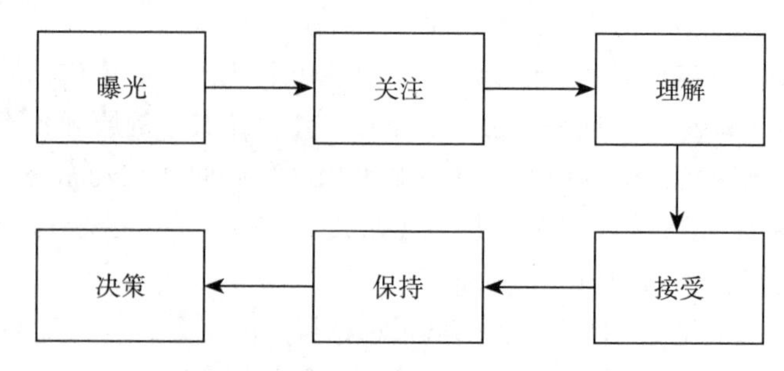

图 9-3　用户对广告信息的接受过程

所以有时候同一个广告需要向同一个用户进行多次曝光，才能被用户理解和接受，进而做出决策，产生例如点击、下载、购买等行为。但我们前面也说过，对用户的曝光次数并不是越多越好，因为用户响应率也会随着广告曝光次数的增加有所衰减。当广告次数达到一定次数之后，理论上用户的响应率可能会衰减到零，也就是说再对其进行曝光也不会带来后续的转化，只会造成广告资源的浪费和用户反感。所以在此我们有必要研究不同曝光次数下用户的点击衰退率的关系，以便我们更好地控制广告投放的整体效果。

经过数据分析我们发现，不同曝光次数下用户点击衰退率的关系与激活类似，都是随着曝光次数的增加，衰退率会逐渐下降，其中前几次曝光下降的程度较大，后面会逐渐趋于平稳。其大致关系曲线如图 9-4 所示。

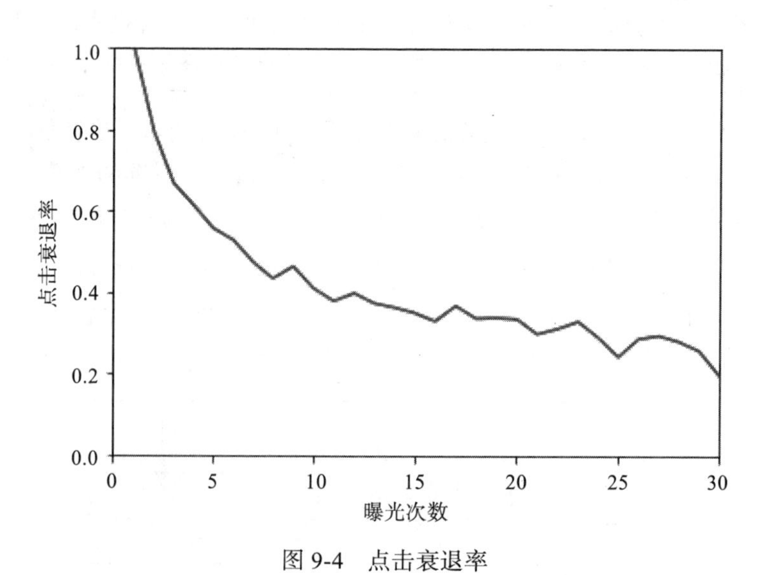

图 9-4　点击衰退率

研究点击衰退率与曝光次数关系的方法与前面研究激活衰退率关系的方法类似，只是两者的具体关系数值不一样，也就是衰退的变化情况有一些差别，这里不再详细介绍。有兴趣的读者可以自行研究。代码清单 9-2 是研究用户点击衰退率与曝光次数关系的部分代码。

代码清单9-2　用户点击衰退率与曝光次数关系

```
#显示曝光次数与用户点击衰退率关系
plt.figure(figsize=(10,8))
plt.rcParams['font.sans-serif']=['SimHei']
plt.scatter(df1['expo_times'],df1['avg_click_rate'],color='r')
plt.title('expo_times&click dacey ',fontsize=16)
plt.xlabel(' expo_times ',fontsize=12)
plt.ylabel(' click dacey ',fontsize=12)
plt.xlim(0,30)
plt.ylim(0,1)
plt.show()
#构建关系模型
df1.sort_values(by='expo_times',inplace=True)
df1 = drop_continu_zero(df1)
if df1.shape[0] <num_sample:
    print('product {} number of sample is {} ,too  few'.format(j,df1.shape[0]))
X=df1['expo_times']
y=df1['avg_click_rate ']
lr=LinearRegression()
X = X.values.reshape(-1,1)
lr.fit(X,y)
y_pred=lr.predict(X)
r2=r2_score(y,y_pred)
```

9.3　广告订单消耗与延时性分析

客户预算是客户计划放在 DSP 等需求方平台上的用于广告投放的钱。对于客户来说，肯定是希望自己的钱都能花在自己期望的目标用户或者潜在目标用户身上，最好能用最少的钱得到最多的潜在目标用户（流量）。而对于 DSP 平台来说，则是希望在能保证达到客户考核 KPI 的情况下，尽量多消耗客户充值的钱，但同时也不能出现跑超预算的情况，因为大部分客户都不能接受跑超预算这种情况，甚至可能会怀疑是 DSP 平台有意为之，从而对 DSP 平台失去信任。所以，广告投放中如何防止超预算投放的问题也是 DSP 平台需要认真思考的。

作为需求方平台，难免会出现订单消耗跑超预算的情况。因为有时候会出现数据延时的情况，而在广告投放过程中数据延时问题很难控制，往往受很多因素比如订单的出价（竞赢率）、流量爆发及系统稳定性等影响。

要想防止超预算，最直接且简单有效的方法就是“快”。对于 DSP 来说，具体就是快速收集每个广告服务器上目前的花费数据，得到接近实时的总体花费情况，然后根据需要（例如立即停止广告投放或者调整投放速率等）快速通知竞价模块，控制出价。但这只是接近实时的数据情况，在实际操作中，也有一些其他方式去防止潜在的预算超支。比如适当减少 X% 的日预算（有些客户给定一定的预算金额，但通常会规定每天的投放金额，这就是日预算）作为缓冲；为每个时间区间设定一个消费上限，主要是防止流量的突然爆发，以及通过预算控制来在不同时间区间内分摊消耗，从而起到一定的控制预算不超支的效果。目前主流的实现预算控制的方法分为两大类。

（1）修改竞价

出价影响竞价成功的概率（竞赢率），从而影响预算消耗的速度。这个方法的好处是提供了可以直接竞价来达到优化广告投放效果的可能性。坏处是如何精细地控制花费是一个非常难的问题，这牵涉到 Bid Landscape 的预测，其本身在 RTB 中也是一个很难的问题。另外，如果 publisher 或者 SSP 那边设定了底价（Reserve Price），那么当竞价低于这个底价时，就不可能参与竞价了。

（2）使用概率阀门

每次以某个概率参与竞价，这个概率（也称 Pacing Rate）可以是一个动态的值，即每次竞价都可以是一个不同的值。好处是 Pacing Rate 可以直接精细控制预算花费，坏处是控制的效果还是受到上游竞价模块出价的影响。比如当 Pacing Rate 达到 100% 时，如果上游竞价模块不给力，那么就无法加快消费了。

前面介绍的是目前控制预算超支的两种常见做法，这两种方法的特点是非常简单、容易实现，缺点是控制预算效果一般。下面我们介绍另外一种方法，预算平滑，它可以达到更好地控制预算花费的效果。

预算平滑（Budget Smooth）可以让广告预算在时间维度上的花费更加合理。首先我们可以看看几种常见的预算消耗模式——无控制模式、基于流量模式、基于效果模式，分别如图 9-5、图 9-6、图 9-7 所示。

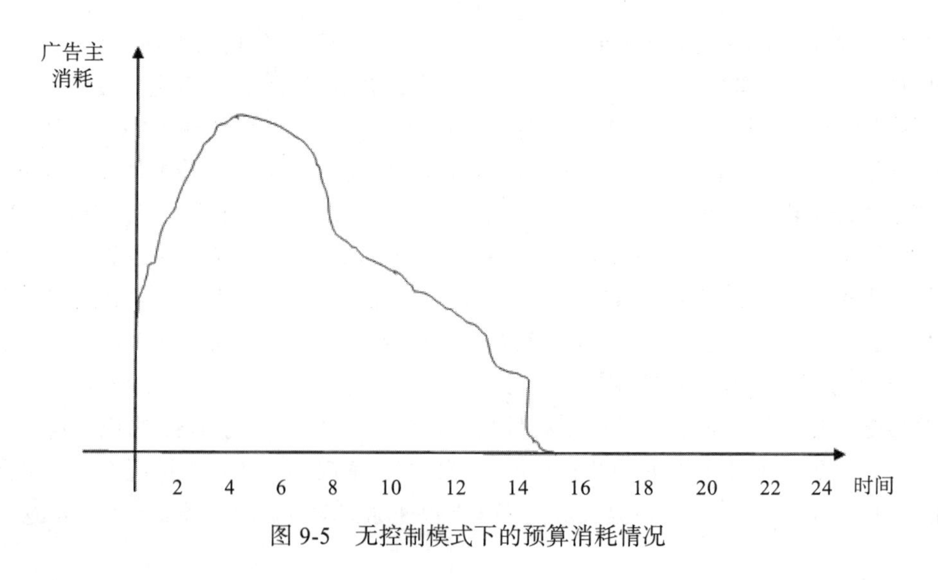

图 9-5 无控制模式下的预算消耗情况

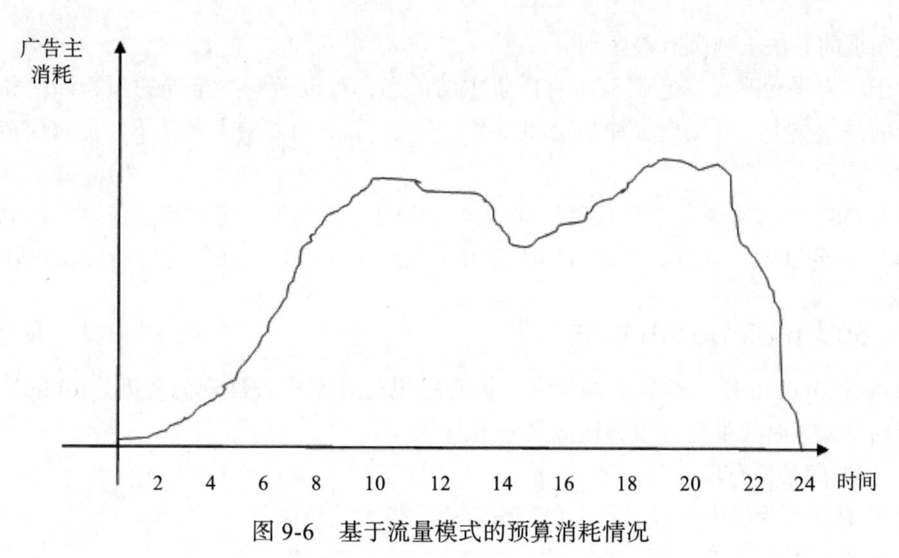

图 9-6　基于流量模式的预算消耗情况

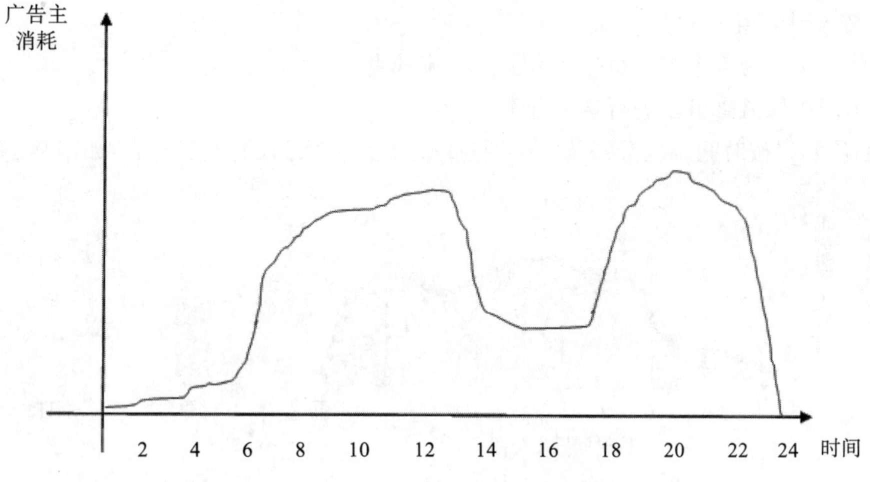

图 9-7　基于效果模式的预算消耗表现

使用预算平滑技术可以分别给广告主和广告平台带来以下好处。

1）对广告主：

- ❑ 避免预算在每天初期耗尽，无法参加后期的流量竞价；
- ❑ 帮助触及更多不同的用户；
- ❑ 有机会提升转化效果。

2）对广告平台：

- ❑ 避免竞争都集中在每天的开始，使整个系统更加平稳；
- ❑ 为广告主提供更多的选择，优化效果；

目前，预算平滑技术通常应用在两类系统中，一是广告平台，二是 DSP 平台。这两类平台在实现的方法上稍微有些区别。

对于广告平台来说，它拥有所有广告主的信息，可以做一些全局的预算评估和资源分配，目的是使整个广告平台更加稳定和公平。在第二高价（GSP）条件下，能够保持系统的竞价次序。

对于 DSP 平台来说，它是代替广告主来竞价的，其本身就可以挑选流量，因此对于效果类 DSP 平台来说，更需要考虑的是从 ROI 的角度来为广告主获得更好的投放效果。

9.3.1 Budget Smooth 算法

Budget Smooth 是一类算法的统称，核心思想是计算广告展现的概率。Budget Smooth 算法可以分为按时间维度分段和按流量分组两种。

1）按时间维度分段

- 将时间分为若干分段，每一段都设定一个最大消费额。
- 如果超过最大消费额，则降低或者停止广告消费速率。

2）按流量分组

- 将流量分为若干组，每一组有类似的流量属性。
- 不同组的流量可以进行均衡分配。

下面我们以按时间维度分段为例，通过图形显示其大致的控制思路，如图 9-8 所示。

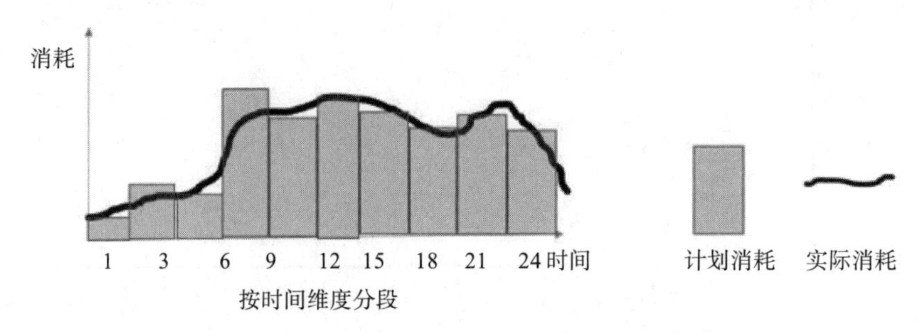

图 9-8 按时间维度分段的 Budget Smooth 算法

如果计划消耗与实际消耗有差异，比如，前面某个时间段实际消耗比计划消耗快，那就需要在下一个时间段及时调整计划，以控制实际消耗按我们的计划消耗进行，如图 9-9 所示。

9.3.2 Budget Smooth 的系统设计

Budget Smooth 的系统设计主要包括两个方面：

- 如何影响线上的广告机会的挑选；
- 如何获取更多的数据反馈支持“消耗计划”的制定。

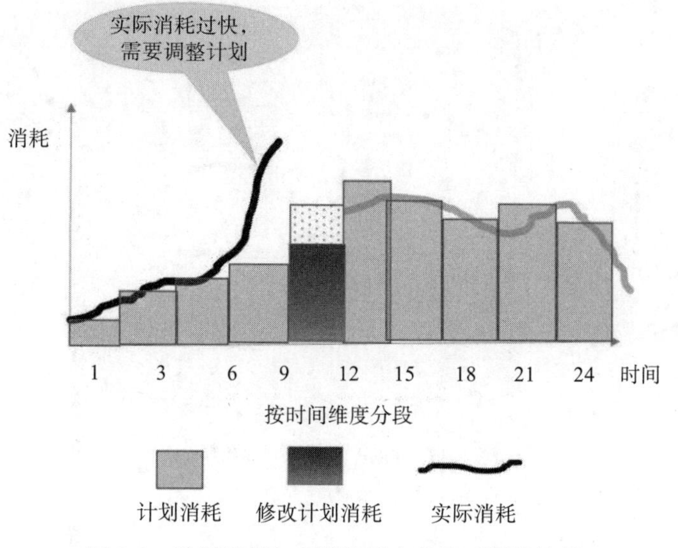

图 9-9　计划消耗与实际消耗有差异时调整计划

广告数据分析通常分为线上的流式数据和历史数据的分析，如图 9-10 所示。

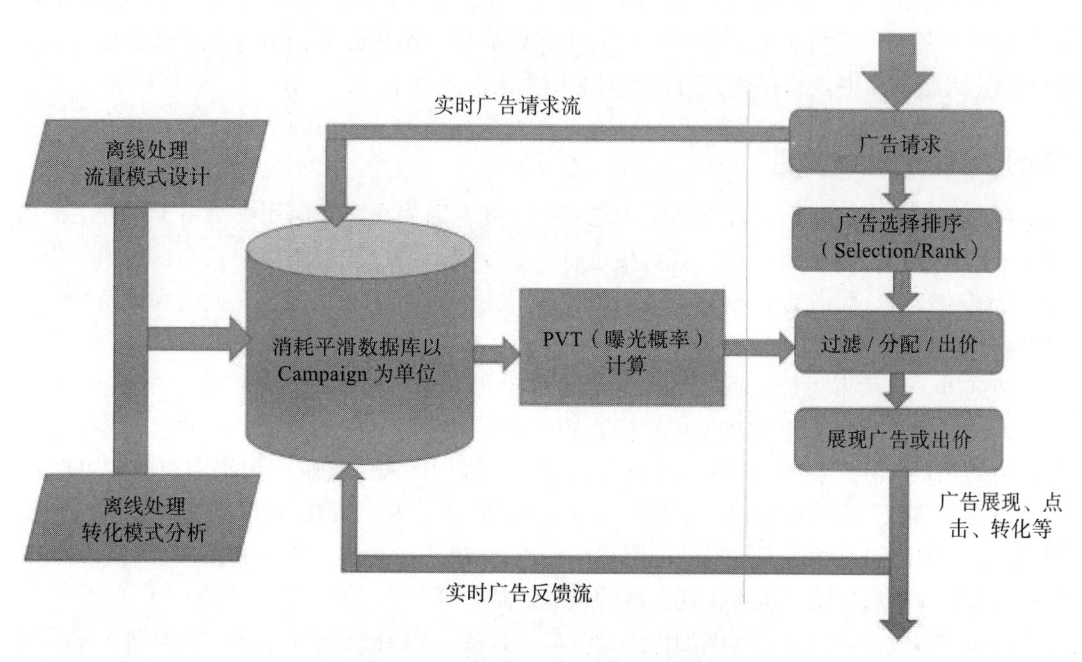

图 9-10　广告 Budget Smooth 的系统概要设计

在 DSP 平台中，预算平滑是控制出价的一个因素，如图 9-11 所示。它需要结合其他条件共同进行判断，需要预估流量的机会成本和未来的机会成本。

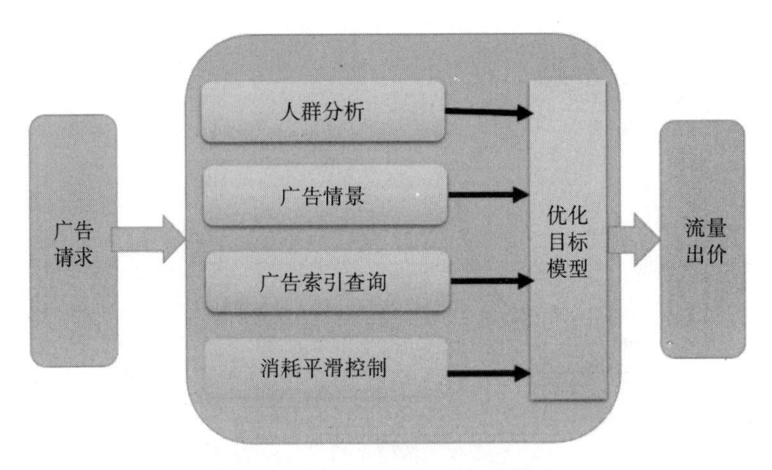

图 9-11　DSP 消耗平滑控制模块

9.4　Lookalike 聚类分析

说到 Lookalike，对于了解广告投放技术（计算广告）的人来说肯定不陌生。Lookalike 翻译为中文是相似人群扩展，指利用广告主提供的种子用户数据，通过模型算法在广告平台的用户大数据库中找到和种子用户相似的用户人群的技术。

9.4.1　Lookalike 概述

在广告投放中，我们为什么要采用这种技术呢？因为在实际应用中，由于广告主提供的种子用户群体往往量比较小，若直接进行广告投放，用户覆盖面往往较小，达不到预期的流量覆盖效果。而借助 Lookalike 技术能够扩大投放覆盖的人群范围，同时保证精准定向效果。

到这里，有读者可能会问，到底什么是种子用户呢？种子用户是广告主的核心用户，或者说是广告平台历史投放数据中对广告主产品感兴趣而产生过点击、下载、安装、激活等行为的用户。在广告投放系统中，往往是通过用户 ID 来实现唯一识别用户的。用户 ID 通常包括 Cookie、IDFA/IMEI、手机号、QQ 号、微信号等，该 ID 可以用于和 DMP（数据管理平台）中的用户做匹配，把种子用户匹配成 DMP 平台用户，以便利用平台积累的历史用户数据做建模和预测，从而实现人群的精准定向。

目前很多大型广告平台（例如广点通）都已具备 Lookalike 技术能力，只是每个平台实现的方式不太一样，但大致的做法都是通过已有的种子用户群，利用种子人群相似性特征来扩展更多的潜在目标用户进行投放。下面我们就通过一种数据挖掘算法——K-means 聚类——来实现相似人群扩展。

9.4.2 K-means 聚类

K-means 聚类是一种常用无监督学习算法，它是指将一部分没有标签的数据自动划分为几类的方法。这种算法的特点是要保证同一类的数据有相似的特性，也就是说，根据样本之间的距离或者说是相似性，把相似性越大、差异性越小的样本聚成同一类（簇），最后根据我们的需要形成多个簇，使同一个簇内部的样本相似度尽量高，不同簇之间的相似度尽量低。

在广告投放应用中，K-means 聚类常用于对用户进行分群分析，指导后续的广告投放行为；它也可以作为广告相似用户扩展的具体实现方式之一，实现快速人群扩量投放的目的。

假设现在有一批随机样本数据，它的原始数据分布如图 9-12 所示。

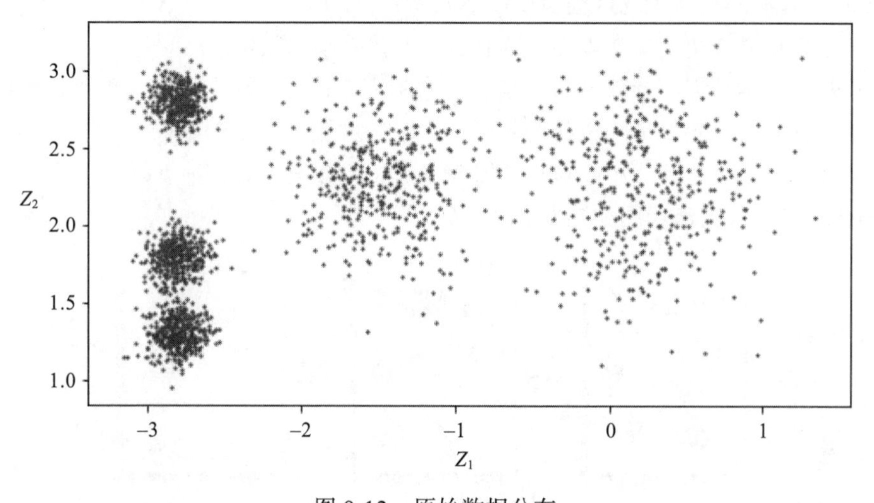

图 9-12　原始数据分布

该批数据经过 K-means 聚类后，结果如图 9-13 所示。

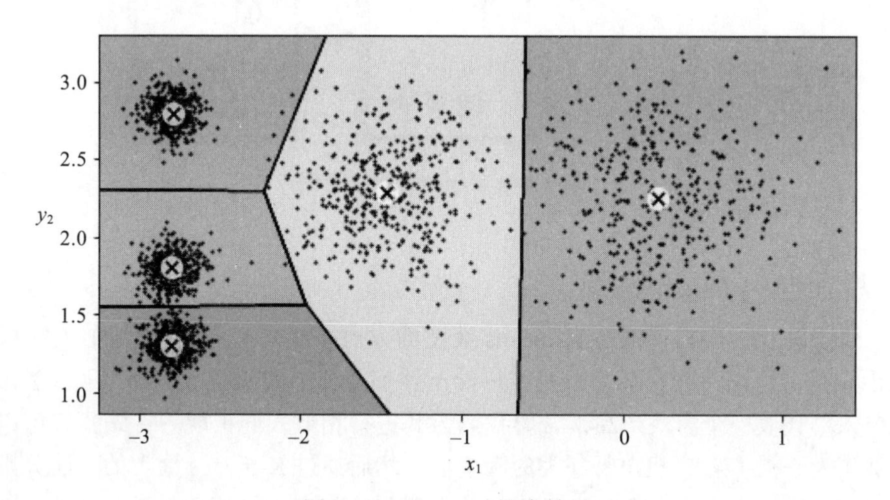

图 9-13　K-means 聚类结果

从图9-13可以看出，我们把输入样本划分为5个类别（簇），每个区域代表一个类别，每个类别的中心交叉点表示聚类中心。可以看到5个类别之间划分还是比较明显的，说明K-means聚类算法确实能把原来杂乱无章的数据经过聚类很好地划分开来。

注意 这里说的距离与KNN算法中的距离计算方法类似，都是用于衡量用户之间相似性的一种具体手段。

9.4.3 K-means算法的过程

K-means算法的具体实现过程包括以下几步：

1）随机设定k个初始聚类中心（簇中心），k代表簇的数量；

2）对每个样本数据，计算其与各簇中心的距离，将每个样本划分给距离最近的簇；

3）重新计算每个簇的平均值作为新的簇中心，并更新原来的簇中心；

4）重复以上两个步骤，不断迭代，直到各簇中心不再变化。

K-means算法大致流程图如图9-14所示。

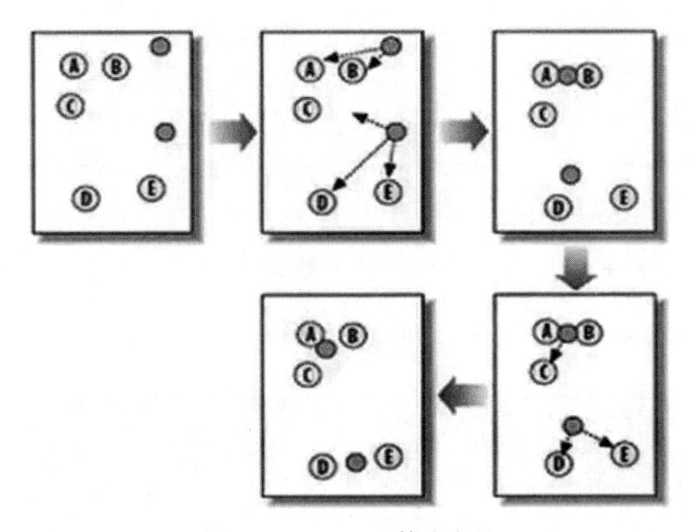

图9-14 K-means算法流程

9.4.4 K-means算法的实现

在广告投放中，要如何通过K-means聚类的方法来实现Lookalike相似人群扩展呢？其实也很简单，假设现在有某个游戏客户给了我们4个不同的游戏付费人群（种子用户），每个付费人群代表一个游戏产品，希望我们为其进行相似人群扩展。首先我们可以把每个付费人群作为一类（簇），找出每一类的簇中心，然后通过K-means聚类的方法分别找出每一类人群与平台现有产品人群包中最相似的人群包，其中相似性可以用距离进行度量，最后再把每一个最相似的人群包作为每个产品的潜在目标用户进行投放，这就是最简单的 Lookalike 相似人群扩展的实现方式。代码清单 9-3 是广告投放中通过 K-means 聚类算法实现 Lookalike 相似人群扩展的代码。

代码清单9-3　K-means相似人群扩展代码

```
def distance_cos(inA, inB):
    import math
    n = len(inA)
    weight=[9,8,4,10,6,5,5,4,4,3,3,3,2,3,2] #权重
    inA = [inA[i]*weight[i] for i in range(n)]
    inB = [inB[i]*weight[i] for i in range(n)]
    sumAB =sum([inA[i]*inB[i] for i in range(n)])
    sqA = math.sqrt(sum([inA[i]**2 for i in range(n)]))
    sqB = math.sqrt(sum([inB[i]**2 for i in range(n)]))
    p = float(sumAB/(sqA*sqB))/sum(weight)
    return p


# 通过余弦距离计算相似性
data=pd.DataFrame()
simliar = []
product = []
classify=[]
for i in classify_list:
    x = df2[df2['classify'] == i][feature_var]  # 种子用户产品
    for j in product_list:
        y = df1[df1['product_id'] == j][feature_var]  # 待挖掘产品的相似人群
        for n in range(0, len(x)):
            for m in range(0, len(y)):
                distance = []
                a = x.iloc[n, :]
                b = y.iloc[m, :]
                d = distance_cos(a, b)
                distance.append(d)
        mean_distance = np.mean(distance)
        simliar.append(mean_distance)
        product.append(j)
        classify.append(i)
        print(i,j, mean_distance) # 余弦值与两个向量夹角负相关，余弦值越大，夹角越小、越相似
data['classify'] = classify
data['product'] = product
data['simliar'] = simliar
print(classify,product, simliar)


for i in range(4):
    simliar_list=data[data['classify']==i].sort_values(by=['simliar'], ascending =
        False) [:1][['product', 'simliar']]#找出每一类最相似的产品人群
    id=simliar_list['product']
    distance=simliar_list['simliar']
print('第%d类最相似产品:%s,平均距离:%f'%(i,id,distance))
```

9.5 Lookalike 技术在广告中的应用

随着数字广告的出现，广告从原来的受众被动接收转变为双向互动，并且广告的效果也变得可跟踪、可量化。随之而来的，广告主对于受众定向也产生了越来越强烈的需求，如何在合适的时间把合适的内容推送到合适的受众面前，成为广告主对广告技术公司的普遍要求。而针对这个普遍要求，如何找到适合广告主品牌定位的某款产品的目标受众，往往成为某次广告营销活动的起点。目前主要有两类主流做法。第一类是直接基于 DMP 的第三方数据，通过标签选取或 LBS 等方式为广告主选取目标受众群，这种做法更多依赖于业务人员对业务、产品、市场的了解，有时候业务经验不一定准确，而且通过标签或者 LBS 筛选出来的人群规模不容易控制，需要反复尝试，最终确定符合某次投放要求的目标人群数量。第二类是基于广告主第一方数据或第二方数据通过 Lookalike 算法选取目标受众群。这种做法更多依赖于大数据和机器学习算法，对探索新的业务逻辑，例如对于某款新产品的市场推广，并且在暂时没有很多的业务经验积累的场景中比较适用，也更符合大数据营销的发展趋势。

9.5.1 Lookalike 的基本流程

Lookalike 从字面上来理解就是寻找相似性，其正样本是通过广告主提交的一系列发生过购买转化行为的客群，即种子用户，负样本会从非种子用户或者平台历史积累的一些人群中进行选取。于是 Lookalike 问题就转化为一个二分类的模型，由正负样本组成模型训练的样本，训练模型之后，通过模型对活跃客群进行打分，最后得到广告主需要的目标人群，具体过程如图 9-15 所示。

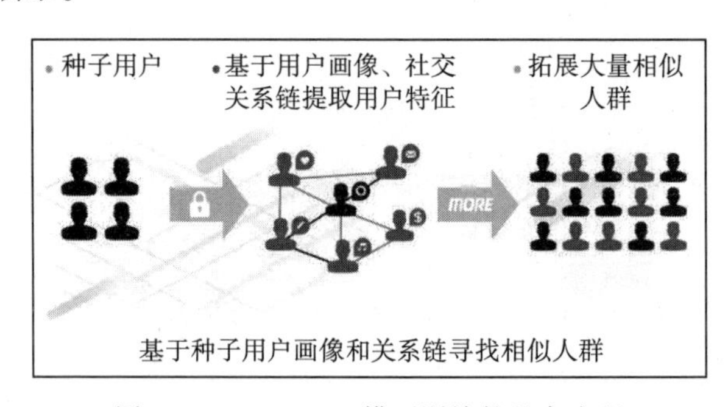

图 9-15　Lookalike 模型训练的基本流程

回顾一下这个流程：广告主会提供他已有的客群名单作为种子用户，这是机器学习的正样本，然后我们将活跃用户（非种子用户）或者历史已经积累了相似的广告负反馈的用户作为负样本，训练一个二分类的模型，利用模型结果对用户池中的所有用户进行打分排序，而高分的 TOP 用户就是广告主需要的潜在目标用户。对于训练 Lookalike 的特征和模型算法，不同的公司各有差异，其特征取决于平台拥有哪些数据。在模型算法上，Facebook 和

Google 对外公布的算法均是一个预测模型，Yahoo 发表过几篇论文，详细介绍过它的算法，比如 LR、Linear SVM、GBDT 等，并提到 GBDT 的效果比较好。表 9-2 列出了训练 Lookalike 模型不同公司的做法。

表 9-2 训练 Lookalike 模型不同公司的做法

Lookalike 模型	Google	Facebook	Yahoo
建模方法	Predict Model	Predict Model	Linear SVM、GBDT、LR
主要特征	近 30 天网页浏览行为，App 行为、搜索行为、网页分类、query 分类	社交行为、人口学标签等	人口学标签、网页浏览行为，App 行为
最小种子用户规模	500	100，推荐 200 以上	1000，推荐 1 万以上

9.5.2 微信社交中的 Lookalike 应用

有时我们在浏览微信朋友圈时，会经常看到各种各样的广告。那么微信朋友圈的广告到底是如何进行潜在用户定位的？这是一个值得探索的问题。显然，我们也可以把它转化为二分类的预测模型来做。实际上，我们的广告 Lookalike 预测模型也经常是这么做的。举个例子，如果我和我的朋友同时收到某个护肤品广告，它就会形成用户之间的互动，而微信朋友圈广告就是利用好友之间的相似性原理进行用户定位的。你也可以回想一下，有没有因为某个好友对某个广告点赞或者评论而关注这个广告呢？其实很多时候都会的。下面我们用一幅图来表示广告关注率与广告互动的好友数的关系，其中，横轴表示与广告进行互动的好友数，纵轴表示用户对广告的关注率（包括查看、点赞或者评论），如图 9-16 所示。

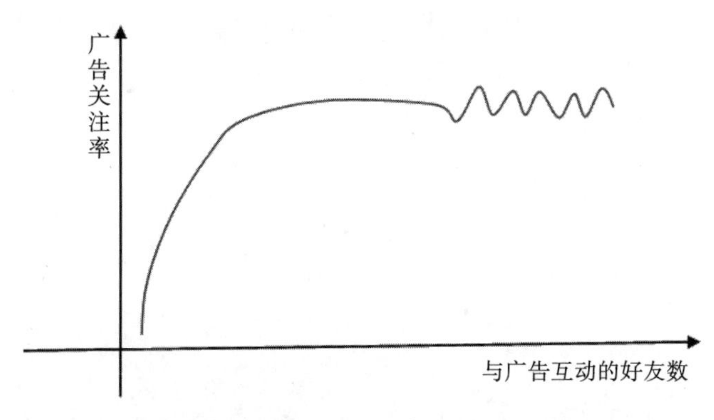

图 9-16 广告关注率与广告互动的好友数关系

从图 9-16 中可以发现，对广告的关注率会随着好友数的增加而上升，图中数据拐点大概是 3 ~ 5 个好友。

为什么会出现这种数据的相关性呢？是因为我和好友有相同爱好，还是因为朋友评论了广告我才关注？实际上，这两个方面就是社交关系数据的两个核心价值，也就是社交同质性和社交影响力。同质性，简单来说，就是相似性，我们跟好友可能会有某方面相似，例如兴趣、背景、行业等。以广告投放为例，广告主给到的用户名单即种子用户，是不是这些种子用户的好友也会喜欢这个广告？很大程度会的。另一个维度就是影响力。影响力指的是我们的行为会受到好友的影响，也就是我可以看到朋友对广告的反馈，会受到他的影响。所以，做朋友圈广告，我们重点会挖掘这两个方面的价值。

最后回到我们的问题，如何通过 Lookalike 技术为广告主挖掘潜在用户？考虑到基于广告主给出的用户名单即种子用户，是不是可以做一个这样的尝试：利用社交关系图谱找出这批种子用户的好友，作为潜在用户。这是基于前面介绍的社交关系的两个核心价值：一是社交相似性，二是在微信朋友圈这样一个投放平台，不同用户之间的行为会因为社会影响而形成传播，即微信社交 Lookalike 的基本思想。

9.6 本章小结

本章首先介绍了广告投放中用户响应率与曝光次数的关系。研究这个关系主要有两方面的作用：一方面可以节约广告资源，避免统一出价造成资源浪费；另一方面可以合理控制曝光频次，保护媒体平台的用户体验。本章还介绍了广告自动出价方式以及在广告订单消耗与延时性分析中两种常用的预算控制方法，修改竞价和使用概率阀门，并重点介绍了预算平滑技术在广告系统中的具体应用方式。最后介绍了广告数据挖掘中的相似人群扩展技术——Lookalike，重点分析了 Lookalike 技术在广告中的应用，以及 Lookalike 技术是如何在广告投放过程中为广告主进行潜在用户挖掘的。

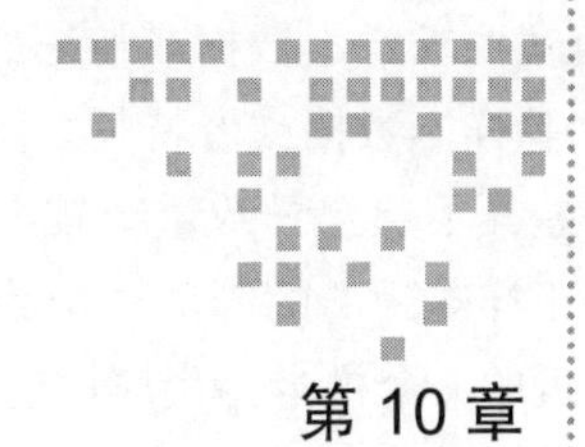

第 10 章 Chapter 10

广告数据预处理与特征选择

无论是进行数据分析还是进行机器学习，数据预处理都是非常繁杂但又不得不去做的工作。本章主要介绍数据预处理和特征工程，其实两者并无明显的界限，都是为了更好地探索数据集的结构，以获得更多的信息，且同样是在数据送入模型之前进行处理。可以说数据预处理是初级的特征工程，特征工程是高级的数据预处理。注意，这里说的数据预处理是广义的，包含所有建模前的数据预处理过程。

10.1 广告数据预处理

特征工程在数据挖掘任务中非常重要，可以说它直接关系着后续模型的成败。不过要做好特征工程并不容易，需要我们对业务有深入的理解，并掌握扎实的专业知识。在广告特征工程中，常用的特征工程方法包括特征缩放和特征编码：前者主要是归一化和正则化，用于消除量纲关系的影响；后者包括序号编码、独热编码等，主要是处理类别型、文本型及连续型特征。

10.1.1 特征缩放

特征缩放主要分为两种：归一化和正则化。

1. 归一化

归一化（Normalization），也称为标准化，不仅仅可以对特征，实际上也可以对原始数据进行归一化处理，它是将特征（或者数据）都缩放到一个指定的大致相同的数值区间内。

对数据进行特征归一化主要有以下两个原因：

- 某些算法要求样本数据或特征的数值具有零均值和单位方差；
- 为了消除样本数据或者特征之间的量纲影响，即消除数量级的影响。

数量级的差异不但会导致量级较大的属性占据主导地位，还会导致迭代收敛速度减慢，而且所有依赖于样本距离的算法对于数据的数量级都非常敏感。比如 KNN 算法需要计算距离当前样本最近的 k 个样本，当属性的量级不同时，选择的最近的 k 个样本也会不同。

常用的两种归一化方法如下。

（1）线性函数归一化

线性函数归一化（Min-Max Scaling）是对原始数据进行线性变换，使得结果映射到 [0, 1] 的范围，实现对原始数据的等比缩放，其公式如下：

$$X_{\text{norm}} = \frac{X - X_{\min}}{X_{\max} - X_{\min}}$$

其中 X 是原始数据，$X_{\max}$、$X_{\min}$ 分别表示数据最大值和最小值。

（2）零均值归一化

零均值归一化（Z-Score Normalization）会将原始数据映射到均值为 0、标准差为 1 的分布上，其公式如下：

$$z = \frac{x - \mu}{\sigma}$$

其中 x 表示原始数据，μ 表示均值，σ 表示标准差。

值得注意的是，如果数据集分为训练集、验证集、测试集，那么三个数据集都需要采用相同的归一化方法，且数值都是通过训练集计算得到，即上述两种方法中分别需要的数据最大值、最小值、方差和均值都是通过训练集计算得到。但归一化不是万能的，在实际应用中，通过梯度下降法求解的模型是需要归一化的，这包括线性回归、逻辑回归、支持向量机、神经网络等模型。但决策树模型不需要，以 C4.5 算法为例，决策树在分裂节点时主要依据数据集 D 关于特征 x 的信息增益比，而信息增益比和特征是否经过归一化是无关的，即归一化不会改变样本在特征 x 上的信息增益。

2. 正则化

正则化是将样本或者特征的某个范数（如 L1、L2 范数）缩放到单位 1。

假设数据集 D 为：

$$D = \{(\vec{x}_1, y_1), (\vec{x}_2, y_2), \cdots, (\vec{x}_N, y_N)\},\ \vec{x}_i = (x_i^{(1)}, x_i^{(2)}, \cdots, x_i^{(d)})^{\mathrm{T}}$$

对样本首先计算 L_p 范数，得到：

$$L_p(\vec{x}_i) = (|x_i^{(1)}|^p + |x_i^{(2)}|^p + \cdots + |x_i^{(d)}|^p)^{\frac{1}{p}}$$

正则化后的结果是每个属性值除以其 L_p 范数：

$$\vec{x}_i = \left(\frac{x_i^{(1)}}{L_p(\vec{x}_i)}, \frac{x_i^{(2)}}{L_p(\vec{x}_i)}, \ldots, \frac{x_i^{(d)}}{L_p(\vec{x}_i)}\right)^{\mathrm{T}}$$

注意 正则化的过程是针对单个样本的，是将每个样本缩放到单位范数。而归一化是针对单个属性的，需要用到所有样本在该属性上的值。如果使用二次型（如点击）或其他核方法计算两个样本之间的相似性，该方法会很有用。

10.1.2 特征编码

特征编码主要分为序号编码、独热编码、二进制编码、二元化和离散化五种编码方式，每种编码方式适用的场景不同，作用也不同。

1. 序号编码

序号编码一般用于处理类别间具有大小关系的数据。以用户价值为例，如果某客户的用户价值可以分为高、中、低三个档次，并且存在“高 > 中 > 低”的大小关系，那么序号编码可以对这三个档次进行如下编码：高表示为 3，中表示为 2，低表示为 1，这样转换后依然保留了大小关系。

2. 独热编码

独热编码通常用于处理类别间不具有大小关系的特征。独热编码是采用 N 个状态位来对 N 个可能的取值进行编码。比如年龄段，一共有 4 个取值（0 ~ 18、19 ~ 36、37 ~ 54 以及 55 岁以上），那么独热编码会将年龄段转换为一个 4 维稀疏向量，分别表示上述四种年龄段：0 ~ 18 岁：(1, 0, 0, 0)；19 ~ 36 岁：(0, 1, 0, 0)；37 ~ 54 岁：(0, 0, 1, 0)、55 岁以上：(0, 0, 0, 1)。

独热编码有以下几方面的优点。

- 能够处理非数值型属性（特征），比如年龄段、性别等。
- 一定程度上扩充了特征。
- 编码后的向量是稀疏向量，只有一位是 1，其他位都是 0，可以利用向量的稀疏性来节省存储空间。
- 能够处理缺失值。当所有位都是 0 时，表示发生了缺失。此时可以采用处理缺失值的方式来进行处理。

当然，独热编码也存在一些缺点，特别是高维度特征会带来以下几个方面问题：

- 在 KNN 算法中，高维空间下两点之间的距离很难得到有效衡量；
- 在逻辑回归模型中，参数的数量会随着维度的增加而增加，导致模型变得复杂，出现过拟合问题；
- 通常只有部分维度对分类、预测有帮助，需要借助特征选择来降低维度。

不推荐使用决策树模型对离散特征进行独热编码，主要原因有以下两个：

- 会产生样本切分不平衡问题，此时切分增益非常小。比如对年龄段做独热编码操作，那么对每个特征进行年龄段判断时，会导致有少量样本是 1，大量样本是 0 的情况。并且这样划分的增益非常小，因为拆分之后，较小的拆分样本集占总样本的比例太小，无论增益多大，乘以该比例之后几乎可以忽略，而较大的拆分样本集几乎就是原始的样本集，增益几乎为零。
- 影响决策树的学习。决策树依赖的是数据的统计信息，而独热编码会把数据切分到零散的小空间上。在这些零散的小空间上，统计信息是不准确的，学习效果变差。本质原因是独热编码之后特征的表达能力较差。该特征的预测能力被人为地拆分成多份，每一份与其他特征竞争最优划分点都失败，最终导致该特征得到的重要性会比实际值低。

3. 二进制编码

二进制编码主要分为两步，先采用序号编码给每个类别赋予一个类别 ID，然后将类别 ID 对应的二进制编码作为结果。还是以年龄段特征为例，如表 10-1 所示。

表 10-1　二进制编码结果

年龄段	类别 ID	二进制表示	独热编码
0 ~ 18 岁	1	0 0 1	1 0 0 0
19 ~ 36 岁	2	0 1 0	0 1 0 0
37 ~ 54 岁	3	0 1 1	0 0 1 0
55 岁以上	4	1 0 0	0 0 0 1

从表 10-1 可知，二进制编码本质上是利用二进制对类别 ID 进行哈希映射，最终得到 0/1 特征向量，并且特征维度小于独热编码，因而更加节省存储空间。

4. 二元化

特征二元化就是将数值型的属性转换为布尔型的属性。通常用于假设属性取值分布是伯努利分布的情形。特征二元化的算法比较简单。对属性 i 指定一个阈值 m：如果样本在属性 i 上的值大于等于 m，则二元化后为 1；如果样本在属性 i 上的值小于 m，则二元化为 0。

5. 离散化

离散化是将连续的数值属性转换为离散的数值属性。那么什么时候采用特征离散化呢？这就要考虑是采用“海量离散特征 + 简单模型”，还是采用“少量连续特征 + 复杂模型”的做法了。

对于线性模型，通常使用“海量离散特征 + 简单模型”的方式。其特点是模型比较简单，一旦有成功的经验就可以推广，并且可以很多人并行研究，但特征工程比较困难；对于非线性模型（比如深度学习），通常使用“少量连续特征 + 复杂模型”的方式。其特点是不需要复杂的特征工程，但模型相对较复杂。具体采用哪一种做法需要根据实际情况来决定。

（1）离散化的常用方法

离散化的常用方法是分桶，即将所有样本的连续的数值属性 i 的取值从小到大排列，然后从小到大依次选择分桶边界。其中分桶的数量以及每个桶的大小都是超参数，需要人工指定。假设每个桶的编号为 0，1，…，M，即总共有 M 个桶，给定属性 i 的取值为 a，判断 a 在哪个分桶的取值范围内，就将其划分到对应编号 k 的分桶内，并且将其属性取值变为 k。

一般来说，分桶需遵循以下几个基本原则。

- 分桶大小必须足够大，使每个桶内都有足够的样本。如果桶内样本太少，则随机性太大，不具有统计意义上的说服力。
- 桶内属性的取值变化基本在一个较小的范围内。
- 每个桶内的样本尽量均匀分布。

（2）离散化的优点

离散化的优点概括如下。

- 在工业界很少直接将连续值作为逻辑回归模型的特征输入，而是将连续特征离散化为一系列 0/1 的离散特征。这样做的好处是离散化之后会得到稀疏向量，其内积乘法运算速度更快，计算结果方便存储，并且离散化之后的特征对于异常数据具有很强的鲁棒性。因为逻辑回归属于广义线性模型，表达能力有限，只能描述线性关系，但特征离散化之后，相当于引入了非线性，提升了模型的表达能力，增强了拟合能力。另外离散化之后可以进行特征交叉。假设有连续特征 i，离散化为 N 个 0/1 特征；连续特征 k，离散化为 M 个 0/1 特征，则分别进行离散化之后引入了 $N+M$ 个特征。假设离散化时并不是独立进行离散化，而是以特征 i、k 联合进行离散化，则可以得到 $N \times M$ 个组合特征。这会进一步引入非线性，提高模型表达能力，并且离散化之后，模型会更稳定。
- 特征离散化简化了逻辑回归模型，同时降低了模型过拟合的风险。因为经过特征离散化之后，模型不再拟合特征的具体值，而是拟合特征的某个概念，所以能够对抗数据的扰动，更具有鲁棒性，同时降低了模型的复杂度。

总地来说，特征缩放是非常常用的方法，特别是归一化处理特征数据，对于利用梯度下降来训练学习模型参数的算法，有助于提高训练收敛的速度；而特征编码，特别是独热编码，常用于对结构化数据的数据预处理，在广告建模中也经常使用独热编码的方式来进行数据预处理。

10.2　常用特征选择方法

特征选择也是特征工程中很重要的一部分，其目标是寻找最优特征子集。特征选择过程包括剔除无关或冗余特征，从而达到减少特征个数、提高模型精确度、减少模型运行时间的目的。另一方面，选出真正相关的特征可以简化模型，避免维度灾难问题，并协助理解数据产生的过程。在数据挖掘中，我们经常听到这样一句话：数据和特征决定了机器学习的上限，而模型和算法只是逼近这个上限而已。由此可见特征及特征选择的重要性。但需要注意的是，在特征选择过程中必须确保不丢失重要特征，否则模型后续学习过程会因为重要信息的缺失而无法获得好的性能。当然，若给定的学习任务不同，相关特征就很可能不同。因此，特征选择中所谓的“无关特征”是指与当前学习任务无关的特征，而“冗余特征”是指它们所包含的信息能从其他特征中推演而来，因此这两类特征在特征选择中通常是需要舍弃的。

在广告数据挖掘中，特征选择的方法有多种，根据特征选择的形式可以将特征选择方法分为三大类：Filter（过滤法）、Wrapper（包裹法）、Embedded（嵌入法）。

10.2.1 Filter

Filter 特征选择方法是先对数据集进行特征选择，再训练学习器。特征选择过程与后续学习器无关，这相当于先用特征选择过程对初始特征进行“过滤”，再使用过滤后的特征来训练模型。过滤特征选择法是针对每个特征 x_i（i 从 1 到 n），计算 x_i 相对于类别标签 y 的信息量 $S(i)$，得到 n 个结果，然后将 n 个 $S(i)$ 按照从大到小的顺序排列，输出前 k 个特征。显然这样可以大大降低模型的复杂度，但使用什么方法来度量 $S(i)$ 呢？我们可以选取与类别标签 y 关联最密切的一些特征 x_i，常用的方法有 Pearson 相关系数、方差分析、IV 值、信息熵和信息增益等。

1. Pearson 相关系数

Pearson 相关系数在第 2 章已经介绍过，它通常用于衡量两个数值型变量之间的线性相关性，结果取值区间为 [–1, 1]。–1 表示两个变量完全负相关，+1 表示两个变量完全正相关，0 表示两个变量之间无线性相关性。我们以泰坦尼克号数据为例，通过 Pearson 系数显示各数值变量之间的线性相关性，如代码清单 10-1 所示。

代码清单10-1 计算各数值变量之间的Pearson系数

```
In [15]: import numpy as np

In [16]: import pandas as pd

In [17]: import matplotlib.pyplot as plt

In [18]: import seaborn as sns

In [19]: import warnings

In [20]: warnings.simplefilter('ignore')
```

```
In [21]: train_set = pd.read_csv('train.csv')

In [22]: test_set = pd.read_csv('test.csv')

In [23]: train_test = pd.concat([train_set,test_set],axis=0)

In [25]: train_test.drop('PassengerId',axis=1,inplace=True)

In [26]: train_test.corr()
Out[26]:
               Age      Fare     Parch    Pclass     SibSp  Survived
Age       1.000000  0.178740 -0.150917 -0.408106 -0.243699 -0.053695
Fare      0.178740  1.000000  0.221539 -0.558629  0.160238  0.233622
Parch    -0.150917  0.221539  1.000000  0.018322  0.373587  0.108919
Pclass   -0.408106 -0.558629  0.018322  1.000000  0.060832 -0.264710
SibSp    -0.243699  0.160238  0.373587  0.060832  1.000000  0.002370
Survived -0.053695  0.233622  0.108919 -0.264710  0.002370  1.000000
```

可以看到，变量相关性矩阵对角线上的数值都是 1，表示对应的两个变量之间是完全正相关的（与自己肯定是完全正相关的），绝对值越大表示相关性越强，反之越弱。正负号表示相关性的正负。各变量之间的线性相关性如图 10-1 所示。

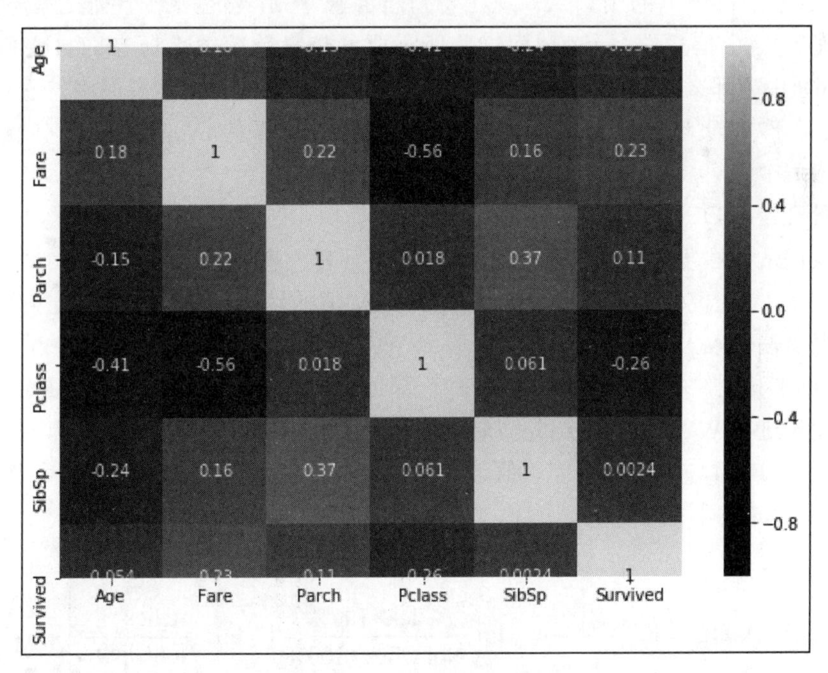

图 10-1 相关系数热力图

在实际应用中，我们一般不会把相关性较小的变量（特征）放入模型中去训练，而是会选择一些相关性相对较大的特征。因为相关性过小表示特征对因变量的影响较小，即使将变量放入模型中去训练，一般也不会对模型结果起到太大的作用。所以我们通常会根据实际情况设定一个相关性阈值，当相关性小于阈值或者特征个数超过预设值时，就可以把超过该阈值或特征个数的特征直接舍弃掉，减少入模变量数，从而达到特征选择的目的。

2. IV 值

IV 的全称是 Information Value，中文意思是信息价值，或者信息量。我们在使用逻辑回归、决策树等模型方法构建分类模型时，在挑选入模变量时需要考虑的因素很多，比如：变量的预测能力，变量之间的相关性，变量的强壮性，变量在业务上的可解释性等。其中最主要和最直接的衡量标准是变量的预测能力。

其实“变量的预测能力”这个说法很笼统，也很主观。因此我们需要一些具体的量化指标来衡量每个自变量的预测能力（比如前面介绍的 Pearson 相关系数），并根据这些量化指标的大小来确定哪些变量进入模型。IV 就是这样一种指标，它可以用来衡量自变量的预测能力。类似的指标还有信息增益、基尼系数等。

（1）对 IV 的直观理解

从直观上我们大体可以这样理解用 IV 值去衡量变量预测能力这件事情：假设在一个分类问题中，例如在广告投放中的点击与非点击用户，目标变量的类别有两类：$Y1$ 和 $Y2$。对于一个待预测的用户 A，现在要判断 A 属于 $Y1$ 还是 $Y2$，我们是需要一定量的信息的。假设这个信息总量是 I，而这些所需要的信息就蕴含在所有的自变量 $C1$，$C2$，$C3$，…，Cn 中，那么，对于其中的一个变量 Ci 来说，其蕴含的信息越多，它对于判断 A 属于 $Y1$ 还是 $Y2$ 的贡献就越大，Ci 的信息价值就越大，Ci 的 IV 就越大，它就越应该进入入模变量列表中。

（2）什么是 WOE

前面我们从感性角度和逻辑层面对 IV 进行了解释，现在回到数学层面，对于一个待评估变量，它的 IV 值究竟如何计算呢？为了介绍 IV 值的计算方法，我们首先需要认识和理解另一个概念——WOE，因为 IV 的计算是以 WOE 为基础的。

WOE 的全称是“ Weight of Evidence”，即证据权重。它是对原始自变量的一种编码。要对一个变量进行 WOE 编码，首先需要对这个变量进行分组处理，我们通常也称之为离散化、分箱等。分组后，对于第 i 组，假设 Click 表示点击用户，Not Click 表示非点击用户，WOE 的计算公式如下：

$$\text{WOE}_i = \ln\left(\frac{P_{\text{Click}}}{P_{\text{Not Click}}}\right) = \ln\left(\frac{\text{Click}*100\%}{\text{Not Click}*100\%}\right) = \ln\left(\frac{\dfrac{\text{Click}_i}{\text{Click}_T}}{\dfrac{\text{Not Click}_i}{\text{Not Click}_T}}\right)$$

这里 Click_i 表示每组中标签为点击用户的数量，Click_T 为点击用户的总数量，Not Click 与之同理。

（3）IV 值的计算

IV 值衡量的是某一个变量的信息量，通过 WOE，我们可以得到 IV 值的计算公式如下：

$$IV = \sum_{i=1}^{N}(\text{Click\%} - \text{Not Click\%}) * \text{WOE}_i$$

这里 N 为分组的组数。

前面已经得到了 IV 值的计算公式，它可用来表示一个变量的预测能力，其预测能力大小如表 10-2 所示。

表 10-2　IV 值对应的预测能力高低

IV 值	预测能力
<0.03	无预测能力
0.03-0.09	低
0.1-0.29	中
0.3-0.49	高
⩾ 0.5	极高且可疑

当 IV 值过低时，可根据 IV 值的结果来调整分箱结构并重新计算 WOE 和 IV 值。但并不是 IV 值越大越好，还需要考虑分组数量是否合适。当 IV 值大于 0.5 时，我们还需要对这个特征提出疑问，因为 IV 值过大可能是数据分布不均匀导致的。通常我们会选择 IV 值在 0.1 ~ 0.5 这个范围的特征，多数时候都需要手动调整分箱。

下面我们来看如何通过 Python 实现 IV 值筛选特征，如代码清单 10-2 所示。

代码清单10-2　通过IV值筛选特征

```
import numpy as np
import pandas as pd
import scipy
import scipy.stats as st

def auto_bin(DF, X, Y, n=5, iv=True, detail=False,q=20):
    """
    自动最优分箱函数，基于卡方检验的分箱

    参数：
    DF: DataFrame（数据框）
    X: 需要分箱的列名
    Y: 分箱数据对应的标签 Y 列名
    n: 保留分箱个数
    iv: 是否输出执行过程中的 IV 值
    detail: 是否输出合并的细节信息
    q: 初始分箱的个数
    区间为前开后闭 (]
```

```
    返回值：

    """

    DF = DF[[X,Y]].copy()

    # 按照等频原则对需要分箱的列进行分箱
    DF["qcut"],bins = pd.qcut(DF[X], retbins=True, q=q, duplicates="drop")
    # 统计每个分段0、1的数量
    coount_y0 = DF.loc[DF[Y]==0].groupby(by="qcut")[Y].count()
    coount_y1 = DF.loc[DF[Y]==1].groupby(by="qcut")[Y].count()
    # num_bins值分别为每个区间的上界、下界、0的频次、1的频次
    num_bins = [*zip(bins,bins[1:],coount_y0,coount_y1)]

    # 定义计算WOE的函数
    def get_woe(num_bins):
        # 通过num_bins数据计算WOE
        columns = ["min","max","count_0","count_1"]
        df = pd.DataFrame(num_bins,columns=columns)

        df["total"] = df.count_0 + df.count_1
        df["percentage"] = df.total / df.total.sum()
        df["bad_rate"] = df.count_1 / df.total
        df["woe"] = np.log((df.count_0/df.count_0.sum()) /
                           (df.count_1/df.count_1.sum()))
        return df

    # 创建计算IV值的函数
    def get_iv(bins_df):
        rate = ((bins_df.count_0/bins_df.count_0.sum()) -
                (bins_df.count_1/bins_df.count_1.sum()))
        IV = np.sum(rate * bins_df.woe)
        return IV

    # 确保每个分组的数据都包含0和1
    for i in range(20): # 初始分组不会超过20
        # 如果第一个组全为0或全为1，向后合并
        if 0 in num_bins[0][2:]:
            num_bins[0:2] = [(
                num_bins[0][0],
                num_bins[1][1],
                num_bins[0][2]+num_bins[1][2],
                num_bins[0][3]+num_bins[1][3])]
            continue

        # 如果其他组全为0或全为1，向前合并
        for i in range(len(num_bins)):
            if 0 in num_bins[i][2:]:
                num_bins[i-1:i+1] = [(
                    num_bins[i-1][0],
                    num_bins[i][1],
                    num_bins[i-1][2]+num_bins[i][2],
```

```
                    num_bins[i-1][3]+num_bins[i][3])]
                break
        # 如果循环结束都没有出现全为0或全为1的情况，则提前结束外层循环
        else:
            break

    # 重复执行循环至分箱保留n组:
    while len(num_bins) > n:
        # 获取num_bins 两两之间的卡方检验的置信度（或卡方值）
        pvs = []
        for i in range(len(num_bins)-1):
            x1 = num_bins[i][2:]
            x2 = num_bins[i+1][2:]
            # 0返回chi2值，1返回p值
            pv = st.chi2_contingency([x1,x2])[1]
            pvs.append(pv)

        # 通过 p 值进行处理。合并 p 值最大的两组
        i = pvs.index(max(pvs))
        num_bins[i:i+2] = [(
            num_bins[i][0],
            num_bins[i+1][1],
            num_bins[i][2]+num_bins[i+1][2],
            num_bins[i][3]+num_bins[i+1][3])]

        # 打印合并后的分箱信息
        bins_df = get_woe(num_bins)
        if iv:
            print(f"{X} 分{len(num_bins):2}组 IV 值: ",get_iv(bins_df))
        if detail:
            print(bins_df)
    # 返回分组后的信息
    return get_woe(num_bins)
```

上述代码是通过定义 auto_bin 函数来实现自动分箱的，传入参数包括待分箱的数据、待分箱的列名、对应的标签 Y 列名等。首先按照等频原则对需要分箱的列进行分箱，避免分箱列的值太分散，在后续合并分箱时复杂度过高。同时定义 get_woe、get_iv 两个辅助函数用于计算分箱后的 WOE 和 IV 值。为保证每个分箱结果中都不会出现全为 0 或全为 1 的情况，通过两层 for 循环进行判断，如果第一组出现全为 0 或全为 1 的情况，则向后一组进行合并，如果其他组出现全为 0 或全为 1 的情况，则向前一组进行合并。当合并后的箱数 num_bins 仍然大于设置的最大箱数 n 时，计算相邻箱的卡方值，并将其与卡方值最大的相邻箱进行合并。最后返回分箱之后的 WOE 及 IV 值。

10.2.2 Wrapper

与 Filter 特征选择不同，Wrapper 特征选择直接把最终将要使用的学习器的性能作为特

征子集的评价准则，换言之，Wrapper 特征选择的目的就是为给定学习器选择有利于其性能、“量身定做”的特征子集。在特征选择阶段，Wrapper 包括两部分：搜索方法 + 学习器。其中常用的搜索方法包括前向搜索、后向搜索、递归特征消除法。Wrapper 效果较好的学习器包括随机森林、SVN、KNN 等。

1. 搜索方法

（1）前向搜索

前向搜索即每次增量地从剩余未选中的特征中选出一个加入特征集，待达到一定阈值或者特征个数 n 时，从所有的特征集 F 中选出错误率最小的特征集。具体过程如下。

1）初始化特征集 F，使其为空。

2）从 1 到 n 开始扫描特征，如果第 i 个特征不在 F 中，那么将第 i 个特征和 F 放在一起作为 F_i（即 $F_i=F \cup \{i\}$）。在只使用 F_i 中的特征的情况下，利用交叉验证来得到 F_i 的错误率。

3）从前一步得到的 n 个 F_i 中选出错误率最小的 F_i，将 F 更新为 F_i。

4）如果 F 中的特征数达到了 n 或者预定的阈值，那么输出整个搜索过程中错误率最小的 F；若没达到，则转到第 2 步，继续扫描。

（2）后向搜索

既然有增量加，那么也会有增量减，后者称为后向搜索。先将 F 设置为 $\{1, 2, \cdots, n\}$，然后每次删除一个特征并评价，直到达到阈值或者 F 为空，然后选择最佳的 F。前向搜索和后向搜索都可行，但是计算复杂度比较大。其时间复杂度为：

$$O(n + (n-1) + (n-2) + \cdots + 1) = O(n^2)$$

（3）递归特征消除法

递归特征消除法使用一个基模型来进行多轮训练，每轮训练后，消除若干权值系数的特征，再基于新的特征集进行下一轮训练。

2. 学习器

（1）随机森林

要进行特征选择，首先得有一个对特征好坏的度量，下面结合随机森林算法介绍其衡量特征好坏及具体的特征选择过程。

衡量特征好坏的具体过程如下。

1）对每一棵决策树，选择相应的袋外数据计算袋外数据误差，记为 errOOB1，前面第 6 章已对袋外数据及袋外数据误差的相关内容进行了详细讲解，这里不再赘述。

2）随机对袋外数据的特征 X 加入噪声干扰（可以随机改变样本在特征 X 的值），再次计算袋外数据误差，记为 errOOB2。

3）假设随机森林中有 N 棵树，则特征 X 的重要性 $=\sum(\text{errOOB2}-\text{errOOB1})/N$。这个数值之所以能够说明特征的重要性，是因为加入随机噪声后如果袋外数据的准确率大幅度下降（即 errOOB2 上升），则说明这个特征对于样本的预测结果有很大影响，进而说明重要程度比较高。

在特征重要性的基础上，特征选择的步骤如下：

1）计算每个特征的重要性，并按降序排列；

2）确定要剔除特征的比例，依据特征重要性剔除相应比例的特征，得到一个新的特征集；

3）用新的特征集重复上述过程，直到剩下 m 个特征（m 为提前设定的值）；

4）根据上述过程中得到的各个特征集和特征集对应的袋外误差率，选择袋外误差率最低的特征集。

通过 Python 实现随机森林特征选择代码如代码清单 10-3 所示。

代码清单10-3　随机森林筛选特征

```
feat_labels=X.columns
forest=RandomForestClassifier(n_estimators=10,n_jobs=-1,random_state=1)   forest.
fit(X_train,y_train)
importances=forest.feature_importances_
indices=np.argsort(importances)[::-1]  #排序取反
for f in range(15):
    print ("%2d) %-*s %f" %
(f+1,15,feat_labels[f],importances[indices[f]]) ) #输出前15个重要特征
```

（2）SVM

在前面第 5 章介绍机器学习分类算法的时候已经详细介绍过 SVM，这里不再赘述。接下来我们主要介绍基于 SVM（支持向量机）的特征选择方法，根据与学习算法的关系可以将基于 SVM 的特征选择方法分为三类：基于 SVM 的 Wrapper 的特征选择算法、基于 SVM 的 Embedded 的特征选择算法和基于 SVM 的 Filter 与 Wrapper 的混合特征选择算法。支持向量机递归特征消除（下文简称 SVM-RFE）是在对癌症分类时提出来的，最初只能对两类数据进行特征提取[1]。后来的多类 SVM-RFE 算法拓展了 SVM-RFE 算法在多分类问题中的应用[2]。

SVM-RFE 是一个基于 SVM 的最大间隔原理的序列后向选择算法。它通过模型训练样本，对每个特征的得分进行排序，去掉最小得分的特征，然后用剩余的特征再次训练模型，进行下一次迭代，最后选出符合要求的特征。特征 i 的排序准则得分定义为：

$$C_i = \omega_i^2$$

（a）两分类 SVM-RFE 算法

[1] Guyon I, Weston J, Barnhill S, et al. Gene Selection for Cancer Classification Using Support Vector Machines[J]. Machine Learning, 2002, 46(1/2/3): 389-422.

[2] Zhou X, Tuck D P. MSVM-RFE: Extensions of SVM-RFE for Multiclass Gene Selection on DNA Microarray Data[J]. Bioinformat- ICS, 2007, 23(9): 1106-1114.

输入：训练样本 $\{(x_i, y_i)\}_{i=1}^{N}$， $y_i \in \{-1,+1\}$

输出：特征排序集 R

1）初始化原始特征集合 $S=\{1, 2, \cdots, D\}$，特征排序集 $R=\varnothing$

2）循环以下过程直至 $S=\varnothing$：

①获取带候选特征集合的训练样本；

②用公式 $\min \frac{1}{2}\sum_{i=1}^{N}\sum_{j=1}^{N}\alpha_i\alpha_j y_i y_j (x_i \cdot y_j) - \sum_{i=1}^{N}\alpha_i$ 训练 SVM 分类器，得到 ω；

③用公式

$$C_i = \omega_i^2$$

计算排序准则得分：

$$C_k = \omega_k^2$$

其中，$k = 1, 2, \cdots, |S|$；

④找出排序得分最小的特征 $p=\arg\min_k c_k$；

⑤更新特征集 $R=\{p\} \cup R$；

⑥在 S 中去除此特征：$S=S/p$。

多分类的 SVM-RFE 算法其实和两分类的 SVM-RFE 算法类似，只是在处理多分类时，把类别进行两两配对，其中一类为正类，另一类为负类，这样需训练 $\frac{N(N-1)}{2}$ 个分类器，这就是一对一（One vs. One，OvO）的多分类拆分策略（详细请参考周志华的《机器学习》[㊀]第 3 章内容）。换句话说，这样就变成了多个两分类问题，每个两分类问题用一个 SVM-RFE 进行特征选择，利用多个 SVM-RFE 获得多个排序准则得分，然后把多个排序准则得分相加后得到排序准则总分，以此作为特征剔除的依据，每次迭代消去得分最小的特征，直到所有特征都被删除。

（b）多分类 SVM-RFE 算法

输入：训练样本集 $\{(x_i, v_i)\}_{i=1}^{N}$，$v_i \in \{1, 2, \cdots, l\}$，$l$ 为类别数

输出：特征排序集 R

1）初始化原始特征集合 $S=\{1, 2, \cdots, D\}$，特征排序集 $R=\varnothing$；

2）生成 $\frac{l(l-1)}{2}$ 个训练样本：

在训练样本 $\{(x_i, v_i)\}_{i=1}^{N}$ 中找出不同类别的两两组合得到最后的训练样本：

㊀ 周志华 . 机器学习 [M]. 北京：清华大学出版社，2016.

$$X_j=\begin{cases}\{(x_i,\ y_i)\}_{i=1}^{N_1+N_{j+1}},\ j=1,2,\cdots,l,\ 当\ v_i=1\ 时,\ y_i=1;\ 当\ v_i=j+1,y_i=-1\\ \{(x_i,\ y_i)\}_{i=1}^{N_2+N_{j-l+3}},\ j=1,\cdots,2l-3,\ 当\ v_i=2\ 时,\ y_i=1;\ 当\ v_i=j-l+3,\ y_i=-1\\ \cdots\\ \{(x_i,\ y_i)\}_{i=1}^{N_{l-1}+N_l},\ j=\dfrac{l(l-1)}{2}-1,\cdots,\dfrac{l(l-1)}{2},\ 当\ v_i=l-1\ 时,\ y_i=1;\ 当\ v_i=l,\ y_i=-1\end{cases}$$

3）循环以下过程直至 $S=\varnothing$：

①获取 l 个训练子样本 $X_j\left(j=1,2,\cdots\dfrac{l(l-1)}{2}\right)$；

②分别用 X_j 训练 SVM，分别得到 $\omega_j(j=1, 2, \cdots, l)$；

③计算排序准则得分 $C_k=\sum_j\omega_{jk}^2(k=1, 2, \cdots, |S|)$；

④找出排序准则得分最小的特征 $p=\arg\min_k c_k$；

⑤更新特征集 $R=\{p\}\cup R$；

⑥在 S 中去除此特征 $S=S/p$。

10.2.3 Embedded

Embedded 特征选择的做法是将特征选择过程与学习器训练过程融为一体，使两者在同一个优化过程中完成，即在学习器训练过程中自动进行了特征选择。与前面 Filter 和 Wrapper 特征选择仅考虑特征对模型的贡献能力不同，Embedded 特征选择通过在目标函数中加入惩罚项（L1/L2）来防止模型出现过拟合，以此达到特征选择的目的。

L1 和 L2 是在优化问题中的惩罚项（正则项），例如，在线性回归加入 L1 惩罚项可以得到稀疏解，而这些稀疏解就是我们求解的线性模型的各个特征的权重系数。所谓稀疏是说其中有些权重系数的值为 0，即这些权重系数为 0 的特征对最终的结果无贡献，这样的话就可以把这些特征去除掉，所以说 L1 惩罚项具有特征选择的功能。虽然 L1 惩罚项做到了稀疏解，但是它选出的结果并不一定是最优的，只是在具有相同贡献的特征选取其中一个作为输出的结果，没有被选中的特征不代表不重要，因此可以使用 L2 惩罚项来弥补这个不足，具体操作为：若一个特征在 L1 惩罚项中的权值为 1，选择在 L2 惩罚项中权值差别不大且在 L1 惩罚项中权值为 0 的特征构成同类集合，将这一集合中的特征平分 L1 惩罚项中的权值。当特征数很多，而样本数相对较少时，引入 L1 和 L2 惩罚项可以到达降低过拟合的风险的同时，也能达到很好的特征选择的目的。

通过 Python 使用 L1 和 L2 综合选取特征，如代码清单 10-4 所示。

代码清单10-4　L1和L2综合选取特征

```
# -*- coding: utf-8 -*-
from sklearn.linear_model import LogisticRegression
from sklearn.datasets import load_iris
from sklearn.feature_selection import SelectFromModel
```

```
class LR(LogisticRegression):
    def __init__(self, threshold=0.01, dual=False, tol=1e-4, C=1.0,
                 fit_intercept=True, intercept_scaling=1, class_weight=None,
                 random_state=None, solver='liblinear', max_iter=100,
                 multi_class='ovr', verbose=0, warm_start=False, n_jobs=1):

        #权值相近的阈值
        self.threshold = threshold
        LogisticRegression.__init__(self, penalty='l1', dual=dual, tol=tol, C=C,
                 fit_intercept=fit_intercept, intercept_scaling=intercept_scaling,
                     class_weight=class_weight,
                 random_state=random_state, solver=solver, max_iter=max_iter,
                 multi_class=multi_class, verbose=verbose, warm_start=warm_start,
                     n_jobs=n_jobs)

        #使用同样的参数创建 L2 逻辑回归
        self.l2 = LogisticRegression(penalty='l2', dual=dual, tol=tol, C=C,
            fit_intercept=fit_intercept, intercept_scaling=intercept_scaling,
            class_weight = class_weight, random_state=random_state,
            solver=solver, max_iter=max_iter, multi_class=multi_class,
            verbose=verbose, warm_start=warm_start, n_jobs=n_jobs)

    def fit(self, X, y, sample_weight=None):
        #训练 L1 逻辑回归
        super(LR, self).fit(X, y, sample_weight=sample_weight)
        self.coef_old_ = self.coef_.copy()
        #训练 L2 逻辑回归
        self.l2.fit(X, y, sample_weight=sample_weight)

        cntOfRow, cntOfCol = self.coef_.shape
        #权值系数矩阵的行数对应目标值的种类数目
        for i in range(cntOfRow):
            for j in range(cntOfCol):
                coef = self.coef_[i][j]
                #L1 逻辑回归的权值系数不为 0
                if coef != 0:
                    idx = [j]
                    #对应在 L2 逻辑回归中的权值系数
                    coef1 = self.l2.coef_[i][j]
                    for k in range(cntOfCol):
                        coef2 = self.l2.coef_[i][k]
                        #在L2逻辑回归中，权值系数之差小于设定的阈值，且在L1中对应的权值为 0
                        if abs(coef1-coef2) < self.threshold and j != k and self.
                            coef_[i][k] == 0:
                            idx.append(k)
                    #计算这一类特征的权值系数均值
                    mean = coef / len(idx)
                    self.coef_[i][idx] = mean
        return self

def main():
    iris=load_iris()
```

```
    print(SelectFromModel(LR(threshold=0.5,C=0.1),threshold=1).fit_transform(iris.
data,iris.target))

if __name__ == '__main__':
    main()
```

10.3 PCA

前面介绍了常用的特征选择方法，其实在广告特征选择中还有一种方法，那就是对数据特征进行降维。为什么要进行降维呢？前面我们说过，广告投放数据非常庞大，特征数量也很多，而高维的数据在现实中往往难以利用，且每增加一个维度，数据就会呈指数级增长，这可能会直接带来极大的维数灾难，而降维就是在高维的数据中使用降维算法把数据维度降下来，减少计算难度的一种做法，所以降维也可以达到特征选择的目的。目前降维的算法有很多种，最常用的就是 PCA（Principal Component Analysis，主成分分析法）。

PCA 的作用包括：降低计算代价，去除噪音数据影响，提升数据集利用率，特征选择。下面将具体介绍 PCA 的相关内容。

10.3.1 PCA 的主要思想

PCA 的主要思想是将原来 n 维特征映射到我们设定的 k 维特征上，这 k 维特征是经过降维后的正交特征，也被称为主成分，是从原有 n 维特征基础上重新构造出来的新特征。PCA 的工作就是从原始的空间中顺序地找到一组相互正交的坐标轴，新的坐标轴的选择与原数据是密切相关的。其中，第一个新坐标轴的方向要选择原始数据中方差最大的方向，第二个新坐标轴的方向要选择与第一个坐标轴正交的平面中方差最大的方向，第三个轴的方向是与第 1、2 个轴正交的平面中方差最大的方向，依次类推，可以得到 n 个这样的坐标轴。通过这种方式获得的新的坐标轴，大部分方差都包含在前面 k 个坐标轴中，后面的坐标轴所含的方差几乎为 0。于是，我们可以忽略余下的坐标轴，只保留前面 k 个含有绝大部分（90% 或者更高，由我们事先设定）方差的坐标轴。事实上，这相当于只保留包含绝大部分方差的维度特征，而忽略包含方差几乎为 0 的特征维度。因为我们的目的是希望在实现降维过程中原数据信息损失尽可能小，那么如何让这 k 维的数据尽可能表示原来的数据呢？

我们先看看最简单的情况，即 $n=2$，$k=1$，也就是将数据从二维降维到一维，数据如图 10-2 所示。我们希望找到某一个维度方向代表这两个维度的数据。那么哪个向量可以更好地代表原始数据集呢？从图 10-2 中可以很直观地看出 u_1 比 u_2 好。

为什么 u_1 比 u_2 好呢？第一是样本点到这条直线的距离足够近，第二是样本点在这条直线上的投影能尽可能分开。假如把 n 从 1 维推广到任意维，则我们的希望降维的标准为：样本点到这个超平面的距离足够近，或者说样本点在这个超平面上的投影能尽可能分开。

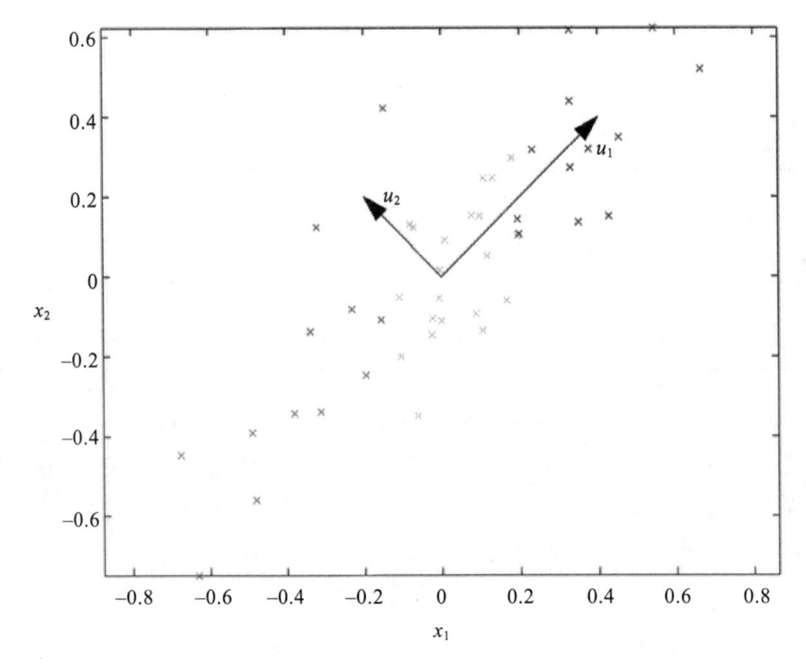

图 10-2 PCA 降维数据分布

10.3.2 最大方差理论

在信号处理中，通常认为信号具有较大的方差，噪声具有较小的方差，而信噪比就是信号与噪声的方差比，越大越好。因此我们认为，最好的 k 维特征是将 n 维样本点变换为 k 维后，每一维上的样本方差都尽可能大。

如图 10-3 所示，图中虚线箭头指向的点表示原样本点 $x^{(i)}$，u 是图中直线的方向向量，也是单位向量，直线上的点表示原样本点 $x^{(i)}$ 在 u 上的投影。容易得到投影点离原点的距离是 $x^{(i)\mathrm{T}}u$，由于这些原始样本点的每一维特征均值都为 0，因此投影到 u 上的样本点的均值仍然是 0。假设原始数据集为 X，我们的目标是找到最佳的投影空间 $\boldsymbol{W}_k=(\boldsymbol{w}_1, \boldsymbol{w}_2, \cdots, \boldsymbol{w}_k)$，其中 $\boldsymbol{w}_i$ 是单位向量，且 $\boldsymbol{w}_i$ 与 $\boldsymbol{w}_j(i \neq j)$ 正交，那么何为最佳的 $\boldsymbol{W}$？就是可以使原始样本点投影到 $\boldsymbol{W}$ 上之后，得到的样本点方差最大。由于投影后均值为 0，因此投影后的总方差为：

$$\frac{1}{m}\sum_{i=1}^{m}(x^{(i)\mathrm{T}}\boldsymbol{w})^2 = \frac{1}{m}\sum_{i=1}^{m}\boldsymbol{w}^{\mathrm{T}}x^{(i)}x^{(i)\mathrm{T}}w = \sum_{i=1}^{m}\boldsymbol{w}^{\mathrm{T}}\left(\frac{1}{m}x^{(i)}x^{(i)\mathrm{T}}\right)\boldsymbol{w}$$

也许有人会觉得这里的$\left(\frac{1}{m}x^{(i)}x^{(i)}\right)$似曾相识，它就是原始数据集 X 的协方差矩阵（$x^{(i)}$ 的均值为 0，因为无偏估计的原因，一般协方差矩阵要除以 $m-1$，这里除以 m）。这里记

$$\lambda = \frac{1}{m}\sum_{i=1}^{m}(x^{(i)\mathrm{T}}\boldsymbol{w})^2，\ \boldsymbol{A} = \frac{1}{m}x^{(i)}x^{(i)\mathrm{T}}$$

则有

$$\lambda = w^{T}Aw$$

上式两边同时左乘 w，注意到 ww^{T}（单位向量），则有

$$\lambda w = Aw$$

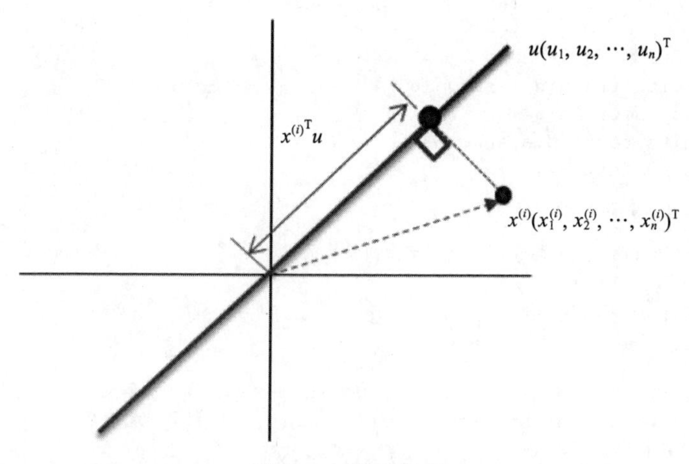

图 10-3　数据投影

所以 w 是矩阵 A 的特征值所对应的特征向量。欲使投影后的总方差最大，即 λ 最大，此时最佳的投影向量 w 是特征值 λ 最大时所对应的特征向量，我们将这个特征向量称为第一主成分。通过类似的方式，我们可以定义第二、第三、…、第 k 个主成分，方法为：在所有与考虑过的方向正交的所有可能的方向中，将新的方向选择为最大化投影方差的方向。如果我们考虑 k 维投影空间的一般情形，那么最大化投影数据方差的最优线性投影由数据协方差矩阵 A 的 k 个特征向量 $w_1, \cdots, w_k$ 定义，对应 k 个最大的特征值 $\lambda_1, \cdots, \lambda_k$，这可以通过归纳法很容易地证明出来。因此，我们只需要对协方差矩阵进行特征值分解，得到的前 k 大特征值对应的特征向量就是最佳的 k 维新特征，而且这 k 维新特征是正交的。得到前 k 个特征以后，原始数据集 X 通过变换可以得到新的样本。

下面我们来看如何在 Python 中利用 PCA 进行特征选择。代码清单 10-5 是部分实例代码。

代码清单10-5　利用PCA进行特征选择

```
def plot_pca_scatter():
    colors = ['black', 'blue', 'purple', 'yellow', 'white', 'red', 'lime',
        'cyan', 'orange', 'gray']
    for i in range(len(colors)):
        px = X_pca[:, 0][y_digits.as_matrix() == i]
        py = X_pca[:, 1][y_digits.as_matrix() == i]
        plt.scatter(px, py, c=colors[i])
```

```
    plt.legend(np.arange(0, 10).astype(str))
    plt.xlabel('First Principal Component')
    plt.ylabel('Second Principal Component')
    plt.show()

plot_pca_scatter()

# 用SVM分别对原始空间的数据（64维）和降到20维的数据进行训练、预测

# 对训练数据/测试数据进行特征向量与分类标签的分离
X_train = digits_train[np.arange(64)]
y_train = digits_train[64]
X_test = digits_test[np.arange(64)]
y_test = digits_test[64]


svc = LinearSVC()  # 初始化线性核的支持向量机的分类器
svc.fit(X_train,y_train)
y_pred = svc.predict(X_test)


estimator = PCA(n_components=20)   # 使用PCA将原64维度图像压缩为20个维度
pca_X_train = estimator.fit_transform(X_train)   # 利用训练特征决定20个正交维度的方向，
    并转化原训练特征
pca_X_test = estimator.transform(X_test)

psc_svc = LinearSVC()
psc_svc.fit(pca_X_train,y_train)
pca_y_pred = psc_svc.predict(pca_X_test)


#输出原来64维训练的结果
print(svc.score(X_test,y_test))
print(classification_report(y_test,y_pred,target_names=np.arange(10).astype(str)))

#输出保留20维训练的结果
print(psc_svc.score(pca_X_test,y_test))
print(classification_report(y_test,pca_y_pred,target_names=np.arange(10).astype(str)))
```

代码执行后得出如下结论。

```
#输出原来64维训练的结果:
0.9265442404006677
              precision    recall  f1-score   support
           0       0.99      0.98      0.99       178
           1       0.95      0.81      0.88       182
           2       0.99      0.97      0.98       177
           3       0.97      0.90      0.93       183
           4       0.96      0.97      0.97       181
           5       0.90      0.97      0.93       182
           6       0.99      0.97      0.98       181
           7       0.98      0.89      0.93       179
```

```
           8       0.84      0.84      0.84       174
           9       0.75      0.95      0.84       180

    accuracy                           0.93      1797
   macro avg       0.93      0.93      0.93      1797
weighted avg       0.93      0.93      0.93      1797

#输出保留20维训练的结果:
0.9065108514190318
              precision    recall  f1-score   support

           0       0.96      0.97      0.96       178
           1       0.83      0.80      0.82       182
           2       0.98      0.95      0.96       177
           3       0.96      0.89      0.93       183
           4       0.94      0.97      0.96       181
           5       0.84      0.97      0.90       182
           6       0.98      0.95      0.96       181
           7       0.96      0.89      0.92       179
           8       0.79      0.84      0.82       174
           9       0.85      0.83      0.84       180

    accuracy                           0.91      1797
   macro avg       0.91      0.91      0.91      1797
weighted avg       0.91      0.91      0.91      1797
```

可视化效果如图 10-4 所示。

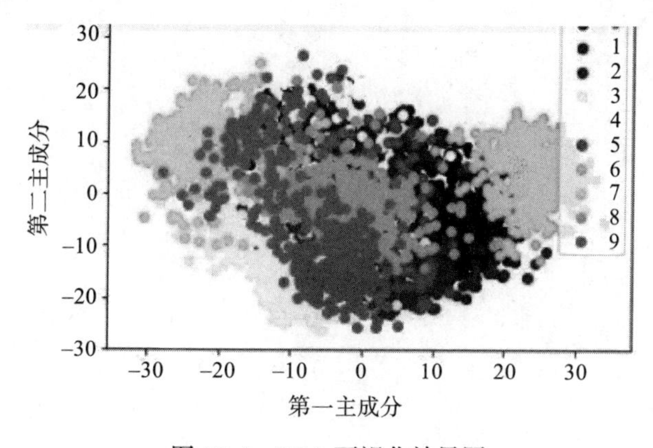

图 10-4　PCA 可视化效果图

可以看到，降维后预测准确率降低了大概 0.02，但却用了更少的特征，达到了降维的目的。即在尽量保留原数据信息（方差）的基础上，用更少的特征表达出原数据集的信息。但 PCA 也有明显的缺点，那就是经过降维后的特征可解释性较弱，所以一般情况下我们会优先选择其他可解释性较强的特征选择法，在其他特征选择法效果不好或者数据维度确实较大的情况下，才会考虑用 PCA 来进行特征选择。

10.4 本章小结

本章主要介绍了广告特征工程相关的知识点。特征工程主要包括特征预处理及特征选择两个部分。在特征预处理中我们主要介绍了特征缩放和特征编码两种方法。特征缩放主要包括归一化和正则化，用于消除量纲关系的影响。特征编码包括序号编码、独热编码等，用于处理类别型、文本型以及连续型特征。特征选择中主要包括 Filter 过滤式、Wrapper 包裹式、Embedded 嵌入式三种常用的特征选择方法。最后介绍了通过 PCA 来进行特征选择。PCA 可以降低训练数据难度，它通过特征互相正交法把重要的特征保留下来，舍弃不重要的特征来达到特征选择的目的。不过一般情况下我们不采用 PCA 来进行特征选择。

推荐阅读

ECharts
数据可视化
入门、实战与进阶
DATA VISUALIZATION BY
ECHARTS
From Novice To Expert

数字孪生实战
基于模型的数字化企业(MBE)

Python数据分析
与挖掘实战

数据分析即未来
企业全生命周期数据分析应用之道
THE ANALYTICS
LIFECYCLE TOOLKIT

O'REILLY
大规模数据分析和建模
基于Spark与R
Mastering Spark with R
[美] Javier Luraschi Kevin Kuo
Edgar Ruiz 著
魏博 译

增强型分析
AI驱动的数据分析、业务决策与案例实践

Python数据分析
与数据化运营
(第2版)

Python3智能数据分析
快速入门

R语言
数据可视化实战
数据可视化
实战

推荐阅读

中台战略

这是一本全面讲解企业如何建设各类中台，并利用中台以数字营销为突破口，最终实现数字化转型和商业创新的著作。

云徙科技是国内双中台技术和数字商业云领域领先的服务提供商，在中台领域有雄厚的技术实力，也积累了丰富的行业经验，已经成功通过中台系统和数字商业云服务帮助近百家国内外行业龙头企业实现了数字化转型。

数据中台

这是一部系统讲解数据中台建设、管理与运营的著作，旨在帮助企业将数据转化为生产力，顺利实现数字化转型。

本书由国内数据中台领域的领先企业数澜科技官方出品，几位联合创始人亲自执笔，7位作者都是资深的数据人，大部分作者来自原阿里巴巴数据中台团队。他们结合过去帮助百余家各行业头部企业建设数据中台的经验，系统总结了一套可落地的数据中台建设方法论。

中台实践

本书是国内领先的中台服务提供商云徙科技为近百家头部企业提供中台服务和数字化转型指导的经验总结。主要讲解了如下4个方面的内容：

第一，中台如何帮助企业让数字化转型落地，以及中台在资源整合、业务创新、数据闭环、应用移植、组织演进 5 个方面为企业带来的价值；

第二，业务中台、数据中台、技术平台这3大平台的建设内容、策略和方法；

第三，中台如何驱动新地产、新汽车、新直销、新零售、新渠道5大行业和领域实现数字化转型，给出了成熟的解决方案（实现目标、解决方案和实现路径）和成功案例；

第四，开创性地提出了“软件定义中台”的思想，通过对中台的进化历程和未来演进方向的阐述，帮助读者更深入地理解中台并明确未来的行动方向。

中台架构与实现

这是一部系统讲解如何基于DDD思想实现中台和微服务协同设计和落地的著作。

它将DDD、中台和微服务三者结合，一方面，它为中台的划分和领域建模提供指导，帮助企业更好地完成中台建设，实现中台的能力复用；一方面，它为微服务的拆分和设计提供指导，帮助团队提升分布式微服务的架构设计能力。给出了一套体系化的基于DDD思想的企业级前、中、后台协同设计方法。